Knaus

K

Walter Kempowski

Haben Sie Hitler gesehen?

Haben Sie davon gewußt?

Deutsche Antworten

Mit einem Vorwort
von Joachim Gauck

Knaus

MIX
Papier aus verantwortungsvollen Quellen
FSC® C006701

Verlagsgruppe Random House FSC-DEU-0100
Das für dieses Buch verwendete
FSC®-zertifizierte Papier *Munken Premium*
liefert Arctic Paper Munkedals AB, Schweden.

1. Auflage

Gesetzt aus der Stempel Garamond
von Buch-Werkstatt GmbH, Bad Aibling
Druck und Bindung: CPI – Ebner & Spiegel, Ulm
Printed in Germany
ISBN 978-3-8135-0481-1

www.knaus-verlag.de

Vorwort

Das war schon eine merkwürdige Begegnung, damals in den siebziger Jahren, als ich zum ersten Mal einen Roman von Walter Kempowski las. Als Rostocker hat mich natürlich das Personal von *Tadellöser & Wolff* interessiert, aber auch die Zeit der nationalsozialistischen Herrschaft, die mir als etwas Jüngerem kaum bewusst geworden ist.
Ich war magisch angezogen vom Sujet und hatte doch eine Abwehr wegen des Sprachstils. Eine innere Stimme sagte mir: Mein Gott, kann – darf – man seine Figuren so über Nazizeit und Krieg plappern, banalisieren, räsonieren lassen? Irritation. Später, belesener, vermochte ich Absichten, Komposition und eine Begabung zu erkennen, die den Leser dem Eigentlichen gleichsam magisch hinter dem Jargon des Uneigentlichen begegnen ließen.

Als der Band *Haben Sie Hitler gesehen?* 1973 erschien, schrieb die ZEIT, Kempowski habe als »Bauchredner des Volkes« agiert. Es war absolut ungewöhnlich, dass ein Schriftsteller die Realität ganz allein für sich sprechen ließ, ohne Deutung und literarische Bearbeitung. Wieder Irritation. Aber auch Überraschung: Wie aus den wörtlichen Zitaten von über zweihundert Bundesbürgern ein Bild des Diktators und seines Krieges entstand, das komplexer und vielschichtiger war als manche Analyse. Schrecklich und witzig, komisch und tragisch, zum Fürchten und zum Lachen. Manchmal auch zum Ekeln.

Und ich, Jahrgang 1940, erkannte Sprüche, die ich ähnlich von meinem Vater, meiner Mutter oder im Bekanntenkreis aufgeschnappt hatte, Sprüche über Hitler und die Konzentrationslager, denen Kempowski wenig später einen eigenen Band widmete: *Haben Sie davon gewusst?* (1979). Meist verharmlosende Redensarten und Floskeln, gegen die ich angelaufen war, als ich, ein Jugendlicher nach dem Krieg, anfing, Fragen zu stellen.

Walter Kempowskis Vater ist noch Ende April 1945 auf der Frischen Nehrung umgekommen, mein Vater verbrachte die meiste Zeit des Krieges in einer Marineschule in Gdingen, das damals Gotenhafen hieß. Kempowski kam in eine Strafeinheit der Hitlerjugend und musste im Frühjahr 1945 als Kurier zur Luftwaffe. Er hat noch selbst und weit einschneidender erlebt, was ich mir fast nur durch Lesen und Fragen an die Älteren erschließen konnte: Was hatten die Männer und Frauen im Krieg erlebt? Und warum erinnerten sie sich fast nur an das Schlimme in der eigenen Familie? Wieso haben sie nicht auch das Verschwinden der geistig Behinderten, der Juden in der Stadt registriert? Wieso nicht mit Empörung auf die Entrechtung der vielen polnischen, ukrainischen, russischen Zwangsarbeiter reagiert, die in deutschen Betrieben und auf deutschen Bauernhöfen schuften mussten? Hatten sie wirklich nichts gewusst von den Gräueln, die im sowjetischen Hinterland geschahen, und erst recht von den Massenmorden in den Konzentrationslagern?

Die Gunst des Schicksals hatte meinen Vater vor der Front bewahrt. Wie er sich verhalten hätte, weiß ich nicht. Aber ich verhielt mich, als hätte die individuelle Differenz sowieso keine Rolle gespielt. Für mich, für meine Generation war die Elterngeneration a priori schuldig.

Es stimmte: Reue und innere Krise blieben in den fünfziger und sechziger Jahren nicht nur bei jenen aus, die Verbrechen begangen hatten oder sie noch im Nachhinein als Pflichterfüllung rechtfertigten. Es schwiegen und verdrängten auch jene, die die Auseinandersetzung mit der eigenen Verstrickung und ihrem schlechten Gewissen fürchteten. Vielleicht hatten sie als mittelständische Unternehmen einen jüdischen Betrieb unter Wert übernommen, als Offizier eine jüdische Familie ausgewiesen, hatten Hilfe verweigert, jemanden denunziert oder »Untermenschen« verächtlich behandelt. Es schwiegen sogar jene, die als Individuen schuldlos waren, aber auch von allem nichts hatten wissen wollen.

Ihnen allen kam in den fünfziger und sechziger Jahren zugute, dass – wie Alexander und Margarete Mitscherlich es formulierten – »die Abwehr kollektiv entstandener Schuld einfach ist, wenn sie wieder im Kollektiv geschehen kann«.

Ihnen allen kam auch zugute, dass die Trümmerlandschaft nach dem Krieg eine einfache Kompensation anbot. Es musste wiederaufgebaut werden, Häuser, Betriebe, politische und kulturelle Werte. Besonders im Westen Deutschlands rettete sich die Bevölkerung in ein »gieriges Verlangen«, pausenlos beschäftigt zu sein. »Beobachtet man die Deutschen«, schrieb Hannah Arendt 1950 nach einem Besuch in Deutschland, »wie sie geschäftig durch die Ruinen ihrer tausendjährigen Geschichte stolpern und für die zerstörten Wahrzeichen ein Achselzucken übrig haben oder wie sie es einem verübeln, wenn man sie an die Schreckenstaten erinnert, welche die ganze übrige Welt nicht loslassen, dann begreift man, dass die Geschäftigkeit ihre Hauptwaffe bei der Abwehr der Wirklichkeit geworden ist.«

Ja, viele meiner Generation verurteilten die Eltern dafür, dass sie sich der Vergangenheit nicht stellten. Dass sie den Blick abwandten und in Selbstmitleid verharrten, anstatt sich auch in die Opfer der Deutschen hineinzufühlen. Meine Generation schuf ein dichotomisches Bild der Moral, um das angeblich eindeutig Böse eindeutig verurteilen zu können.

Liest man die Aussagen, die Kempowski von Durchschnittsbürgern über Hitler und die Konzentrationslager zusammengetragen hat, wird alles komplizierter. Da zeigt sich Menschliches auch im Opportunistischen und sogar im Bösen. Kempowski hat hier wie ein Buchhalter der Zeitgeschichte mit Hunderten von Originaltönen festgehalten, dass die Wirklichkeit vielschichtiger war als mein, als unser damaliges Denkkonstrukt über sie.

»Vor der Frage steht das Nachdenken, und zum Nachdenken gehört Sympathie«, schrieb Kempowski einmal an einen Teilnehmer seines literarischen Sommerklubs für junge Leute. Er fragte die Menschen nicht, um sie auf die Anklagebank zu setzen, er fragte sie, um zu verstehen. Vor ihm mussten sie sich nicht trotzig verschließen und konnten Ambivalenzen zu erkennen geben, auch Scham, auch Uneinsichtigkeit.

Wurde das Böse dadurch verharmlost?

Das Gegenteil war der Fall. Mit Bestürzung erkannten und erkennen wir, die Leser damals wie heute, wie sich Böses aus Banalem entwickeln kann (nicht muss) und wie viel Aufmerksamkeit es braucht, um den Übergang vom Banalen zum Bösen zu erkennen.

Und noch etwas habe ich gelernt, als ich erneut über unseren Umgang mit dem Schweigen über das Vergangene nachdachte. Geschwiegen wurde nicht nur von den Tätern und Mitläufern. Geschwiegen wurde lange Zeit auch von den Opfern. Viele waren damals noch nicht imstande, sich mit einer Vergangenheit auseinanderzusetzen, in der große Teile ihrer Familien umgekommen waren und sie selbst nur nach großem, unsäglichem Leid oder durch glückliche Umstände überlebt hatten. Sie verschwiegen ihre Leiden, Ängste, ihre einstige Ohnmacht und Nichtigkeit; und sie entzogen sich der Auseinandersetzung mit den schweigenden deutschen Normalbürgern, bei denen sie auf keine Empathie gestoßen wären. Wahrhaftig, eine teuer erkaufte Integration.

Wenn jetzt eine Neuausgabe von *Haben Sie Hitler gesehen? Deutsche Antworten* zusammen mit dem wenige Jahre später veröffentlichten Buch *Haben Sie davon gewusst? Deutsche Antworten* erscheint, sollten wir uns in Erinnerung rufen, dass Kempowski diese beiden Bücher als integralen Bestandteil seiner »Deutschen Chronik« begriffen hat – wohl deshalb, weil er sein Erzählen der Familiengeschichte um die Perspektive auf die kollektive Mentalitätsgeschichte erweitern wollte. In Kempowskis Worten: »Dem Leser meiner Romane … wird durch die ›Befragungsbücher‹, wie man sie nennen könnte, eine allgemeinere, ja chorische Begleitung und Erklärung an die Hand gegeben. Mag er die Romane für zu privat oder die ›Befragungsbücher‹ für zu allgemein halten: In der Gegenüberstellung beider liegt die Wahrheit verborgen, ist die Antwort zu suchen auf die Frage: Wie konnte es geschehen?«

Mit einem für ihn nicht untypischen Understatement hat Walter Kempowski die beiden Bände an anderer Stelle als »demoskopisches Element« seiner *Chronik* bezeichnet. Sie sind weit mehr als das. Mit diesen beiden Bänden hat er uns ein kleines, aber kostbares Archiv von Stimmen hinterlassen, das die Bewusstseins- und Verdrängungslage der damaligen Generation deutlich beleuchtet. Es war seine, uns zur Verfügung gestellte »Möglichkeit, mit einer Sonde sich Zugang zu verschaffen zum gegenwärtigen Bewusstseinsstand unseres Volkes«.

Ein Archiv von Stimmen – Kempowski hat dieses Archiv in späteren Jahren gewaltig erweitert, hat ihm in den Bänden seines *Echolots* auf mehreren tausend Seiten eine unverwechselbare Gestalt gegeben. Nur eine Seite – »Statt eines Vorworts« – stammt darin von ihm selbst. Sein Motiv für das lebenslange Sammeln von Stimmen können wir durchaus als bleibende Aufforderung an uns lesen: »Wir sollten den Alten nicht den Mund zuhalten, wenn sie uns etwas erzählen wollen, und wir dürfen ihre Tagebücher nicht in den Sperrmüll geben, denn sie sind an uns gerichtet – die Erfahrungen ganzer Generationen zu vernichten, diese Verschwendung können wir uns nicht leisten. Wir müssen uns bücken und aufheben, was nicht vergessen werden darf: Es ist unsere Geschichte, die da verhandelt wird.«

Sie wird auch heute verhandelt, Tag für Tag. Die Diktatoren und ihre Gräueltaten sind aus der heutigen Welt nicht verschwunden. Aber es gibt Zeichen der Hoffnung, dass die Freiheitsliebe der Völker stärker ist als die ihnen durch Tyrannen auferlegte Knechtschaft.

Joachim Gauck
Berlin, im Januar 2012

Walter Kempowski

Haben Sie Hitler gesehen?

Deutsche Antworten

Mit einem Nachwort von Sebastian Haffner

Vom Autor überarbeitete und erweiterte Fassung
aus dem Jahr 1999

Die Jahreszahlen verweisen auf das Geburtsjahr der jeweiligen befragten Person.

Editorische Notiz

»Haben Sie Hitler gesehen?« – diese Frage legte ich etwa fünfhundert Bundesbürgern vor, Freunden, Verwandten, Kollegen, Museumswärtern, Kaufleuten und Rentnern. Anfangs stellte ich die Frage lediglich, um Hintergrundmaterial für meinen Roman *Tadellöser & Wolff* zu gewinnen. Dann merkte ich, daß die Antworten von allgemeinerem Interesse sein könnten. Die erste Ausgabe dieses Buches erschien 1973. Die jetzt vorliegende Ausgabe wurde von mir um etwa ein Drittel erweitert. Geordnet wurden die einzelnen Aussagen so, daß sie Hitlers Auftritte chronologisch projizieren.

Walter Kempowski

1

Kfm. Angestellter, 1921
Nein, Hitler hab ich nicht gesehen. Ich war immer an der Front.

Hausfrau, 1928
Da gingen wir nicht hin. Mein Vater wollt' ihn gar nicht sehen, und deshalb kamen wir da gar nicht hin.

Schriftsteller, 1906
Ich habe Hitler *nie* gesehen. Mir genügten schon seine Plakate – er war mir sehr unsympathisch.

Kaufmann, 1913
Ich war im Felde, vier Jahre mitgemacht, Hitler hab' ich nicht gesehen.

Kfm. Angestellte, 1914
Nein, ich weiß, daß er oft da war. Aber das ist doch genauso wie heute, ich würde doch auch nicht auf die Straße gehen, um mir die Queen anzusehen. Ich bin darin, glaube ich, ein typischer Steinbock: So was imponiert mir nicht. Ich hab' gar nichts gegen die Queen, aber ich würde niemals hingehen und mir die ansehen. Ich würde auch nicht hingehen, wenn Brandt kommt, aber abgesehen davon, hab' ich den schon gesehen in der Oper, da brauchte ich gar nicht hinzulaufen.

Österreicher, 1908
Nee, nee, Hitler habe ich nie gesehen. Keinen von diesen Herren. Doch, Himmler habe ich mal gesehen. Das war 1938, wir wurden gerade annektiert. Wir waren ja so begeistert, an Deutschland angeschlossen zu sein. Da kam Himmler, um zu sehen, was da war, wollte sich vielleicht die Gegend ansehen. Ich habe keine große Ahnung mehr, wie er war. Aber die Bilder, die man von ihm sah, trafen zu, auch wenn sie verschönt waren. Ich habe ihn ja nur im Halbdunkel gesehen, abends, als er die Truppen inspizierte.

Krankenschwester, 1931
Hitler selbst hab' ich nie gesehen.
Schade, daß sie das alles gesprengt haben. Aus dem Berghof hätte man ein schönes Sanatorium machen können. Das Haus selbst war ja sehr bescheiden, aber die Anlagen drum herum und im Felsen drin. Was heute so für Häuser gebaut werden, so feudal war das Haus da nicht.

Musikwissenschaftler
Ich habe Hitler persönlich nie gesehen, aber ich war einmal Unter den Linden bei irgendeiner Gelegenheit, wo er sprach, und die Stimme wurde ja durch Lautsprecher übertragen, aber er blieb meinen Augen verborgen, ich weiß nicht, wo er eigentlich stand, es war, glaube ich, auf dem Platz neben der Staatsoper oder so, es war überfüllt von Menschen, so daß ich sein Gesicht nicht habe wahrnehmen können. Mich drängte es auch nicht danach.

Ein Mann
Nein. Jemand der mit Unrecht anfängt, endet mit Unrecht, wurde gesagt.

Berlinerin, 1910
Nein. Aber ein guter Bekannter, ein Chirurg, hat ihn gesehen, ein Mann, der nun ja wirklich von seiner Intelligenz her es hätte wissen müssen, ich hör ihn noch, wie er sagt: Hitler kann doch nicht heiraten! Der ist doch für uns alle da.

Lehrer, 1937
Nein, ich habe Hitler nicht gesehen, ich war ja noch zu klein. Aber mein Onkel. Der war krasser Hitlergegner, und dann ist er Hitlerfanatiker geworden, weil über dem Stadion, wo er sprach, die Sonne plötzlich so durch die Wolken gebrochen sei. Und dann all die Massen.

Krankenschwester, 1931
Ich habe ihn nicht gesehen, aber mein Vater. Es muß irgend etwas an ihm gewesen sein. Mein Vater sagte, er habe so etwas Durchbohrendes in seinem Blick gehabt, so, als ob er durch ihn hindurchsähe. Man war wie gebannt.

Förster, 1926
Auf Frauen hat er ja einen unwahrscheinlichen Eindruck gemacht. Meine Tante hat ihn mal gesehen, die sagte, er habe so wunderschöne Hände gehabt und sonderbarerweise einen natürlichen Charme.

Kaufmann, 1929
Nein, aber die Nachbarsfrau hatte ein Hitlerbild neben dem andern hängen. Und wenn Hitler sprach, sagte sie: »Ich könnte geradezu das Radio streicheln.«

Lehrer, 1937
Nein, ich war ja noch zu klein. Aber neulich bin ich mit meiner Frau in Braunau gewesen. Da ist meiner Frau ganz komisch geworden. Sie hat immer dran denken müssen, daß dort mal der kleine Adolf mit einem Reifen gespielt hat.

Landwirt, 1910
Nein, ich bin ihm immer aus dem Wege gegangen. Ich hätte ihn sehen können, 1932 in Ostpreußen. Aber ich hab' gedacht, ach, laß man. Ich hätte bloß rüberzugehen brauchen.

Monteur, 1893
Ich wollt' ihn anschauen, in der Max-Eyth-Halle drunten. Dann ist einer, so ein Brauner, zu mir gekommen und hat gesagt: Sie haben hier nichts zu suchen: Sie gehn weg. Da hab ich ihn nicht gesehen, deswegen leb' ich trotzdem.

Rentner, 1903
Nee, der war nicht hier. Aber der könnt' ruhig kommen, daß die Sauerei aufhört. Man traut sich ja abends nicht mehr fort. Ich war net für ihn. Aber Ordnung war.

Putzfrau, 1933
Hitler? Nee, der war nicht in Ostpreußen. Da war ja Koch.

Architekt, 1928
Ne, Röhm habe ich gesehen. Vorstellung, ich möchte Hitler mal die Hand drücken und mal von ihm ausgezeichnet werden. Das war meine Vorstellung als kleiner Junge.

Pensionär, 1929
Wissentlich habe ich ihn nicht gesehen, ich habe keinen Eindruck. Wir wurden als Pimpfe ja oft zum Spalierbilden eingesetzt, kann sein, daß er dabei war, aber, wie gesagt, ich weiß es nicht, ich habe nur noch einen Schatten in der Erinnerung, keinen Eindruck.

Zollbeamter, 1930
Nee, den hab ich nicht gesehen. Ich weiß bloß die sogenannten Mussolini-Hocker, das waren ganz einfache Klapphocker, die wurden mitgenommen, damit die Leute nicht so lange stehen mußten. Jeder kam ja möglichst früh, um was sehen zu können, und dann hatte er so einen Mussolini-Hocker bei sich.
Später sind wir damit in den Bunker gegangen.

Museumsdirektor, 1906
Ich hab' mal gewartet, da war's mir zu lang, da bin ich gegangen.

Hausfrau, 1926
Nein, gesehen habe ich ihn nicht. Aber ich weiß noch, wir waren damals im Landeinsatz. Da sagten wir Mädels: Also entweder ist er der Teufel selbst oder ein Supermensch.

Hausfrau
Nein.
Unsereiner kam da nicht ran. Wir haben nur die Schuld dafür gekriegt.

Schriftsteller, 1928
Nein, aber Ulbricht hab' ich mal gesehn.

Eine Frau, 1936
Ja, oft habe ich den Hitler gesehen. Und Göring auch. Oft. Wie dicht ich ran war? Wieso? Im Fernsehen hab' ich ihn gesehen. Doch nicht richtig!

Bibliothekarin, 1930
Ich habe ihn bloß im Kino gesehen, auf dem Obersalzberg wurde er gezeigt, wie ein kleines Mädchen ihm da Blumen überreicht, und dann saß ich da und weinte und weinte.

Hausfrau, 1930
Ich wohnte damals in Plau. Es hieß immer, Hitler kommt, Hitler kommt; und wir sind die Straßen auf und ab promeniert, und da ist auch ein Auto mit Leuten vorbeigefahren, die hatten weiße Fliegerkappen auf. Kann sein, daß sie das gewesen sind. Zu erkennen haben sie sich jedenfalls nicht gegeben.

Lehrerin, 1936
Nein, ich hab' Hitler nicht gesehen. Aber es tut mir leid. Ich hätte ihn gern gesehen. Es hat doch was für sich, berühmte Leute zu sehen. Als normaler Mensch hat man doch den Eindruck, daß man nichts ausrichtet. Aber einen zu sehen, der die Möglichkeit hat, in die Geschicke der Menschen einzugreifen. – So wie zum Beispiel das Mittelmeer zu sehen, auf dem Odysseus gefahren ist. Etwas gesehen zu haben, was wichtig ist. Das bringt einen zum Nachdenken. Einen Einstieg zu bekommen für das Nachdenken, das meine ich.

2

Volkswirt, 1894
Ja, ich hab' ihn gesehn. Beschreiben, nein, das möcht ich nicht. Ich kann mir schon vorstellen, wie Sie das machen wollen – die verschiedenen Eindrücke schildern. Nein, da bin ich nicht dabei. Tut mir leid, daß ich Ihnen nicht helfen kann, aber ... ist nun mal so.

Parkwächter, 1910
Ja, aber fragen Sie lieber einen andern.

Unternehmer, 1897
Als ich studierte in den ersten Jahren, 1920/21, da hat mich die Idee, da war der Versailler Vertrag, die Schuldfrage usw. ... Das empfand man damals als eine Knechtung, und der Ruf Hitlers, das abzuschütteln, hatte etwas Bestechendes.
Aus war's dann 1923.
1921 hab ich ihn auch mal gesehn, diese Unmenschlichkeiten waren damals noch nicht drin. Ein ungewöhnlich geschickter Redner. Wer da nicht auf festem Boden stand, der war geliefert. Die alten Frauen waren doch alle besessen, die sind ihm doch alle nachgelaufen.

Urologe, 1923
Mein Vater war politisch inaktiv. Als Doktor auf dem Lande war er in jeder Partei sozusagen und in jedem Verein, aber er ging nirgends hin. Und die ließen ihn denn auch zufrieden.
Wenn Wahl war, zockelte ich mit meinen Eltern zur Schule. Da

waren die Wände beschmiert, viel Rot. Und die Kommunisten fielen auf durch leuchtende rote Reklamefarbe auf ihren Plakaten. In unserer kleinen Stadt gab es ja viele Kommunisten, das waren arme Leute. Ich hatte gute Freunde darunter.
Und diese Schalmeienkapellen. Dann zogen die abends bei Dämmerung durch das Städtchen, und es waren auch viele Frauen dabei. Und wenn die Musik vorbei war, dann schrien sie: »Hunger!« Das ging einem durch Mark und Knochen.

Hausfrau
An Plakate erinnere ich mich und an eine wilde Prügelei meiner Brüder mit Kommunistenjungs.
Wir haben uns immer furchtbar gefürchtet.

Prokurist, 1924
Schreiende, laufende Massen, das ist das einzige, was ich noch weiß. Polizei mit Gummiknüppeln.
Mein Großvater hat uns schnell zur Seite gebracht.

Eine Frau
Auf dem Lande haben wir davon nicht so viel gemerkt. Das einzige, was es gab, waren Sozialdemokraten. Das waren die Arbeiter. Kommunisten gab es damals nicht bei uns. Die Knechte bei den Bauern wählten sozialdemokratisch.

Steinmetz, 1913
Wir mußten immer aufpassen, wenn wir nachts von der Stadt zu unserem Dorf nach Hause gingen, das waren so 15 Kilometer, die gingen wir zu Fuß. Wir mußten immer mit mehreren zusammen gehen, sonst hätten wir ein Jackvoll gekriegt von den Roten.

Hausfrau, 1905
Ich hätte gern Tennis gespielt damals, aber wir konnten uns das nicht leisten. Und außerdem: In weißem Zeug nach Hause fahren, da hätt' ich mich geniert, wenn die Arbeiter das sehen.

Buchhändlerin, 1926
Wir hatten einen sehr schlechten Ruf im Dorf, weil meine Mutter einen Bubikopf trug. Außerdem hatten wir ein Auto – als Lehrer! – und fuhren ins Ausland, und das war ungewöhnlich.

Hausfrau, 1889
Mein Mann war national, der hat sich um Parteien nicht gekümmert, der war für den Kaiser. Die etwas Geld hatten, die waren da drin.
Mit den Nazis wollt' er nichts zu tun haben, der haßte die.

Lektor, 1913
Im Schottenhamel wurde ausgerufen: »Ist ein Herr Hitler da?«
Damals trug er noch Wickelgamaschen und Schnürstiefel.
Nix weiter über den Kerl.

Bahnbeamter, 1907
Ich habe Hitler schon 1924 gesehen, da ham's Schafskopf gespielt, die Wirtschaft kann ich nicht mehr sagen, das war in Bayreuth. Skat.

Ein Mann
Zum ersten Mal habe ich ihn 1929 gesehen, ich wußte nicht, wer er war, wurde aufgeklärt durch einen Kellner, in einer Münchner Bar, der Maxims Bar. Da hielt er hof. Ich war damals ein armes

Schwein, lebte von der Hand in den Mund. Meine Freundin war ziemlich attraktiv, die verkaufte da Zigaretten. Ich saß in der Küche von der Bar und seh', daß die Leute da so zackig grüßen. Ich frag': »Was ist denn da los?« – »Das ist Hitler, der damals den Putsch gemacht hat.«
Da hab' ich ihn also das erste Mal gesehen, vor einem Glas Wasser sitzend. Er gab da irgendwelche Befehle, und die schwirrten dann ab.

Lehrer, 1905
In der Vorhitlerzeit, im Sportpalast. Göring sprach, und Goebbels. Der Hitler nicht. »Wir, die wir im Blut des Weltkrieges groß geworden sind, wir fürchten keinen Gummiknüppel.«
Ein Redner sagte, er habe nach dem Krieg einen totgeschlagen und habe fünf Jahre dafür büßen müssen, weil er den dahin geschickt hat, wo er hingehört.
Einer aus dem Publikum rief immer: »Deutschland!«, und die andern schrien dann: »Erwache!« Darauf hatte die Polizei bloß gewartet, kamen dann mit den Gummiknüppeln. Und auf den, der da »Deutschland« geschrien hatte, gingen sie besonders los, dachten wohl, das wär' der Anführer. Nun konnten sie den ja auch leichter kriegen, weil das ein einzelner war, die andern alle hätten sie ja nicht fangen können, das wären ja zu viele gewesen.

Arzt, 1921
Ich hab' ihn nur ganz kurz gesehen, in Magdeburg, im Auto. Da schmissen sie ihn mit Steinen, Reichsbanner.
Magdeburg war rot.
Er ist dann nie wieder nach Magdeburg gekommen, übrigens die heutigen Machthaber, drüben, die mögen Magdeburg auch nicht, das paßt ihnen nicht in den Kram.

Jurist, 1903

Hitler und Mussolini waren ganz verschieden. Mussolini war ein normaler Mensch, der konnte seine Mütze abnehmen, hatte einen schönen Kopf, das konnte Hitler nicht, der hatte ja einen häßlichen Schädel.

Ich kannte Hitler schon von 1924 und mochte ihn damals schon nicht. Ich war Rechtsanwalt und hatte mit seinem Prozeß zu tun. Mindestens 12mal habe ich in sehr kleinem Kreis mit ihm Mittag gegessen. Mit dem kam man in keinen Gefühlskontakt, er war wie ein Stück Holz. Eine eigentümliche Erscheinung. Wir nannten ihn in München nur den Friseurgehilfen.

Mir hörte er ja damals zu, weil ich ihn beraten sollte. Wenn er redete, war alles Unsinn. Er war sehr unwissend. Später war das wohl anders. Mit Hilfe von gebildeten Frauen hat er viel gelernt, das ist immer wieder gesagt worden, all die Herren, die mit ihm zu tun hatten, sagten das. Auch sein Gedächtnis. – Davon hab' ich damals nichts gemerkt. Ich hab ihn gefragt: »Wie haben Sie sich das eigentlich vorgestellt, als Sie in München marschiert sind, wie wären Sie nach Berlin gekommen? So können Sie das doch nicht machen«, hab ich gesagt. »Sie müssen ganz legal an die Macht zu kommen versuchen.« Und das hat er sich dann ja leider zu Herzen genommen.

Er bemühte sich, in Gesellschaft als gebildeter Mensch zu erscheinen. Aber es war unmöglich, mit ihm in psychischen Kontakt zu kommen. Dies etwas Starre und die Suggestionsgabe. Von 20 Leuten auf einer Besprechung, sind 18 auf ihn reingefallen, obwohl er nur dummes Zeug gesagt hatte. Krankhaft.

Zahnarzt, 1898

Ich habe ihn auch mal gesehen, da war eine große Versammlung auf der Rennbahn in Rostock von den Nazis, und zwar in der Verbotszeit, wo sie also ihre braunen Hemden nicht tragen durften, da hatten sie weiße Hemden an. Und da mußten wir natürlich auch hingehen und uns das anhören, da sollte Hitler sprechen.

Er kam mit gewaltiger Verspätung, und ich hab' ihn mit'm Auto vorbeifahren sehen und oben auf der Tribüne, und dann hat er getost. Was der geredet hat, da wollt' ich damals schon nichts von wissen, und zwar weil ich infolge meiner jüdischen Abkunft von vornherein dagegen war. Imponiert hat mir damals die Organisation dieses Massenaufmarsches, das klappte tadellos, die Ordner überall und »hierhin gehen« und »dahin gehen ...« usw. Das klappte. Was er da geseiert hat, da hab ich nicht viel zugehört.

Buchhändler, 1909
Vor 33, und, ganz eigenartig, er hat mich nicht beeindruckt. Ob ich politisch immun bin, weiß ich nicht. Fuhr da vorbei, saß da vorn drin, ich sag': Was soll's?
Ich kann keine Beerdigung sehen, ohne zu weinen, und bin wirklich nicht kalt, aber da, wieso es kommt, daß ich da nicht fasziniert war, ich weiß es nicht.
Hier in unserer Stadt waren die verkrachten Existenzen Nazis. Wahrscheinlich kam das deshalb.

Fotograf, 1893
Das war in Günzburg, in einer Maschinenhalle, ich weiß nicht mehr, wie die hieß. Das ist vor 33 gewesen, schon lange her. Ich glaube, anno 25 oder 28. Wir sind von Weißenhorn mit dem Omnibus nach Günzburg gefahren. Da waren wir – wie viele passen in solch einen Omnibus – so 25 oder 30 Mann. Da sind wir hingefahren, um die Neuigkeit zu sehn. Ausgesehen hat er halt so, wie man ihn illustriert gesehen hat, in den Zeitungen. Damals war Hitler noch temperamentvoll. Da hat er noch nicht so viel hinter sich gehabt wie in den späteren Jahrgängen.

Kfm. Direktor, 1911

Fünfzigmal habe ich Hitler gesehen! Zum ersten Mal 1926, da kam er gerade aus der Festung, da hat er in Rostock im Sportpalast gesprochen, so ein schmächtiges Bürschlein, zog seinen Ledermantel aus und hat gesprochen, ich kann Ihnen sagen! Drei Stunden frei! Faszinierend. Sein ganzes Buch, wie er dazu kam und vom Krieg und das Völkische, und wir waren ja alle auf das eingeschworen, schwarz-weiß-rot usw., wir waren ja alle jung und begeistert, und er sprach natürlich so, daß es junge Leute begeistern mußte. Schließlich stand dann noch so einer von der SPD auf und meldete sich zur Diskussion. Der hat dann da drei Minuten was zusammengestottert, wir haben ja bloß gelacht. Und ein paar Kommunisten rissen auch das Maul auf, die wollten da anfangen, die hat er vielleicht fertiggemacht! Er schlug sie mit ihren eigenen Waffen, die gingen rückwärts zum Saal hinaus. Da sagten wir uns doch, Donnerwetter ...

Na, und denn wurde es ja immer schlimmer, die dauernden Wahlen, wie in Frankreich, immerzu Wahlen, das hing einem ja zum Halse heraus. Und dann kam die Krise, 7 Millionen Arbeitslose ...

Schriftstellerin, 1905

In München, und da lehnte er am Wittelsbacher Brunnen und sprach mit 20 bis 25 Studenten und wirkte unwahrscheinlich provinziell, und mein Vater sagte: »Der Bursche ist ganz uninteressant.« Das war 1927/28.

Arzt, 1921

1929, im Sommer. – Von Föhr aus hab ich mal die Do X gesehen, der Pilot hat da eine Schleife gezogen, weil er auf Föhr verwandtschaftliche Beziehungen hatte.

Redakteur, 1924
1929. – Mein Vater war blind und spielte Klavier, und zwar im Kino, bei Stummfilmen. Und da mußte ich meinen Vater immer ins Kino schleppen, damit er da seine Musik machen konnte, und ich mußte ihm immer ins Ohr flüstern, was los ist. Da spielte mein Vater lustig oder traurig, je nachdem, wie es grade gekommen ist.

Hausfrau, 1916
Er hatte sehr große, klare Augen und sah einen sehr durchdringend an. Ich hab' ihn auf dem Reichsjugendtag in Potsdam 1931 gesehen.

Arzt, 1922
1931. – Umzüge von Arbeitslosen und von der Eisernen Front. Diese Leute hatten drei Pfeile, das war SPD. Wenn so was war, wurden die Rolladen runtergelassen.
Als Schüler haben wir uns dann auf den Dachboden gesetzt und haben das gespielt. Der eine war der »Führer«, aber nicht etwa Hitler, sondern der Führer von den Dreikreuzlern, also der Vorsitzende, der andere war der Schriftführer, und dann haben wir da Walter-Flex-Gedichte gelesen; mit den drei Pfeilen paßte das ja nun überhaupt nicht zusammen.
Aber es war so.

Oberstudiendirektor, 1911
1931 in Münster, da sprach er in der Westfalenhalle. Da war ich einer von Tausenden. Die riesige Halle war prall gefüllt. Im katholischen Münster! Fast so wie bei einer Wallfahrt. Die Leute kamen von weit her.

Fotograf, 1918
Als Junge hab ich ihn gesehen, in Kreuznach, da war ich 14 Jahre alt, 1932, da war eine Wahlversammlung in einem großen Zelt, ich wußte noch nichts von Politik, ein kleiner Mann schrie da mächtig rum, und die zuhörten, die schrien auch. Mit dem Fahrrad war ich dahin gefahren.

Angestellte, 1916
In meiner frühen Kindheit hab' ich ihn gesehn. Ich stamme aus der Pfalz. Er hat seine erste Rede gehalten. Ich bin hingegangen, weil ich einen kleinen Freund hatte, und der wollte ihn hören. Erst war er furchtbar unsicher, dann hat er geschrien, kein Wort hab ich mehr in Erinnerung, nur Verbindung von Laut, Gestik und Gesicht. Es muß 1932 rum gewesen sein.
Er hatte damals gar keine Resonanz in Kaiserslautern. Das hat er dieser Stadt so verübelt, daß er sich nie wieder darin aufgehalten hat. X-mal durchgefahren und nicht angehalten.

Buchhändler, 1919
1931/32. – Regen, und wir warteten, klitschnaß, und der große Führer kam und kam nicht. Dann endlich, und da stellte er sich im Braunhemd in den Regen und hielt eine zündende Ansprache an sein Volk und stand auch ohne Regenschirm, wie die andern alle. Bitte, nicht wahr, das ist doch was. Der hat sogar den Regen propagandistisch ausgenutzt.

Lehrerin einer Strafvollzugsanstalt, 1917
1932 in Kiel. – Da gab es eine große Messehalle, in einer Arbeitergegend, und damals war Hitler ja nur der Parteiführer. Da hab ich's erlebt, daß er durch einen Hintereingang in die große Halle geführt wurde, daß die Menschen draußen das nicht so mitkriegten.

Was ich noch weiß, ist die große Hundepeitsche, na ja, vielleicht brauchte er die ja zum Selbstschutz, in der damaligen Zeit.
15 Jahre alt war ich damals, wir waren dafür, damals.
Goebbels sagte übrigens: »Wir kämpfen bis zur letzten Galgensprosse, aber gehenkt wird doch.« Und der preußische Polizeioffizier saß dabei.

Germanist, 1919
In Kiel gab es eine Schalmeienkapelle der KPD. Die fuhren mit Fahrrädern von Platz zu Platz und machten da Platzkonzerte.
Und dann diese Sprüche:

Eisern die Front
eisern die Stirn
eisern vernagelt das ganze Gehirn!

Das waren die Sprüche, die da kamen. Von links oder rechts, das war immer dasselbe. Kommunisten und Nazis.

Kaufmann, 1910
1932, in Orteisburg, Masuren, da ist er durchgefahren, auf einer Wahlreise. Eine große Menschenmenge; Masuren hatte ja schon vor 1933 mit über 50 Prozent NS gewählt.
Zunächst vorneweg eine Eskorte, wie überall. Dann kam er mit seinem Mercedes an, stand vorne rechts, hatte einen Staubmantel an, mit Gürtel.
Er hielt an, begrüßte 'n paar und fuhr dann weiter. Er hielt sogar eine kleine Rede, erinnere ich mich noch: »Dieses Bild sehe ich überall, wo ich hinkomme ...«, so ungefähr, also die vielen Menschen, die ihm zujubelten, meinte er. Pipapo.

Eine Frau
1932 habe ich Hitler in Allenstein, in der Theaterstraße, am Nachmittag aus ca. 15 Metern Entfernung gesehen.

Hitler kam vorbei, stehend mit dem Hitlergruß im offenen Wagen – mit starrem Blick –, er sah übermüdet aus in seiner verschwitzten Hitleruniform und mit seiner Schmalztolle. Er wirkte ausgesprochen ungepflegt und war ohne Kopfbedeckung.
Zu beiden Seiten auf einem langen Trittbrett standen je vier SS-Männer, alle ca. 190 groß, mit Stahlhelmen und mit dem Gesicht zu Hitler. – Vorn und hinten waren durchsichtige Platten, so daß man Hitler von allen Seiten sehen konnte. Und auf dem Bürgersteig standen Deutsch-Nationale auch in Uniform, und ein Steinhagel prasselte auf die SS-Männer. Hitler war im Wagen viel kleiner, ihn konnten die Steine kaum treffen, und die SS-Männer mit ihren Stahlhelmen, die Rücken waren ganz sicher abgepolstert, verrieten keinen Schmerz.
Die Menschen gingen alle wortlos vorüber – alle. Wir blieben stehen und die Deutsch-Nationalen, alle so zwischen 25 und 40 Jahre alt, brüllten neben uns: »Die müssen sich ja erst ein Hakenkreuz auf den Arsch malen, sonst erkennt sie keiner!« Es war schlimm, aber wir fanden das alles in Ordnung und hätten sie am liebsten alles mögliche gefragt, aber sie liefen weiter hinter dem Wagen her und warfen weiter Steine.

Lektor, 1916
Das erste Mal habe ich ihn gesehen vor 1933 in München während eines Wahlkampfes für den Reichstag. Es war ein heißer Sommersonntagnachmittag. Neben dem Dante-Bad war ein großes weiß-blaues Bierzelt aufgestellt. Auf dem Heimweg vom Baden ging ich dort vorbei. Das Zelt muß nicht sehr voll gewesen sein, denn ich konnte ohne weiteres hinten hineingehen. Es war heiß und dunstig. Vorne stand Hitler und brüllte mit heiserer Stimme; wenn er eine Pause machte, brüllten die Zuschauer. Ich ging bald weg, und zu Hause erzählte ich: Da braucht ihr keine Angst haben, den wählt niemand, so ein Geschrei kann doch keinen überzeugen.

Ein Mann.
1932. – Einen schreienden braunen ... In einem Zirkuszelt trat er auf.
Man kann sagen: »Er trat auf.«

Hausfrau, 1881
Den Hitler? Ja, freilich, im Zelt hat er so a Wahlred g'halten, i hab' ganz nah' bei ihm g'sessen.
Was er für einen Eindruck g'macht hat? Immer an'n verrückten, mit sei Frisur un sei'm Bärtle ... Bei uns in der Nähe is a Pastor, der hat grad' so ausg'schaut, da haben die Leut immer g'sagt, er soll sich doch bloß die Haar abschneiden, weil er so an'n Ähnlichkeit g'habt hat.

Kaufmann, 1912
In Blankenburg, 1932, da war ich zwanzig, und die halbe Allianz, das war eine Gebetsvereinigung, die war gefüllt von Leuten, die ihn verehrten. Wir kamen etwas spät und sahen ihn aus ziemlicher Ferne, durch Zigarren- und Zigarettendunst. Und ich seh ihn noch da hämmern, mit der Hand. Martialische Betonung, gehackte Vokale. Er marschierte dann durch das Spalier, grüßte nach allen Seiten und verschwand wieder.

Architekt, 1919
In Magdeburg hab' ich ihn gesehen, ich war 13 und marschierte mit Bruder und Mutter zur Stadthalle, wo der große Führer sprechen sollte. Das war 1932. Und da wurde der Führer überfallen, das Auto wurde auf dem Weg dorthin angehalten, und die wollten ihm Prügel anbieten.
Die Rede wurde dann übertragen, aus der Stadthalle, und meine Mutter sagte bei der Übertragung: »Mir ist ganz unwohl bei der Sache, wenn der Kerl ans Ruder kommt, gibt's Krieg.«

Sozialarbeiter, 1924
1932. – Mit meiner Nachbarin und Schulfreundin ging ich zur Schule. Am Gemeindebüro standen und hingen Plakate. Wir heben beide die Faust und sagen diesen SPD-Gruß: »Freiheit« oder »Frei Heil!«, und zwar ballten wir die Rechte. Kommunisten ballen ja die Linke (ob das stimmt, weiß ich nicht).
Der Ort war rosarot, Mädchen und Jungen badeten da nackt zusammen, sehr fortschrittlich. Nach 33 mußten da die meisten Lehrer gehn.
Meine Schulfreundin hieß Maria Mendelsohn, die war Jüdin und hat meinem Vater nach dem Krieg noch sehr geholfen.

Städtischer Angestellter, 1908
Ich hab' ihn öfter gesehen, den Adolf Hitler. Er war auch einmal in Ulm. Er machte den Eindruck, wenn man ihn gesehen hat (immer nur in Uniform), eines Despoten, eines Herrschers, der von sich eingenommen ist und seiner Sache hundertprozentig sicher. So kann man ihn ungefähr darstellen. Ein richtiggehender Despot, ein Herrscher, der keinerlei Widerspruch duldet: Wenn ich komm, so wie ich mach.

Hausfrau, 1915
Einmal erinnere ich mich noch. Das muß vor der Machtergreifung gewesen sein. In Hamburg in einem großen Saal. Der Saal war ganz voll. Er kam durch den Mittelgang. Alles schrie. Er wartete, bis es mucksmäuschenstill war. Die waren damals alle noch in Zivil. Das muß sehr am Anfang gewesen sein.
Gottes willen, daß man das alles so vergißt.

Krankenschwester, 1910
Ein einziges Mal war ich im Sportpalast, in einer Massenversammlung, und das hat mir imponiert. Hitler selbst hat mich

nicht interessiert, nur die Menschen, wie die fasziniert waren. Ich saß oben, aber so was von Begeisterung. Er schrie, so wie man das kennt vom Radio.
Die Faszination hat sich aber nicht auf mich übertragen. Ich habe immer gesagt: Wie kommt es, daß du so kalt bleibst. Sie waren hysterisch, die Menschen.

Historiker
Einmal bin ich mit meinem Chef in den Sportpalast gegangen, der wollte den Hitler mal sehen. Und dann haben wir da auf der Tribüne gesessen und haben das alles gesehen, mit Musike und Reinkommen und so ... Es war natürlich eine ziemliche Entfernung ... war eine ungeheure Begeisterung, das wurde auch fabelhaft so mit Badenweiler Marsch und solchen Dingen, Einmarsch der Fahnen usw. gemacht, und natürlich haben wir geklatscht, aus Angst, sonst kriegten wir ja eins ans Schienbein oder vor'n Bauch. Und dann sind wir rausgegangen, die ganze Potsdamer Straße bis zum Potsdamer Platz große Polizeikohorten und vorm Sportpalast. Dann sind wir in ein Bierrestaurant gegangen »Der Große Kurfürst«, wo es ausgezeichnete Beefsteaks gab und vorzügliches Berliner Löwenbräu – Münchner Löwenbräu, und mein Chef, der früher Offizier war, der war etwas angekratzt, und ich sagte zu ihm: Der Mann hat auf mich überhaupt keinen Eindruck gemacht, ich finde das grauenhaft, dann höre ich mir lieber eine langweilige Rede von Brüning an – der war ja so furchtbar langweilig ... Da waren wir dann verschiedener Meinung.

Superintendent, 1910
Es ist ja merkwürdig, was man alles so behält. 1932 sprach er im Sportpalast. Wir waren um 2 Uhr schon da, und er sprach um 8 Uhr, kam ja grundsätzlich zu spät, das erhöhte wohl die Spannung. Und als er aufs Pult ging, sagte er energisch: »Fotografen weg!« Und die verschwanden sofort. Man merkte, das ist ein

Mann, der gewohnt ist, Befehle zu erteilen, und die Leute parierten denn ja auch.
Und hinterher, ich hab' mich gewundert, ich stand direkt an seinem Auto und guckte direkt in sein Fenster, das wurde uns damals nicht verwehrt, und er war doch damals auch schon ein geliebter und gehaßter Mann.

Beamter, 1912
Torgeier, den Kommunistenführer, hab' ich erlebt. Wenn die mit ihren Schalmeienkapellen kamen, das war fast religiös. Und Torgeier konnte es fast genausogut wie Hitler. Der appellierte an so gewisse Grundsituationen und konnte mit wenig Sätzen eine Gesellschaft hochjubeln. »Wollt ihr Arbeit haben?« »Wollt ihr Essen haben?«
Und dann hab' ich Goebbels da erlebt, der konnte maßlos auf die Tränendrüsen drücken. Und wenn man nicht mitjubelte, dann schwieg man.
Und Hitler, da war ich enttäuscht. Wahlkampf 1932. Da war ja die NSDAP auf legalem Weg in den Reichstag gekommen, das wollen wir nicht vergessen. Da hat mich zuerst das Brimborium beeindruckt, wie die SS ihn abschirmte, bald wie bei den alten Römern, wie er da empfangen wurde, Badenweiler und so, das war ja unheimlich. Wie der souverän mit wenigen Sätzen die Bürger einfing. Knüpfte an geschichtliche Tatsachen an. Aber nachher erging er sich in hysterischen Schreiereien, das hat mich dann nicht mehr getroffen.

Förster, 1916
Ich hab' das von Anfang an erlebt. Und als ich in der Obersekunda war, da habe ich Hitler gesehen. Fast alle Jungen damals waren emotional begeistert, und unter dieser Voraussetzung habe ich auch Hitler gesehen, und ich war jedesmal unwahrscheinlich beeindruckt, wobei ich nicht weiß: Was war

Aufbau, was war eigener Eindruck. »Public Relations« würde man heute sagen.
Vor der Machtübernahme hab' ich ihn schon gesehen, in seiner demagogischen Art, gegrüßt, so – und wir haben ihm zugejubelt. Da wurde zugejubelt. Alles aufstehen, der Badenweiler wurde gespielt. Vorher wurde gesagt: Wer nicht aufsteht, der wird von der SA … Ich weiß noch genau, in seiner Rede war ein wirkungsvoller Satz drin, es ging um eine Regierungsbildung, von Papen oder so was. Da rief er, wenn er in diese Regierung eintrete, dann nicht als Wagen, sondern als Lokomotive. Dieser Satz ist immerhin haften geblieben.

Produktionschef, 1923
Ich traf Schulfreunde, die mit einer Reichskriegsflagge herumrannten. Sie liefen immer um den Häuserblock herum, da war das Wahllokal drin. Sie schwenkten die Fahne und schrien:
Rotfront – Rotfront macht uns frei!
Die Hitlerpartei, die Hitlerpartei!
Mit einer Stahlhelmflagge. Sie hatten die Wahlkampfparolen durcheinandergekriegt.
Ich erinnere mich auch noch an Stöße von Papier auf den Bürgersteigen: »LISTE 32«.

Pressezeichner, 1920
Mein Onkel hatte eine Mützenfabrik und brachte mir mal einen echten Polizeitschako mit zum Spielen. Da bin ich stolz mit auf die Straße gegangen und wurde sehr beneidet von den Spielkameraden, das war 'ne Seltenheit. Dann kam aber ein Polizist und hat mir den weggenommen, und mein Vater kriegte 'ne Vorladung zur Polizei und mußte eingehend erklären, wo er das herhatte, und Onkel Oskar kriegte auch einen auf den Deckel. – Na ja, das war die Zeit, wo ab und zu Polizisten verschwanden.

Pastor, 1920

Für mich war das große Erlebnis die Karl-Marx-Schule, vor 33. Da hatten wir Lehrer, die uns sehr angeregt haben, nicht nur Wissen, sondern auch Probleme, bis hin, daß zwei Schüler auf eine gemeinsame Arbeit angesetzt wurden.

Das haben die Nazis dann ja schnell kaputtgemacht. Von diesem einen Jahr habe ich immer noch gezehrt. Ich verdanke es diesem einen Jahr, daß ich selbständig arbeiten gelernt habe und wie man an eine Sache rangehen muß.

Es waren keineswegs alles Rote, wie in der Nazipropaganda behauptet wurde.

Jede Woche hatten wir eine Gemeinschaftsstunde, wo besprochen wurde, wenn einer abfiel, wie man dem helfen konnte.

Ingenieur, 1914

1931. – Ich war in der Zentrumsjugend, und wir haben damals mit den Sozialisten zusammengearbeitet. 1931 sagte mein Chef zu mir – ich war Lehrling: »Du bist doch in der Gewerkschaft, du kannst morgen aufhören.« Da hab ich gesagt: »Dann verklage ich Sie vor dem Arbeitsgericht.« Da hat er zurückgezogen, das wollte er nicht, Arbeitsgericht, das wär' womöglich noch durch die Zeitungen gegangen. Und dadurch hab' ich noch ein ganzes Jahr arbeiten können. 1932 war dann endgültig Schluß. Ich bin dann zur Reichswehr gegangen.

Kunstmaler, 1921

Ich habe ihm sogar die Hand gegeben, im Jahre 1932. Wir waren ganz dumme Jungs, 8 Jahre. Eigentlich war die Familie national, aber mein Bruder war Kommunist.

Wir waren auf dem Flugplatz und spielten. Und da landete die Ju, die hatte doch 'ne bestimmte Nummer, 52, nicht wahr? So geriefeltes Blech, 3 Motoren.

Da war so eine alte Frau: »Der Hitler kimmt! Der Hitler kimmt!«

rief sie, und da kletterten wir über den Drahtzaun und rannten auf die Maschine zu und gaben ihm die Hand. Er war in Zivil, trug einen grauen, weißlich-grauen Trench, der ziemlich lang war. Er war umringt von SS-Leuten, die gehörten ja immer dazu. Und dann gab er uns sehr jovial die Hand, es war keine Faszination, es hätte genausogut Ebert gewesen sein können.
Und dann wurden wir weggescheucht.

Ein Mann
1930 im Spätsommer, auf dem Flughafen Skoldik, als er aus einer Maschine kam. Er konnte das Fliegen ja nicht ab, kotzte dauernd, mußte ja aber fliegen, um seine Redetermine einhalten zu können. Er ging, kalkweiß, vom Flughafen zum Auto, hatte seine Hundepeitsche bei sich, den Ledermantel an.

Buchhändler, 1919
1930. – Mein Vater hatte ein Bürstengeschäft mit 'n bißchen Seife dabei und nach und nach Parfüm und so was. Und ich weiß noch, wie der dann abends bedrückt nach Hause kam: »Heut' hab ich den ganzen Tag nur 5 Mark eingenommen.«
Der hat sich dann aber wieder hochgerappelt, 1933 ging ja alles plötzlich wieder besser.

Ein Mann
1932 da war diese berühmt Wahl, die er mit dem Flugzeug absolvierte. In Bremen hab' ich erlebt, wie er da abflog. Ich hab' gesehen, wie er in die Ju 52 einstieg. Vorn setzte er sich hin, und da setzte er sich eine Fliegerkappe auf, und da hab' ich gesagt zu meinem Nachbarn: »Nun sehen Sie mal, was für ein Theater, in der Ju 52 setzt der sich eine Fliegerkappe auf.« – (Nach dem Krieg hat der mir das wiedererzählt, das war ein Nazi.)

Germanist, 1919

Ich kann mich erinnern, daß wir als Schüler in den 30er Jahren nicht Sportergebnisse sammelten, sondern Wahlergebnisse. 1932 erinnere ich mich an sämtliche Wahlen, Reichspräsidentenwahl, dann der 2. Wahlgang, wo Hindenburg mit den Linken gewählt wurde, dann Ende April die preußischen Landtagswahlen, im Juli die Reichstagswahl, und dann im November. Da war doch diese Papengeschichte, wo der das Blatt schon in der Hand hatte und Göring ihn nicht reden ließ.

Wir hörten das damals im Rundfunk, ein Siemensgerät. Vorher Detektor.

Arzt, 1921

1930. – Als ganz kleiner Dutz hab' ich Hindenburg mal gesehen, in Bochum. Ich kann mich an den weißen Stiftekopf erinnern, im Auto, als er vorbeifuhr.

Eine Frau

Die Vor-Nazi-Zeit in Köln:

Lesen, lesen, lesen: Thomas Manns Zauberberg, Wiechert, Hamsun, Dostojewski, Tolstoi, Carossa, Hesse.

Tanzen: Jazz, Duke Ellington oder Walzer mit Leidenschaft. Tango ungern, mit alten Herren.

Dreigroschenoper-Songs auswendig singen.

In Gürzenich-Symphoniekonzerte gehen, der Schülerplatz kostete 1 RM. Als einmal ein Hindemith-Konzert ausgepfiffen wurde, »Hundemist«, brüllten wir Beifall.

Am Reformationstag zur Kirche gehen.

Im Kunstverein auf dem Friesenplatz neue Malerei: die Brücke-Maler, die Bauhaus-Maler.

Für Marlene Dietrich und Lilian Harvey schwärmen.

Geld war zwar knapp, aber vorhanden.

Wir lasen keine politischen Leitartikel und keine Börsenberichte.

Wir unterschieden nicht zwischen Juden und Nichtjuden in der Wahl unserer Freunde.
Niemand war in einer politischen Partei, niemand ging zu einer Wahlversammlung.
Wir spotteten über Mitschülerinnen in Beiderwandkleidern mit kupfernem Haarreif (Jugendbewegung!).

Lektor, 1916
Eine groteske Sache ist mir mal im Gymnasium passiert, 1932. Der Sohn von einem Maler, ein Blödkopf, dummer Kerl mit abstehenden Ohren, der war Nazi, sein Vater nicht. – Dieser Junge kam einmal zu spät und entschuldigte sich wegen »häuslichen Terrors«. Wir haben laut gelacht.

Pressezeichner, 1920
Der erste Film, den ich gesehen habe, war »Die Nibelungen«, in der Aula unserer Schule. Die Bachszene mit dem Blatt, sehr viel Laub und Sonnenlicht überall.

Regisseur, 1927
In Liegnitz ... da muß ich 5 gewesen sein. Da bin ich, um Geld zu verdienen, mit einem SA-Mann, der Motorrad fuhr – der saß breitbeinig auf seinem Motorrad –, hinten auf dem Motorrad zum Versammlungslokal der SA gefahren und habe dort sogenannte Dreierstückchen für 5 Pfennig verkauft und hab mir damit mein erstes Taschengeld verdient.
Ich denk' immer noch an den riesigen Arsch von dem SA-Mann vor mir. Und ich klammerte mich fest.

Oberstudiendirektor, 1921
In unmittelbarer Nähe von unsrer Wohnung (in Berlin) lag ein SA-Sturmlokal. Das war eine etwas zurückliegende Gastwirtschaft mit kleinem Garten davor. »Die Ameise« hieß es. Für uns Kinder war es bei den Wahlen immer sehr interessant, da hielten wir uns immer in der Nähe auf, weil wir dachten: Da passiert was. Ich erinnere mich noch an das Vorbeifahren von Kommunisten auf einem Lastwagen und an das gegenseitige Anbrüllen. Die Kommunisten warfen Flugblätter. Und als sie noch einmal vorbeifuhren, hatte die SA diese Flugblätter inzwischen eingesammelt und im Vorgarten des Sturmlokals aufgeschichtet und angezündet.
Zu derselben Zeit standen wir mit unseren Eltern mal abends um 11 Uhr auf dem Innsbrucker Platz in Friedenau, da hielten die Straßenbahnen; wir standen auf der Insel und warteten, und gar nicht weit von uns standen ein paar Männer. Unauffällig und plötzlich kamen andere Männer und prügelten mit Totschlägern auf die ein. Die einen waren SA-Männer, die andern Kommunisten. Aber wer was war, konnte ich nicht mitkriegen.

Grafiker, 1920
Am 1. Mai durften wir nicht draußen spielen. »Straße frei zum 1. Mai!«, hatten die Kommunisten an die Wände gepinselt. Mutti war ängstlich. – Schlägereien hab ich aber nie erlebt. Ab und zu fuhr mal ein kleiner Lastwagen durch Wilmersdorf, mit singenden Leuten, aber sonst war's nicht weiter schlimm.

Journalist
1932 war ich in einer Versammlung, wo ich mir Goebbels anhörte, in Friedenau war das, in einem Bezirksraum sozusagen, weil ich den gern mal sehen wollte – das war theatralisch aufgezogen, ebenso imponierend wie ekelerregend, das war 1932, in der sogenannten Kampfzeit.

Kameramann
1932. – Mit 16 Jahren war ich schon im Stahlhelm. Wir haben uns noch echt mit den Kommunisten rumgekloppt. Mit einem graugestrichenen Fahrrad und schwarz-weiß-rotem Wimpel bin ich durch Barmbek gefahren. Im Stiefel hatte ich einen Totschläger, einen Mahagonistock.

Rundfunkredakteur, 1924
Mein Vater war ein strammer Deutsch-Nationaler. Als Österreicher in Deutschland lebend. Er hatte das Bedürfnis, sich den Deutsch-Nationalen zu nähern, und das war damals der Stahlhelm. Und da wurde ich dann in den »Scharnhorst« gesteckt. Das war eine Jugendorganisation im Stahlhelm. Da wurden auch schon richtige paramilitärische Übungen dauernd gespielt. Da wurden Nachtübungen gehalten, und Keulenwerfen war da und Hindernisrennen. Und nachts wurden Patrouillengänge gemacht. Feindbeobachtungen und -überrumpelungen. Und ich wurde mal versteckt, als ausgesetztes Kind, das sollte gesucht werden. Ich sollte mich ganz still verhalten. In irgend so einen Dornbusch haben sie mich reingesteckt. Und das war finster, und ich hatte solchen Schiß!

Pressezeichner, 1920
Der Geruch von nassem Wald und nassen Klamotten und nassem Stroh, bei den Pfadfindern, wenn wir da einen Ausflug machten. Oder dieser idiotische Geschmack von Grießbrei, am offnen Feuer gekocht, wo noch das Feuer den Geschmack mit abgab.

Ein Mann, 1927
1932. – Es wurde geschossen. Ich hör' das noch. In Kiel.

Bibliothekarin, 1922
Ich bin auf der Kavalleriestraße in Düsseldorf Rollschuh g'laufen. Da hörte ich Schüsse und lief angstvoll zu meiner Freundin rein.

Krankenschwester, 1907
1932. – Am 20. April hatte Adolf Hitler Geburtstag, und er hatte an diesem Tag seinen großen Auftritt in Marburg. Den ganzen Nachmittag marschierte die SA mit Fahnen und singend durch die Stadt. Ich putzte die Praxisräume von Herrn Geheimrat, schaute dabei aber öfter mal zum Fenster hinaus und stellte den Bohnerbesen an den Schreibtisch. Da gab es hinter mir einen Donner. Der Besen, die wunderschöne Kristallvase und der Fliederstrauß, den Herr Geheimrat tags zuvor von den Schwestern zu seinem Geburtstag erhalten hatte, lagen am Boden. Vase kaputt, und mir fiel mein Herz in die Schuhe. Alles, was wir zerbrachen, mußten wir ersetzen. Wo sollte ich das Geld dazu hernehmen? Schwester Gustel tröstete mich, holte eine Vase von früher aus dem Schrank, und meinte, der Herr Geheimrat würde das überhaupt nicht merken.
Die Ärzte und Schwestern zeigten wenig Interesse an Hitler. Schwester Annette gab auch uns Schülerinnen nicht frei. Mein Mann war in Dillenburg arbeitslos geworden und war daher mit einigen anderen Männern per Rad nach Marburg gekommen. Nicht als Anhänger, sondern aus Neugierde. Wir haben im Sommer die Christliche Partei gewählt. Auf dem langen Wahlzettel standen damals ungefähr zwei Dutzend Parteien.

Fotograf, 1922
1932 hatte doch der Gauleiter von Ostpreußen noch kein Auto gehabt! Da war eine Wahlkampagne, und mein Vater, zu dem kamen sie dann. Einen 1030er Benz hatte der, offen, den liehen sie sich, aber einen Chauffeur wollten sie nicht, den haben sie selbst

genommen. Die Kulissenschaltung war aber schon innen. Und mit dem fuhr Hitler dann die Stationen ab. Da gibt es noch ein Bild. Hitler in unserm Auto.

3

Schlagerkomponist

Es war gar nicht so aufregend, wie Sie sich das vorstellen. Es war nicht einmal so aufregend wie der Wechsel Schmidt/Kohl. Man hat das nicht so für voll genommen. Der Marsch durchs Brandenburger Tor, man hat sich noch nicht so dafür interessiert.

Schauspieler

Der 30. Januar hauchte oder rauschte mehr oder minder an uns vorbei, man entnahm es aus der Presse, man sah es auch dann in den Wochenschauen. Diese flammende Schlange, die da durchs Brandenburger Tor zog: Das ist für mich der 30. Januar und dann noch der Hitler und Hindenburg in den Fenstern, unten die tobenden Massen, das hat man gesehen, und dann ist es in einem wieder ausgeklungen. Man hat sich eigentlich nicht weiter damit beschäftigt, wir haben das zur Kenntnis genommen, der eine mehr oder minder besorgt, aber der Alltag ging darüber hinweg.

Molkereimeister, 1922

Wir haben uns gefreut, daß es soweit war. Ich war ja schon vor 33 beim Jungvolk. Ich habe immer schon zu meinen Eltern gesagt: Wählt Liste 2, das waren die Nazis. Aber das haben die nicht gemacht.

Ein Mann, 1924

30. Januar 1933. – Weil mein Nennonkel aus München zu Besuch war, hab' ich eine gute Erinnerung an diesen Tag. Er wohnte in

Berlin im Kaiserhof und lud uns an dem Tag grad' ein. Abends sah ich dann von dort aus den Fackelzug, ein unauslöschlicher Eindruck.
Hinterher fuhren wir mit einem alten Bus nach Hause, da ging man so hinten die Wendeltreppe hoch, und auf der Straße lagen all die abgebrannten Fackeln.

Rektor, 1905
Am 30. Januar 1933 sah ich ihn am Fenster. Ein Stück weiter stand Hindenburg, an dem zogen sie auch vorbei. Man sah deutlich, daß Hindenburg im Takt der Marschmusik mit dem Krückstock aufstieß. Das ist ja allgemein bekannt.

Städtischer Angestellter, 1906
Ich habe ihn in Berlin gesehen, am 30. Januar 1933, er stand hinter dem Fenster, und Hindenburg auch, damals war Hitler ja noch bescheiden. – Ich bin da mitmarschiert. Wir bekamen über die Ortsgruppe Bescheid, daß der Vorbeimarsch stattfinden würde, und das war das Eigenartige, sogar ein SA-Mann war dabei, der eine jüdische Frau hatte. Die hat sogar die Stullenpakete gemacht und hat sogar mitgeklebt. Die hat nicht gedacht, daß sie damit gemeint war, die hat gedacht, daß die galizischen Juden damit gemeint waren.
Ich habe auch an einer Wahl teilgenommen. Mein Stimmbezirk war rein kommunistisch, und da haben 75 Prozent für Hitler gewählt. Auf manchen Zetteln stand allerdings: »Ihr seid die größte Saubande, die man sich vorstellen kann« und so was. Da wurde von oben durchgegeben, daß damit die Gegenpartei gemeint sei.
Hitler wirkte ungemein suggestiv, im Gegensatz zu Göring. Der wirkte wie ein Operettengeneral. Ich halte Hitler für einen Mann, der bis 1937 noch vollkommen normal war. Nach dem kriegte er den Größenwahn, der sich dann zu einem regelrechten Irrsinn auswuchs. Daß der noch normal war, möchte ich nicht anneh-

men. 1936, da war er doch vollkommen gesellschaftsfähig, bei der Olympiade, der war ja sogar Königen gleichgestellt. Das kann man doch gar nicht verstehen, daß wir dann nachher Verbrecher gewesen sein sollten, weil wir damals in der Partei waren.

Hausfrau, 1910

Ich bin Berlinerin, ich hab' das am 30. Januar 1933 intensiv miterlebt und hab' Hitler gesehen, wie er am Fenster der Reichskanzlei stand, weiß wie Marmor und ein Stückchen weiter Hindenburg.
Das Volk jubelte und schrie.
Das Volk hat ihn gewählt.
Eins, zwei, drei, vier, fünf, sechs, sieben, acht, neun und zehn!
Wir wollen unsern Führer sehn!
Er ist vom Volk gewählt worden. Am schlimmsten schrien die Frauen. Die dachten: Nach all der Arbeitslosigkeit kommt unser Erretter. Es war ja wirklich bittre Not.
Ich hab' ihn immer und immer gesehen. Und da hat das Volk ewig gejubelt.

Bauer, Politiker, 1898

Am 30. Januar 1933 war ich in einer Straßenbahn, vorn, ich wollte vom Stettiner Bahnhof nach Hause fahren, und da mußte die Straßenbahn anhalten, weil der Fackelzug da war. Abends, acht, neun Uhr. Und als ich die vielen Menschen da sah und das Theater, da rutschte es mir so raus, da hab ich gesagt: »Armes Deutschland.« Und da hat der Tramführer sich umgedreht, hat mir die Hand gereicht und hat gesagt: »Ich denke auch so.«

Pressezeichner, 1920

Ich war in der CP, den Christlichen Pfadfindern, und die wurden auch mobilisiert, den Fackelzug an Hitler und Hindenburg vorbei mitzumachen. Wir 12/13jährigen haben uns weiter nichts dabei gedacht. Das war natürlich ein Heidenspaß, mal 'n Fackelzug mitzumachen.

Verkäuferin, 1913

1933. – An die Machtergreifung selbst erinnere ich mich nicht. Ich weiß bloß die Umzüge, daß die dann schrien: »Hitler kriegt Keile!« oder so ähnlich. In Bremen war das. Sonst erinnere ich mich nicht mehr. Politisch war ich ja nie so auf Draht, ich war ja auch noch jung.

Grafiker, 1920

Unser Klassenlehrer, der gab Deutsch und Geschichte und schimpfte auf sehr unüberlegte Art auf die Nazis. »Dieser Hitler ...«

Als sie dann aber an der Macht waren, da war er der erste, der in die Klasse kam und seinen Arm reckte und »Heil Hitler!« sagte. Erst mal schallendes Gelächter bei uns. Aber er erzählte große Sachen, was Hitler alles gemacht hätte und wie er gekämpft hätte usw. Neue Geschichtsbücher wurden gekauft, mit alten Germanen und so weiter.

Er war schon sehr alt und wurde kurz darauf pensioniert. Einige Mitschüler haben ihm dann, nach dem Abitur, mal die Meinung gesagt. Das hat mir denn nun auch wieder leid getan.

Ein Mann, 1927

Mai 1933. – Unendlich lange Kolonnen von SA. Das hat mich beunruhigt, weil das überhaupt nicht aufhörte, als Kind, nicht wahr, man weiß das nicht so. Ich hab meinen Vater dauernd was gefragt, und er war unwillig und sagte: »Das darfst du jetzt nicht fragen, mein Kind.« Das war wohl was Kritisches.

Hausfrau, 1898

An die Machtergreifung erinnere ich mich gut, mit den Demonstrationen und den Umzügen und wie sie »Juda verrecke!« geschrien haben, daran erinnere ich mich natürlich.

Hausfrau, 1912

Mein Onkel wohnte in Pommern, der hatte Herdbuchvieh, und nach dem 30. Januar 1933 hat er alle braunen Hühner erschossen. So was ging damals noch.

Arzt, 1911

Einen Eindruck hab' ich gehabt, 1933 oder so, der zeigt auch wieder mal, wie die einzelnen Menschen den Umschwung gesehen haben. Ich bin Arzt und habe in Berlin studiert. Der Anatom war ein alter Herr, der sehr schwerhörig war. Und eines Tages war da überall geflaggt, das muß kurz nach dem Umschwung gewesen sein, und zwar die Hakenkreuzfahne und die schwarz-weiß-rote. Hitler sollte kommen, daher die Fahnen und der Schmuck. Und der Anatom geht vor mir her, und der geht auf einen SA-Mann zu, schlägt ihm auf die Schulter: »Daß Ihr Führer mir die Freude gemacht hat, daß ich die schwarz-weiß-rote Fahne noch mal seh' …«

Versicherungsmakler, 1901

In Kempten war das. Da stand ich in Kempten, zufällig, mit einem Glasermeister neben mir. Da wollte Hitler in der Tierzuchthalle sprechen. Und da fuhr er halt im Auto vorbei. Da sieht man nicht viel. Jedenfalls, mein Nachbar, der hat dann so etwas abfällige Bemerkungen gemacht. Und da hat's noch eine kleine Auseinandersetzung gegeben. Ich weiß nicht, was das für Leute waren: Parteiangehörige oder Parteigenossen oder so. Aber es ging friedlich weiter.

Ich hab' ihn eben nur vorbeifahren sehen. Ich sehe schlecht, und deshalb, wenn jemand im Auto an mir vorbeifährt, dann kann ich ihn nicht richtig erkennen.

Buchhändler, 1919

5. März 1933. – Da war noch eine Wahl, und die Kommunisten kamen aus ganz Oberschwaben in Biberach zusammen und haben demonstriert. Und die Geschäftsleute haben die Rolläden runtergelassen, als die da ankamen mit ihren flachen Mützen, die haben gedacht, es gibt eine Schlägerei mit der SA. Aber die SA war gar nicht zu sehen, die stand irgendwo im Hintergrund, haben sich nicht vorgetraut, obwohl sie schon an der Macht waren. Der Polizeikommissar hat ohne jeden Grund auf die eingeschlagen, mit dem Gummiknüppel. Ich hab' gedacht: Warum tut der das? Die machen doch gar nichts.

Im März 1933 kam Brüning in unsere Stadt. Der war sehr korrekt gekleidet, hatte einen dunklen Anzug an und schwarze Lackschuhe. Neben mir stand ein SA-Mann, der hat ihm auf die Schuhe gespuckt, so richtig mit Wonne. – Der ist hier übrigens heute im Stadtrat.

Lektor, 1916

Das zweite Mal sah ich ihn bei einem Aufmarsch in der Ludwigstraße. Ich gehörte einer Pfadfindergruppe an, die »gleichgeschaltet« vom Jungvolk »übernommen« worden war. Wir waren alle sehr widerspenstig und »dagegen«. Das hatte den Vorteil, daß man unsere Gruppe zusammenließ, damit wir nicht das ganze Jungvolk »vergiften« mit unseren Fahrtenliedern in »artfremdem Moll«. Wir bildeten Spalier. Ich stand in der zweiten oder dritten Reihe und dachte mir, jetzt paßt du mal ganz genau auf, ob er wirklich einen so dämonischen Blick hat. Wir mußten aber strammstehen und durften den Kopf nicht bewegen. Ich konnte nur meine Augen verdrehen, als er langsam vorbeischritt, ein schwammiges, maskenhaftes Gesicht mit vorquellenden wässrig-grauen Augen, die vor sich hin stierten und niemand sahen. Sie hatten etwas Irres und Beunruhigendes. Nachher war mir ganz schlecht, wahrscheinlich von dem stundenlangen Herumstehen.

Akademiker, 1911
Ich sah ihn 1933 in Kiel, damals war ich Student. Zuerst sprach Hans Schemm, der hat den denkbar besten Eindruck auf mich gemacht. Aber Hitler? Das war mehr so ein finsteres Etwas. Trotzdem, man muß staunen, was der so auf die Beine gestellt hat. Er war ja auch ganz rücksichtslos gegen sich selbst. Sein Gehalt, z. B., kriegte er ja nie zu sehen, das ging immer gleich an die NSV. Er lebte ja nur von seinen Büchern. Er verlangte das Letzte von sich, ganz rücksichtslos, und da hatte er dann auch eine Menge Untergebene, die waren rücksichtslos gegen andere, und das war der Fehler.

Kunstmaler, 1916
Ich stamme aus Stettin. Da hieß es, Hitler komme. Mein Vater war in einer jüdischen Firma. Der Besitzer, so ein dicker Jude, wohnte in einer Villa, und zwar da, wo der Weg Hitlers vorbeiging. Meine Eltern gingen hin und die Witwe eines Mitinhabers und ich auch. Wir wollten es von oben ansehen, gingen dann aber runter und konnten in dieser feinen Gegend die Kolonne vorbeifahren sehen.
Das Groteske war, als wir in das Haus zurückgingen, da sagte die Witwe des Mitinhabers: »Ein hübscher Mensch.« Hitler sei ein hübscher Mensch, und das war er nun überhaupt nicht. Im Gegenteil, er sah immer böse aus. – Das war die Faszination der Propaganda.

Ein Mann, 1920
1933. – Wir hatten einen Essex mit Holzspeichen. Es war ein besonders guter Wagen. Als die Nazis einführten, daß die deutschen Wagen steuerfrei waren, hat mein Vater den sofort abgeschafft, denn er mußte über 50 Mark Steuern zahlen. Der hatte 3 Gänge, sehr bequem, mein Vater war schaltfaul.
Mein Vater war auch ein großer Bastler und hat da Liegesitze eingebaut, da haben wir drin übernachtet. Im Kofferraum waren Holzrahmen mit Fliegendraht bespannt. Und denn wurden nachts die Fenster runtergekurbelt und die Rahmen da rein, gegen Mücken.
Vorher hatten wir ein französisches Auto, das war ein Matthis [?], den hat er sich gekauft, weil ein Freund von ihm auch einen hatte. Man fuhr gern mit Autos des gleichen Typs, um sich gegenseitig abschleppen zu können oder um die Ersatzteile auszutauschen, denn da passierte ja doch öfter mal was.

Professor, 1907
Hitler? Ja, und ich berichte davon mit Vergnügen. Ich habe ihn allerdings nur gesehen und nicht gesprochen. Und zwar in Weimar, im Jahre 1933, da war ich als Studienreferendar dort am Gymnasium. Durch einen Bekannten hatte ich Beziehungen zu Frau Förster-Nietzsche und hatte die Genehmigung, dort ins Nietzsche-Archiv zu gehen und Manuskripte zu lesen.
An einem Sommertag kam ich mal dort hin, da war so ein alter Diener, der mich sonst immer reinließ, der sagte: Jetzt können Sie nicht ins Archiv hinein, Herr Doktor, der Hitler kommt in wenigen Minuten.
Ich blieb am Gartentor stehen, denn ich wollte ihn mir wohl einmal ansehen. Der Hitler besuchte die Frau Förster-Nietzsche jedesmal, wenn er in Weimar war.
Vielleicht kamen noch zwei, drei Leute hinzu, jedenfalls kam nach kurzer Zeit ein offner Mercedes den Berg herauf, vorn saß ein SS-Mann, hinten Hitler in Zivil und auch wohl noch ein SSler.

Das ging alles rasend schnell. Hitler stieg aus, die andern spritzten auch heraus, jemand nahm ihm den Mantel ab. Dann hielt er den Hut hinter sich, und da kam wohl nicht gleich jemand, ihm den abzunehmen, da kuckte er sich bitterböse um. Ich dachte: Donnerwetter.
Dann ging er auf das Haus zu. Dort stand die Frau Förster-Nietzsche in der Tür, mit einem schwarzen Häubchen auf, das sie immer trug, und die begrüßte ihn, und zwar mit Heil-Hitler-Gruß. Hitler ging auf sie zu, und da fiel mir auf: Ich hatte einen straffen, militärischen Gang erwartet, das Gegenteil war der Fall. Er schlurfte undiszipliniert, mit mal rechts und mal links vorgeschobener Schulter auf das Haus zu, eine unproportionierte Gestalt. So undiszipliniert, daß ich dachte: Das ist eher ein Mensch, der von irgendwelchen sonderbaren Kräften gesteuert wird.
Ich wartete, bis er wieder herauskam. Da hatte sich eine kleine Gruppe angesammelt, irgendwelche kleinen Mädchen waren aus der Nachbarschaft herangeholt worden, mit Blumensträußen. Er kam nach etwa 20 Minuten heraus, sah, daß da was los war, ging sehr viel straffer auf die Kinder zu, ließ sich die Blumen geben, tätschelte den Kindern die Wangen, wie man das so tausendmal fotografiert gesehen hat, sprang ins Auto und war weg.

Hochbautechniker, 1899
Nach der Machtergreifung hab' ich ihn einmal gesehen. Von sich eingenommen, überheblich hat er gewirkt. Überheblich in jedem Falle. Natürlich, das war nach der Machtergreifung. Schauspielerisch, durch seine Uniform, schwarze Hosen, braunes Jackett und extra so 'ne Militärmütze auf, so 'ne Generalsmütze. Schauspielerisch, ich will nicht sagen clownhaft, nichts Gediegenes, gar nicht. Er war sich seiner Macht bewußt. Überheblich, unsympathisch ist er mir erschienen, ganz unsympathisch. Widerwärtig! Gar nicht so genießbar wie vielleicht der Göring. Ich muß sagen, furchtbar, mein Eindruck war furchtbar. Nun kam vielleicht hinzu, daß ich als Gewerkschafter eben doch bei der Arbeiter-

bewegung war, und politisch war ich eben auch links organisiert, also in der Sozialistischen Arbeiterpartei. Und da hab ich doch geseh'n wie's losging, im März 1933. Wie einer nach dem andern verhaftet wurde und schwer verurteilt.

Professorin, 1925
Mein Vater war Senator, von dem war bekannt, daß er nicht für die Nazis votierte. Ich habe noch eine Erinnerung: 1933, Zivilisten kamen, mit Schlapphut, und rissen reihenweise die Kinderbücher aus meinem Regal.
Etwas vorher muß das gewesen sein, da kriegte ich eine Puppenstube geschenkt. Sie stand in der Ecke, und ich hatte sie gerade angesehen, da flog eine Flaschenpost ins Fenster rein, mit einer Botschaft drin, mit Drohungen, und direkt auf die Puppenstube.

Buchhändler, 1926
Mein Vater war politisch tätig für die SPD und wurde gleich nach der Machtergreifung verhaftet. Mit Hausdurchsuchung und allem.

Jurist, 1925
Mein Großvater war Kultursenator in Osnabrück, der wurde mit 56 vorzeitig pensioniert. Es hieß: Einer mußte gehen, Platz machen für unsere Leute: der Oberbürgermeister, der ist jünger, der ist zwar auch Regimegegner, aber der hat drei Kinder. Da hat mein Großvater gesagt: Gut, dann gehe ich. 1939 wurde er dann gebeten, sich wieder zur Verfügung zu stellen, er wurde hofiert und zeitgeistwidrig mit »Herr Senator« angeredet. »Was Sie denken, ist uns egal, Hauptsache, Sie machen mit.«
Er schimpfte immer über Hitler: »Wenn ich diese ordinäre Stimme höre!« Seine Untergebenen waren Nazis. Und meine Mutter war so ärgerlich darüber, daß sie in einem Landgasthaus gesagt

hat: »Drei Spiegeleier für jeden!« So erregt war sie, daß sie es vergaß, daß das nicht üblich war.
Ein evangelischer Bürgerlicher war mein Großvater. Nach dem Krieg wurde er dann sofort wieder eingesetzt.

Verkäuferin, 1918
Natürlich! Ich bin ja Ulmerin. Im »Bahnhofshotel« hab' ich ihn gesehen. Da ist natürlich ganz Ulm gesprungen. Bestimmte Leute haben auch Blumensträuße abgegeben. Und der Bürgermeister damals, er hatte gerade gewechselt gehabt, ließ durch so ein nettes blondes Mädchen – der hat es ja immer auf blonde abgesehen gehabt – einen Blumenstrauß abgeben. Es war ein Mordsgejohle. Hitler hat damals schon vom Krieg geredet; das war 1933/34. Von der großen Intelligenz, den Eindruck hab' ich gehabt, damals war ich ja auch noch jung, hat viel gefehlt. Von »studiert« keine Rede.

Einkäufer, 1918
1933 oder 34. Ich hab' lange gewartet. In Sechserreihen standen die Menschen.
Abstoßender Anblick, quittegelbes, verkniffenes Gesicht.

Hochbautechniker, 1899
Einmal stehend im Wagen. Aber eben abstoßend, nicht gewinnend. Nicht, was man früher unter Landesvater verstanden hat, ach, um Gottes willen!

Schriftsteller, 1929
4 1/2 Jahre war ich, da wollte ich mich davon beeindrucken lassen. Er fuhr durch unsern Ort und wurde durch ein Spalier blumentragender Kinder aufgehalten. Ich wurde aufs Trittbrett des Autos gedrängt und sah ihn eine Handbreit entfernt. Er trug

Zivil, einen Regenmantel hatte er, glaub ich, an, war also ohne das Charisma. Ich war ganz enttäuscht.

Institutsleiter, 1931
Ich hatte blonde Locken, und Goebbels kam vorbei und sah mich und sagte: »Ist das aber ein schönes Mädchen.«

Hausfrau, 1911
Ich hab' ihn zufällig auf der Straße gesehn, in Köln, da kommt eine Autoschlange, und er steht im Auto, mit seinen angeblich strahlenden Augen.
Ich bin von Anfang an mißtrauisch gewesen und konnte die Faszination nicht verstehn.

Rentner, 1902
Das muß 1933 am Hamburger Flughafen gewesen sein. Ich hab' ihn so im Vorbeifahren gesehen. Er hat sich hier wohl vorgestellt, nach der Machtergreifung. Ich hab' gedacht: Laß ihn fahren. Na ja, was das noch werden wird. Der Stahlhelm hatte ihm ja erst den Rücken gewandt, aber dann haben sie sich ja doch zu ihm rübergeschlagen. Das einzig Gute war, daß man noch in den dunkelsten Straßen gehen konnte, ohne daß etwas passierte. Banküberfälle waren mir gar nicht bekannt, muß ich ehrlich sagen.

Wirtschaftspädagoge, 1905
Das einzige Mal war am Gorch-Fock-Wall. Er hat Hamburg mal besucht, nach 33. Es waren nicht so sehr viele Zuschauer da, das war auffällig. Er stand im Auto. Das war imponierend, auch die ganze Aufmachung. Er war damals ja schon ein Symbol. Aber die Hamburger waren eben etwas zurückhaltend. Mehr kann ich auch nicht mehr sagen.

Flugzeugschlosser, 1915
1934 in Halle in den Siebel-Werken, das war noch vor der Aufrüstung. Es war nur ziemlich innerhalb einer Dreiviertelstunde, da hat er die Montage eines Flugzeugs besichtigt. Ich hab' ihn im Labor gesehen. Diese faszinierende, hypnotische Art hab' ich gar nicht gespürt an und für sich. Vielleicht war ich noch zu jung. Zwei oder drei Leute hat er mit Handschlag begrüßt, Arbeiter.

Kaufmann, 1934
Mein Großvater mütterlicherseits ist Engländer. Der war Bergwerksdirektor, und Hitler besuchte den Ort, und meine Tante mußte als Mädchen spontan die Absperrung durchbrechen, und da hat er ihr die Wange getätschelt, was zur Folge hatte, daß sie sich wochenlang die Wange nicht mehr waschen wollte.

Buchhändler, 1909
1933. – Ich bin einer der berühmten Märzhasen, im März 1933 in die HJ gegangen. Das gefiel mir ganz gut. Wir waren ja begeistert. Geworben waren wir, freiwillig.
Und dann hatte ich die große Ehre, zum Reichsparteitag nach Nürnberg fahren zu dürfen, 1933. Da bin ich bei unserm Führer vorbeimarschiert. Man schwamm da so mit in dem allgemeinen Meer der Begeisterung.
Die Fahrt war alles andere als schön, die Wagen überfüllt und die Unterbringung in Zelten. Aber es gab guten Eintopf. Den eß' ich heut noch gern. Wo ich Eintopf sehe auf der Karte, da wird er gegessen.

Historiker
Ich habe dann am 1. Mai zugeschaut, und Hitler ging also einen ziemlich langen Weg vom Tempelhofer Feld zur Straße runter, wo natürlich alles abgesperrt war, und sah ihn also völlig erledigt da

entlanggehen; er war anscheinend geschminkt, und diese Schminke, es war ein relativ heißer Tag, sie floß die beiden Backen herunter und Tränen, und das ganze Gesicht war vollständig erschlafft. Natürlich redete er nicht, aber es war ein elendes, ekelhaftes Bild, ihn in dieser Situation zu sehen.

Rundfunkredakteur, 1924
1934. – »Hitlerjunge Quex«, das war ein Film, der mich sehr bewegte. Der lief in diesen Samstagnachmittags-Kinos. Da hat mich die kommunistische Seite beeindruckt, wie die pfiffen, wie die die Internationale pfiffen. Das war dann bei uns Jungens der ausgemachte Erkennungspfiff. Damit riefen wir uns immer aus der Wohnung. Da kamen wir uns immer schwer oppositionell vor. Gegen den Stachel löcken.

Grafiker, 1926
1933. – Als ich in die Schule kam, 1933, wurde als erstes das Goebbelsbild aufgehängt, vor Hitler. In den Schulklassen. Vielleicht waren sie zuerst eingetroffen.

Lehrer, 1928
August 1933. – Mein Vater war gegen jegliches Kriegsspielzeug. Selbst als mein Großvater uns eine Ritterburg schenkte, wurde sie wieder abgeschafft.
Als mein Vater dann tot war, kriegten wir sie dann doch. Ich hatte dann auch ein Flakgeschütz, aus dem man mit Gummigranaten schießen konnte. Meiner Mutter war das gar nicht recht, aber sie konnte sich nicht durchsetzen.

Steinmetz, 1913
1934. – Die Machtergreifung ist eigentlich gar nichts gewesen, das ist einfach so gekommen. Privat hat sich überhaupt nichts geändert. Das kam erst später. Ich war im Stahlhelm drin, und zuerst haben sie uns ja in Ruhe gelassen, und dann wurden wir so langsam akklimatisiert: Zuerst mußten wir das Braunhemd unter unserer Uniform, dann mußten wir auf unserer Uniform Hakenkreuze tragen, und dann wurde uns die Uniform weggenommen, dann kriegten wir Schulterriemen, bis wir nachher SA-Uniformen hatten. Das haben sie so ganz allmählich gemacht, mit einem Mal trauten sie es sich wohl nicht. Und dann bekamen wir in der SA einen führenden Posten, weil die alle zu dämlich waren, ich wurde zum Beispiel der Sturmgeldverwalter. Aber es herrschte immer Feindschaft zwischen denen und uns.

Hausbesitzer, 1924
Beim Kaufmann gab es Glasbonbons zu kaufen mit schwarzem Lakritz-Hakenkreuz darin. Das wurde dann verboten. Die Leute hängten die Hakenkreuzfahne heraus oder die schwarz-weiß-rote. Manchmal auch beide nebeneinander. Wer nur die schwarz-weiß-rote heraushängte, der zeigte damit womöglich an, daß er nicht so ganz mit den Nazis einverstanden war. »Schwarzrotsenf« oder »Schwarzrotmostrich« war erledigt.
Die SA-Männer hatten manchmal ziemlich zusammengestückelte Uniformen an, die Hosen nicht in dem richtigen Braun, oder gar *schwarze* Hosen. »Ledergamaschen« statt Schaftstiefel, manche auch – besonders die Motorradfahrer – Schaftstiefel, die bis oben hin zum Schnüren waren.
Und dann natürlich sämtliche Weltkriegsorden an dem Braunhemd, das zog denn so runter.

4

Hausfrau, 1923
Man war zufrieden. Sonntags gab's Kuchen. Wochentags Kuchen zu essen, darauf wär' keiner gekommen.
Sonntag, das war was Besonderes. Und Weihnachten. Wie freute man sich über einen Ball oder eine Puppe! Wir haben stundenlang mit 'm Ball gespielt.
Die Mutter setzte sich abends zu uns und sang mit uns oder las Geschichten vor.

Hausfrau, 1920
In Berchtesgaden, ich war damals von 1934 bis 1936 Haustochter in einer Fremdenpension in Berchtesgaden. Das waren die Zeiten! Und da stand sein Sonderzug auf dem Bahnhof, alles runtergezogen. Und dann kam die Autokolonne vom Obersalzberg. Im geschlossenen Auto saß er, von SS-Leuten umgeben. Dann bestieg er den Zug, und ich durfte auf den Bahnsteig, weil ich da ein Expreßpaket abgeben wollte. »Sie dürfen auch mal eben rein«, sagte ein Beamter und ließ mich auf den Bahnsteig. Der Hitler stieg in den Zug, begleitet vom Brüllen, und eine Gardine wurde hochgelassen, und da kuckte er raus, und zwar genau da, wo ich stand, und die Bahnbeamten haben alle strammgestanden. Hitlergruß und das Rollo wieder runter. – Ich hab so 'n Schreck gekriegt! Das war ja bloß von hier bis hier.
Ich hab' ihn mir so dunkel vorgestellt, dabei hatte er knallblaue Augen. Mittelblond!
Das war 1934, kurz vor der Röhm-Sache.

Schauspielerin, 1911
Es klingelte das Telefon: »Hier ist die Reichskanzlei« – »JA, bitte sehr?« – »Der Reichskanzler bittet Sie morgen abend zum Essen.« Ich sag: »Ja, wo ist das?« – »Ja, wir sind nicht in der Reichskanzlei, die wird ja umgebaut« …
Ich also schick gemacht, wir waren ja noch ganz hübsch, und wir gehen hin, und unten standen schon welche, Fahrstuhl rauf und, Gott, 'ne größere Wohnung, drei oder vier Zimmer, ein größeres Eßzimmer, vielleicht zwölf bis fünfzehn Personen … Also Riefenstahl, dann diese sehr nette Norwegerin, Astrid Späth [?] und Renate Müller, ein Engel, Menschenskind, das waren alles – solche Frauen gibt's gar nicht mehr, Müller, Dorsch, alle die, solche Schuhgrößen gibt's nicht mehr.
Hitler sagte: »Wir setzen uns erst mal zu Tisch« … Leider weiß ich überhaupt nicht mehr, was gesprochen wurde, weil es wahrscheinlich nur Blabla war. Nachher sage ich: »Ach, Sie wohnen jetzt hier?« – »Ja«, sagt er, »also dieses ist meine Wohnung, darf ich Ihnen die Wohnung zeigen?« – »Ja, das würde mich interessieren, wo Sie wohnen, wie das hier ist.« »Ja«, sagt er, und dann zeigte er mir die Wohnung und »… hier ist mein Schlafzimmer.« – »Ach Gott«, sage ich, »das ist aber ungemütlich« – da stand nur so eine eiserne Bettstelle, ein Tisch, Stuhl, ganz karg. Er hatte mich nicht mit Absicht in sein Schlafzimmer geführt, er wollte mir nur die Wohnung zeigen.
Ja, in dem Stile lebte er. Er aß ja auch kein Fleisch … Ich bin dann später auch mal in der Reichskanzlei gewesen, ein Jahr später, wir wurden öfter eingeladen, aber nach drei-, viermal hab ich Schluß gemacht damit.

Ofensetzer, 1915
Hitler ist mir 5 Mark schuldig. Es war im Juli 1934. Damals machte man im Sommer Radtouren, und ich fuhr mit meinem Freund Karo. Für 14 Tage hatten wir 20 Mark, und es war notwendig, daß man alle Verwandten abklapperte, da aß man sich durch und kriegte obendrein noch ein paar Mark.

In Bad Reichenhall war doch das Führerhaus. Wir haben in einer Scheune übernachtet. Da waren andere Jungen, die sagten: »Ihr müßt zum Führer rauf, da kriegt ihr 5 Mark!«
Am nächsten Tag sind wir raufgewandert, es regnete in Strömen. Oben war eine irre Menschenmenge, alles wanderte zum Hitler. Wir hatten Hunger und gingen in die einzige Bäckerei dort oben. Die war total ausverkauft, da gab es gar nix mehr, nur noch Waffeln, das Stück zu 5 Mark. Das war irre teuer! – Wir haben jeder eine gegessen und sind da dann hingegangen. Und da war eine unwahrscheinliche Menschenmenge, und wir haben gewartet und gewartet. Bei solchen Anlässen mußte man ja immer warten.
Plötzlich kam Bewegung in die Massen, wie in einen Trichter wurde man an einem Tor vorbeigeschoben, es wurde immer enger. Schließlich ging's in Dreierreihen. Und Hitler stand in einem Holztor und machte seinen unvorschriftsmäßigen Gruß, und die Leute grüßten auch.
Als wir vorbei waren, sagte mein Freund: »Und die 5 Mark?« Daran hatten wir nicht gedacht. – Also einen irren Bogen gemacht, um noch einmal an Hitler vorbeizukommen. Aber da war nix mehr. Das Tor stand kahl und leer da.
So kommt es, daß mir Hitler noch 5 Mark schuldig ist.

Offizier, 1916
Ich war damals auf der Kriegsschule Dresden, 1934 im Sommer, wir machten einen Kurs, und eines Tages wurden sämtliche Wachen mit Offizieren besetzt, an Maschinengewehren: Der Führer kommt. Das war einen Tag vor der Röhm-Affäre, und er wollte sich wohl unser versichern. Geschützexerzieren, und wir hatten den Eindruck, der kuckt jeden an. Streng disziplinierte Leute brachen in Heilrufe aus!
Dann hielt er eine Rede, gelassen und ruhig, sagte, was eine Armee sein soll, und dann fing er an zu schreien: Ich werde euch brauchen, in kürzester Zeit! usw., und wir hätten alle sofort unsere Flinte genommen, so groß war die Bereitschaft. Mir ist heu-

te noch rätselhaft, wie ein Mann einen so mitreißen konnte. Ich war 19 Jahre alt damals, Bürgerssohn.

Kunstmaler, 1914

1934 fuhr ich mit dem Fahrrad nach München. Diese Fahrt endete sensationell. Das war grade während der Röhm-Revolte, das wußte ich gar nicht.

Ich fuhr weiter nach Bad Reichenhall. Da wollte ich illegal über die Grenze, weil ich die 100 Mark nicht hatte, die das kostete. Und da kam ich bei Gewitter in eine Gesellschaft von Bayern, die Säcke trugen. Ich mußte denn auch einen Sack mit tragen. Plötzlich verschwanden sie, und ich saß mit 6 Säcken illegaler Druckschriften da, und die SS hat mich mitgenommen. 14 Tage war ich in einem Münchner Gefängnis, und da hab ich erlebt, wie SA-Männer eingeliefert wurden. Auf dem Hof wurden welche erschossen. Und die Leute gaben mir ihre Adressen und sagten, ich soll die Frau grüßen. Einer mit goldenem Parteiabzeichen. Das war der erste Antinazi, der hat mich aufgeklärt.

Von den ganzen Leuten ist keiner rausgekommen. Ich hab' den Frauen dann Bescheid gesagt.

Buchhändler, 1922

Es war 1934, er hielt sich zufällig in Selm auf, da war ein Kanal gebaut worden vom Reichsarbeitsdienst, und während er sich feiern ließ, bekam er die Nachricht vom Röhm-Putsch. Und da mußte er in Hamm auf dem Bahnhof übernachten, und ich erinnere mich noch, daß eine Menge Polizisten aus der Umgebung zusammenkamen und seinen Sonderzug bewachten. Er fuhr an meinem Elternhaus vorbei, er stand im Wagen, energische Gesichtszüge, aufrecht, wie ein Diktator.

Die Leute standen da, aber die beeilten sich nicht, ihn zu sehen.

Ein Mann
Eine Woche nach der Röhm-Revolte, als da die ersten Soldaten mit Hoheitsadler auf der Uniform erschienen, da gab mir das einen Stich, weil dadurch eine Entmachtung symbolisiert wurde.

Kaufmann, 1916
Ich sah ihn in Bad Godesberg, nach dieser Röhm-Geschichte. Es war ein dunkler, stumpfer Nachmittag, er stand im Wagen, und ich wunderte mich, daß man keine Lust hatte, »Heil!« zu schreien.

Lehrer, 1904
Sie wollen wahrscheinlich wissen, ob man fasziniert war? Unbedingt! Wenn der Mann einen anschaute – also, das ging einem durch Mark und Bein. Bevor wir junge Leutnants wurden, hat man uns in den Sportpalast befohlen, da kam er dann. Durch die Propaganda wurde ja alles angesprochen, Auge, Ohr usw. Und er hat ja auch was geleistet. Er hat immerhin in der Weimarer Zeit die größte Partei auf die Beine gebracht. Und dann muß man das alles in der Zeit sehen. Für uns bedeutete Deutschland noch etwas, da lief einem ein heiliger Schauer über den Rücken. Das kann sich heute ein junger Mensch nicht mehr vorstellen. Wir waren ja auch schwarz-weiß-rot. Ich kann mir vorstellen, was in so irgendeiner alten Jungfer vorgeht, wenn sie vom Kaiser sprechen hört. So ist das mit Hitler auch ungefähr, er mag gewesen sein, wie er will.
Nachher ist er dann ja größenwahnsinnig geworden, als er dann immer mehr Erfolg hatte.

Hausfrau, 1920
Wir mußten dem freiwillig zujubeln, so haben wir immer gesagt. Und ich hab' tüchtig mitgeschrien, wegen Großmutter, die war

nicht arisch. Ich war die einzige in der Familie, die gearbeitet hat. Ich hab' tüchtig »Heil!« gebrüllt.

Kapitän, 1922
In Magdeburg, 1934. Ich hab ihn nur aus der Ferne gesehen. Einen bestimmten Eindruck hatte ich nicht. Fahnenschwenken und klingendes Spiel. Ich war ja in der Marinejugend. – Danach haben wir auf unseren Schiffen gesessen und gefeiert.

Redakteur, 1921
Mein Vater war Österreicher, deutsch-national und Judenhasser. War sehr für den Anschluß an Deutschland. – Er behauptete, die Juden hätten sein Geschäft ruiniert, das stimmte gar nicht, er hatte zu wohl gelebt, und meine Mutter mußte durch Nähen und Schneidern das Geld zum Unterhalt verdienen.
Unter den Kunden gab es eine Frau Weil, die hatte ein Modengeschäft. Recht nette Leute, die gaben meiner Mutter was zu verdienen. Wir Kinder hatten den Auftrag, immer schön »Guten Tag!« zu sagen. Mein Vater sagte auch »Guten Tag« und hintennach: »Du Saujud!«
1934 waren die Weils eines Tages nicht mehr da. Da hörte man, die hätte man nach Dachau geschickt. Und später erfuhr man verschiedenes, der und der sei auch nach Dachau gekommen. Dachau wär' ja nicht so schlimm, wurde gesagt. Die wurden da umerzogen, durch politische Schulung und Arbeit.

Lehrer, 1924
Mein Vater hat mir mal gesagt: Was sollt ich machen, als Beamter, ich hatte zwei Kinder – sollt' ich mit 'm Bauchladen rumziehen? Und da bin ich eben in die SA gegangen.

Professor, 1907
Das Merkwürdige bei Hitler, wissen Sie, ich bin oft intelligenten, selbständig denkenden Menschen begegnet. Einer sagte mir: »Ich bin hingegangen und hab' mir fest vorgenommen: Der kriegt mich nicht! Und dann war ich da, und da war ein Einfluß, da war nichts mehr zu machen.«

Schlachter, 1919
Hitler? – Ob ich den gesehen habe? Im Krieg so – nein. Vorher, 1934 unten in Nürnberg. Da fuhren sie ja alle hin, man war ja begeistert. Aber gewundert hat man sich doch, er hat alles versprochen, wie wollt' er das bloß halten? Deutschland war ja doch man so klein wie 'n Knopp, wenn man dagegen Rußland sieht ... Ja, ich saß neben dem breiten Gang, und Hitler ging direkt an mir vorbei. Er grüßte denn so: [Geste].
Hitler – wir kannten ja doch nur den einen Mann, und was er sagte, das galt.

Schulrat, 1895
Ich habe bis kurz vor der »Machtübernahme« gegen Hitler offen gesprochen, in Versammlungen der Deutschen Volkspartei – und dann bekam ich meine Schwierigkeiten. Da sagte ich mir – ich bleib im Amt!: Da mußt du die »Bewegung« und den Führer kennenlernen. Also schloß ich mich als »Wilder«, sagen wir, als zahlender Gast, 1934 den Nürnbergpilgern zum Reichsparteitag an: Es war eine billige Fahrt, und ich sah den Führer von einer Tribüne der SS aus, auf 30 Schritt Entfernung. Die Tribünenkarte hatte 5 Mark gekostet, und da sah ich also den Führer 30 Schritt vor mir, länger als 2 Stunden, während des Vorbeimarsches der politischen Leiter, abends beim Fackelschein. Bevor Hitler kam, vollzog sich der Aufmarsch der »Schlachtenbummler«. Die Schlachtenbummler waren vornehme Herren, Prinz August Wilhelm war auch dabei. Woher ich das weiß? Er stand mir

auf 40 Schritt gegenüber. Ich höre noch die donnernden Verhöhnungsrufe: »Auwi! Wir wollen Auwi sehn!« Verhöhnung! Alles juchzte, alles, und die Polizei schritt ein, aber da brach es unter den vielen hundert »Stehschauern« an anderer Stelle los: »Auwi!«, und die Leute hielten sich den Bauch vor Lachen. Ich war ja eine Stunde vor Beginn des Spektakels da, das mußte so sein.
Ja, und dann ging es los: »Heil! Heil!« Es war nichts kaputt, so nicht, aber unsere Sprache hat ja für dasselbe Wort verschiedene Bedeutungen – und dann rollte der Wagen an, bei Fackelschein, und das war imponierend, und dann hielt der Wagen vor mir, ich hatte die beste Sicht. Die Menge brauste, als wenn der Heilige Geist vom Himmel herniedergefahren war. Der Führer stand auf: Es brauste noch lauter. Und dann, ja, nun glauben Sie mir nicht mehr! Da stand der Führer auf und wischte mit der Hand über die Menge, das hieß: »Schweig und verstumme!« Und alles verstummte, und da kamen sie, die Kohorten der ungekrönten, aber tatsächlichen Majestät, die politischen Leiter, und sie marschierten zwei Stunden, und Sie hätten eine Nadel fallen hören können: Da stand eine gebändigte Masse, gebändigt von der Hand des einen Mannes, der tatsächlich sich als Führer präsentierte … Zwei Stunden reckte der Führer seinen Arm. Wenn er ihn bewegte, das war wie ein Blitz. Glauben Sie mir, wie ein Blitz. Ich war benommen –
Am nächsten Tag fuhr ich auf die Alp … Ich sagte mir: Gott und der Teufel, das sind mächtige Dinge, und nun hast du einen von den beiden gesehen, erlebt. Ein Dämon in Gestalt! »Ich werde sie zerschmettern.« Der Mann hatte das Zeug dazu! Wir sind alle mit zerschmettert worden.

Maschinenarbeiter, 1911
Ich selbst hab' den Hitler gut gekannt. Und ich war mit ihm auch sehr zufrieden. Der war immer freundlich. Ich bin ein paarmal mit ihm zusammengekommen, und er war immer sehr nett und aufgeschlossen. Gekannt hab' ich ihn von der Partei aus.

Kfm. Angestellter, 1928
Ein Geraune ging durch die Bevölkerung: Der Führer kommt, und das machte viele neugierig. So stand der ganze Bahnhof voller Menschen, die glaubten, nun kommt der Führer. Dann kam eine mit Maschinengewehren bestückte Lokomotive, und ein Gewirre entstand von Gruppenleitern, und aus einem dieser Wagen sah man den Kopf des Führers, der den Arm siegreich herausschob und eine kurze Zeit mit einem offensichtlich wichtigen Amtsleiter sprach. Er war nicht beliebt. Nur vereinzeltes Heil-Hitler-Geschreie. Aber Gestoße: Jeder wollte ihn sehen. Aber dann war das schon wieder vorbei. Ein ähnlicher Besuch von Hindenburg war wesentlich großartiger.

Historiker, 1924
August 1934. – Wir hatten eine Ostpreußentour gemacht und fuhren zum Gut Neudeck, wo Hindenburg lebte. Am Tor war ein Gärtner am Rosenbeschneiden. Mein Vater fragte ihn: »Wie geht es dem alten Herrn? Es geht wohl zu Ende?« – »Ja, es scheint zu Ende zu gehen. Aber fragen Sie doch selber.«
Wir gingen rein, und auf der Terrasse saßen lauter Ärzte. Wir konnten ohne weiteres mit denen sprechen, und mein Vater fragte: »Geht es zu Ende?« – »Ja, es geht zu Ende.« Und der das sagte, der mußte es wissen, das war Sauerbruch.

Bibliothekarin, 1921
Wir kriegten schulfrei. Es hieß: »Um 10 Uhr wird die Schule geschlossen. Der Führer landet in Hannover. Ihr kriegt aber nur schulfrei, wenn ihr da auch hingeht.« Es war ein ziemlich weiter Weg, von Hannover zum Flugplatz raus, den sind wir zu Fuß gegangen. Dann haben wir uns dahin gestellt. Und als er ankam, war da eine furchtbare Aufregung und Geschrei, und wir haben ihm die Blumen überreicht. Er hat sie genommen, weiter nichts. Das war 1934.

Glasermeister, 1902
Ja natürlich, wir drängten um sein Auto herum, er war ausgestiegen, hatte 'ne Zeitung unterm Arm und den Schlapphut auf. Und da war es – es ist mir komisch, das heute zu sagen, aber ich erinnere mich gut –, und da war es mir, weil ich nun ganz dicht an ihm dranstand, daß er einen fahren gelassen hätte, man roch es, nicht wahr? Und in den späteren Jahren, als er dann immer mehr zu Berühmtheit gelangte, hab ich immer an dies denken müssen. Mein Name erscheint doch nicht, nicht wahr?

Oberstleutnant, 1929
1934, da war ich noch 'n ganz lütter Junge, in Warnemünde, und da kam ein Flugzeug an, eine Ju 52 oder eine W 34, und da sagte mein Vater: »Kuck mal da oben, das muß Hitlers Flugzeug sein.« Und er hatte es kaum ausgesprochen, da kam eine Wagenkolonne durch die Straße, und mein Vater sagte: »Siehst du, dor kam' se.« Und unten im Haus wohnten Nazis, die nannte mein Vater »die Heisters«, weil sie immer so jubelten, die Heisters, die waren immer so begeistert, und das waren wohl die einzigen, die von den sturen Warnemündern an der Straße standen, das waren vier, die schrien: »Heil! Heil!« Er war auf einer Wahlveranstaltung. »Dats ok so 'n Heister«, sagte mein Vater, oder »dor künnt hei wedder mit sine kackbrune Uniform ... Und bis an 'n Mors in Ledder, so'ne Gewitterbüchsen.«

Ein Mann, 1928
1934 in Hamburg-Eimsbüttel, Osterstraße, er kam vorbeigefahren. Hat mich nicht so stark beeindruckt wie Göring. Göring gab eigentlich mehr her, der war ja auch dicker.
Mit der Klasse, 6 Jahre alt war ich.

Lehrer
Es war am 30. September 1934 in Hildesheim. Unruhe hatte die Stadt erfaßt: »Der Führer kommt!« Die Menschen pilgerten schon Stunden vorher zu den Straßen und zu dem Hotel »Berghölzchen«, um ihn zu sehen. Es war eine eigenartig erwartungsvolle Atmosphäre, die sich auch auf uns Kinder übertrug. Meine ältere Schwester und ich strebten mit meinem Vater zum »Berghölzchen«, weil er dort mit absperren mußte, und wir hofften, dort einen guten Platz zu ergattern. Auf dem »Berghölzchen« angekommen, wimmelte es von Menschen, die schon seit drei Stunden auf ihn warteten. Ich hörte, wie eine junge Frau ganz verzückt ausrief: »Ich kann es gar nicht fassen! Daß ich IHN gleich sehen werde!« Darauf die etwas laute Antwort eines alten Herrn: »Dann sperren Sie man ordentlich die Augen auf!« Gegen 15 Uhr war es dann soweit.
Von Ferne tönte plötzlich Jubel auf, der sich schnell verstärkte, eine Autokolonne näherte sich dem Aufgang zum »Berghölzchen«, der Führer war erschienen. Er kam vom Bückeberg, wo er eine Rede an den Bauernstand gehalten hatte. Als die Autotüren sich öffneten, schritt zuerst ein Mann in dunkler Uniform aus dem Wagen heraus. Der Jubel verstärkte sich. Er muß es doch sein, dachte die hysterische Menge. Endlich verebbte der Jubel. Was war geschehen? Der Mann in SS-Uniform hatte plötzlich die Mütze vom Kopf genommen. Es war nicht Hitler. Es soll sein Fahrer mit Namen »Schreck« gewesen sein. Dann aber nahte ER. Der Jubel schwoll wieder an, und er schritt die Stufen zum »Berghölzchen« herauf, gefolgt von seinem Propagandaminister Goebbels. Ich hatte einen günstigen Platz zwischen der Absperrung erwischt und konnte ihn gut sehen. Was mir heute noch auffiel, waren der braune Ledermantel, die schwarzen Stiefel und die tief im Gesicht sitzende Mütze, so daß nur Mützenschirm und der schwarze Schnurrbart zu sehen waren. Ich sah ihn mir andachtsvoll an. Wie er im Hotel verschwunden war, zeigt er sich diesmal auf dem Balkon, diesmal ohne Mütze. Dann verschwand er, um zu speisen. Man munkelte in der Menge, daß er seinen Spezial-

koch mithabe, denn der Führer sei Vegetarier. Nach einer guten Stunde entschwand wiederum die Wagenkolonne und fuhr über den Moritzberg Richtung Berlin. Der frenetische Jubel schwoll noch einmal an. Wir Kinder gingen mit unserm Vater nach Haus. Mir fiel auf, daß kaum etwas mehr vom Besuch Hitlers in der Familie gesprochen wurde. Vor einigen Jahren sagte meine Mutter, sie könne sich noch an die durchdringenden Augen Hitlers erinnern, als er den Moritzberg herunterfuhr.

Juristin, 1905
Ich fragte: Hat es überhaupt noch Zweck, das Assessorenexamen zu machen?
Ja, das hat Zweck, es gibt noch Möglichkeiten für Juristen.
Ich bin dann in die Wirtschaft gegangen, und nie hat jemand gefragt, ob ich in der Partei bin.
Mein Vater lebte in der Schweiz. Der sagte: Jura? Warum studierst du Jura? Das ist doch Unsinn. Da kannst du nie ins Ausland gehen. Werd doch Sprachlehrerin, dann bist du in der Schweiz mal hier, mal da Sprachlehrerin, wie es dir gerade paßt.

Rektor, 1916
Ich hab' 1934 Abitur gemacht. 300 wollten Lehrer werden, und nur 30 wurden angenommen.
1938 kam dann die Aufrüstung und der ganze Aufbau, und da kriegte ich dann auch eine Stelle.

Lehrer, 1913
Im Seminar bei uns war mal Baldur von Schirach. Da versammelten sich Leute, die hatten Stiefelhosen an und kackgelbe Hemden.

Ein Mann
1934. – Ich war Pfadfinder. Als Schirach die Auflösung unserer Verbände befahl, haben wir geweint. Aber dann wurde die Parole ausgegeben, wir sollten mitmachen, damit wir die Sache von innen heraus steuern und beeinflussen könnten.

Rundfunkredakteur, 1924
Als der »Scharnhorst« übernommen wurde in die Hitlerjugend, da hatten wir ein gewisses Plus, weil wir ja schon paramilitärisch erzogen waren, schon strammstehen konnten und linksum machen und im Gleichschritt marschieren konnten, hatten so eine Art Privileg schon mitgebracht, und dieses Privileg wurde von mir dahingehend aktiviert, daß man mich zum Beitragsammeln herumschickte. Das kostete damals, glaub' ich, 30 Pfennig, und das mußte ich einkassieren. Und da gab es in unserer Stadt so eine Eisenbahner-Wohngegend, und die waren offenbar wohl mehr kommunistisch, und bei denen sollte ich dann Beitrag kassieren. Dort lagen schrecklich viele Roßäpfel auf den Straßen. Und wenn ich dahin ging, ganz schick, mit einem weißen Hemd und Schlips, das hat meine Mutter mir angetan, und da kam ich zu diesen Häusern, Beitrag kassieren, und da kam eine Frau herausgestürmt, packte die Roßäpfel und bewarf mich damit. Und da hab' ich Leine gezogen.

Regisseur, 1926
»F. P. I. antwortet nicht«, Hans Albers, dreimal bin ich da drin gewesen. Von der Schule aus auch. Der Film war »staatserziehend«. Die Technik hat mich beeindruckt. Eine Insel sollte gebaut werden, mitten im Meer. Der Natur was abzutrotzen. Die Intrigen, die da 'ne Rolle spielten, die hab' ich damals gar nicht mitgekriegt. Das Böse und das Gute, nicht wahr? Das war völlig unterschwellig. Auf dem Wannsee wurde dann ein Lokal gebaut, das hieß F. P. II. – das war 1934.

Historiker, 1924
Ein Film wurde gedreht, in dem ein Kaspertheater vorkam, und wir waren die Komparsen. Käthe Haack als Mutter. Den ganzen Nachmittag kriegten wir Kaspertheater, wobei uns gar nicht auffiel, daß das immer dieselbe Szene war.
In der Pause kriegten wir Schokolade zu trinken, und dann gab's wieder Kasperle.
Abends stand dann ein Mann am Ausgang mit einem Beutel voll 20-Mark-Scheinen, und jedes Kind kriegte einen 20-Mark-Schein. Das war mein erstes selbstverdientes Geld. Mit diesem 20-Mark-Schein ging meine Mutter am nächsten Tag in die Stadt und kaufte mir einen Bleyle-Anzug.

Musiker, 1927
Bleyle – das war das Kreuz aller Jungen.

Hausfrau, 1927
1933/34 war Jojo. An jeder Ecke stand jemand und machte so! Bei Puppen-Schulz gab's die zu kaufen, aus Holz, eine Seite lila und die andere Seite rot.

5

Förster, 1916
Durch das Fluidum wirkte er. Das hatte, in anderer Art, auch Adenauer. Die Leute waren fasziniert, das war wie eine Art Hypnose, Psychose, kein eigenständiges Urteil war mehr möglich. Diese ganze Vorbereitung ... Das glaubt heute ja kein Mensch mehr.

Bibliothekar, 1922
Das zweite Mal hatte er die Mütze auf. Man sah wenig, aber die Neugier und das Interesse – es war eine imposante Geschichte. Die Raffinesse war, daß er schlicht und ergreifend auftrat.

Hausfrau, 1915
1934 oder 1935, wir standen auf dem Reichskanzlerplatz, eingekeilt, und dann kam er ans Fenster. Er hatte ein fürchterlich nichtssagendes Gesicht. Wenn die Chaplin-Filme eher in Deutschland gelaufen wären, meiner Meinung nach wär' es unmöglich gewesen, daß Hitler an die Macht gekommen wär'.

Hausfrau, 1917
Ich war verabredet in Berlin am Kaiserplatz. Da war eine irrsinnige Menschenmenge. »Der Führer kommt!« hieß es. – »Das mag ja sein«, sagte ich, »aber ich hab' hier 'ne Verabredung«, und drängelte mich durch, und auf einmal war ich ganz vorn.
Da kam ein Auto mit einem kleinbürgerlichen Mann mit Mütze, und ich hab mich so erschrocken, daß ich ohnmächtig geworden

bin, und die SS hat mich in ein Lokal gebracht und hat mir einen Schnaps eingeflößt.
Meine Mutter sagte immer: »Die Mütze mit dem Mann.« Sie sagte auch: »Die ganze Kleinbürgerlichkeit liegt in seinen Füßen.«

Richter, 1904
Ohne Warten geht das ja nicht. Erst mal drei Stunden, bis wir auf den Anhalter Bahnhof raufkamen. Dann hatten wir Glück und standen auch tatsächlich auf dem Bahnsteig, auf dem er ankam. Aber er hat gar nicht gekuckt. Hat sich von irgendeinem Eisenbahndirektor berichten lassen. Und wir Heil! Und er hat gar nicht geguckt.

Regisseur, 1919
Berlin. Da kamen die Züge an von Mussolini, Boris von Bulgarien, und das haben wir immer beobachtet aus dem Fenster des Postamtes SW1. Das ging dann mit dem üblichen Pomp. Auf der Möckernstraße wurde die Begrüßung vorgenommen und das Defilee, und da traten dann Hitler und Goebbels an. Diese bombastische Art und Weise der Begrüßung. Gulaschkanonen für die Hitlerjugend. Siegesallee mit den großen Falangetürmen, wenn der Duce kam. Boris von Bulgarien und Tiso, wie so'n Pfarrer, eine dolle Type und Horthy aus Ungarn.

Pressezeichner, 1920
Beim Besuch des Außenministers Ciano, in Berlin, da hab' ich Spalier gestanden. Das wirkte, wie Schauspieler auf der Bühne, wie die da angefahren kamen. Das wurde ja wie eine Operettenaufführung aufgebaut, mit den Kulissen, die Benno von Arendt aufbaute, Pylonen, Säulen mit Adler oder Flammen. Arendt war eigentlich ein Bühnenbildner. Ein Dekorateur. Ich sah damals Hitler nicht als Menschen, sondern als Staatsoberhaupt. Ich bin

damals nicht auf die Idee gekommen, ihn kritisch zu sehen. Da war man noch so halb verträumt. So bin ich auch heute noch. Alles Private wurde ja auch streng geheimgehalten. – Illustriertenbilder schieben sich heute dazwischen.

Hausfrau, 1927

Als Jungmädel standen wir auf dem Wilhelmsplatz und haben geschrien. »Heil!« und »Heil!«

Lieber Führer sei so nett,
komm doch mal ans Fensterbrett!

Wir haben uns gefreut, wenn wir ihn sahen. Und wir freuten uns, wenn er kam. Höhepunkt war, wenn er auf den Balkon kam. Hauptsache, wir sahen ihn.

Beamter, 1927

Im Königsberger Schloß habe ich Hitler mal gesehen. Es war in dem Teil, wo die preußischen Könige immer übernachtet haben. Er kam auf den Balkon, und wir haben geschrien:

Nach Hause gehn wir nicht,
bis daß der Führer spricht.

Und dann kam er runter und stieg ins Auto, und da stürmten alle vor, um ihn zu sehen, und die BDM-Mädchen warfen Blumen. Und als wir da ranstürzten, beugte er sich runter und schrie: »Weg! Weg!«, mit wutverzerrtem Gesicht. Er hatte wohl Angst, denke ich mir.

Journalist

1933 ging ich nach Königsberg, ich hatte ein paar Freunde dort, einen sozialistisch-christlichen Kreis, der Hauptmensch war Willy Kramp, ein evangelischer Schriftsteller … Diesem Kreis hatte ich mich locker angeschlossen. In Königsberg zu studieren, das war eine schöne Sache, die Kurische Nehrung, Rauschen sehr schön und natürlich Cranz. Nein, das war schon eine wunderbare Gegend, da konnte man mit seinen studentischen Bräuten für eine Mark pro Tag leben. Noch bis 1936 war ich dort, da oben hörte man ja von Politik gar nichts, das war wirklich eine vereinsamte Gegend, das war ja so, als ob die Wüste Gobi direkt am Meer lag, die Dünen wurden immer verweht, rutschten da in der Landschaft herum, und da lebte man bei Fischern, die hatten nur Kartoffeln, bestenfalls, und Stippe und ihre paar Fische, die sie da rausholten; die Fische selber aßen sie gar nicht, sondern bloß Kartoffeln, ungeheuer ärmlich. Und ich weiß noch, wie da einer kam, das war 1935 oder 36, als wir da mit unseren jungen Mädchen badeten und uns da in den Dünen tollten, da sagt einer: Kommt mal schnell, kommt mit, kommt rüber! – Was ist denn los? – In der Poststraße kommt ein Hitler vorbei! Das war der erste Mann, der in einer braunen Uniform da langkam, und da rannten sie alle hin, es war nun der einzige. Auf der Poststraße geht ein Hitler, den müßt ihr sehen. Ich sagte: Wir sind grade hergekommen, um ihn nicht zu sehen.

Bibliothekarin, 1930
Als sehr kleines Kind hab' ich ihn gesehen, in Düsseldorf, in der Königsallee, ich muß fünf Jahre alt gewesen sein. Ein Menschenauflauf! Ich hab' ihn aber nur als Monument in Erinnerung. Abends haben wir uns dann unterhalten, wie es wohl sein muß, wenn man zwei Stunden so! (grüßen) machen muß.
Das war 1935.

Schauspieler, 1912
In Darmstadt war er, wie das Stück Autobahn von Frankfurt nach Darmstadt eingeweiht wurde, da stand ich eingekeilt in einer Riesen-Riesen-Riesen-Menschenmenge, und man hörte nur ganz von weitem ein Brausen, wie das rankam, immer näher und näher und näher, das rauschte, die Häuserwände hoch, und dann

stand er da, nicht wahr, da stand er so ... so zackzack! –, und ich muß sagen, ich haßte das Regime damals schon, aber ich muß sagen, das ist sicherlich nun auch die Massensuggestion gewesen, wie das alles tobte und schrie, Weiber heulten, die Hände alle emporgeflogen, alles, die ganze Straße brauste, rauschte an den Häuserwänden hoch – das war ungeheuer, ich hab' natürlich auch »so« gemacht, und es hat mich durchrieselt, es war etwas – irgend etwas hatte dieser Mensch natürlich, sonst hätte er ja nicht die ganze Welt düpiert, klügste Leute sind ja auf den hereingefallen, auf diese unheilvolle Figur.

Historikerin, 1913
Ja, ich habe Hitler gesehen, während ich im Wintersemester 1934/35 in München studierte.
Einmal saß ich mit einigen Studenten in der mäßig beleuchteten und etwas schmierig wirkenden Osteria Bavaria in der Adalbertstraße, in der ich auch wohnte. Etwa gegen 21 Uhr kam Hitler mit drei oder vier Männern herein. Es waren wenige Tische besetzt; Hitler und seine Begleiter, in braunem Hemd, ohne Jacke, setzten sich so, daß wir sie nicht sehen konnten.
Wir sagten: »Das war doch ...?« Ja.
Unsere Gespräche wurden weder unterbrochen noch geändert.
Das zweite Mal sah ich ihn ebenfalls in München. Wenn wir etwas ärmlich lebenden Studenten etwas Vornehmheit atmen wollten, gingen wir um 15 Uhr in den Carlton Tea Room. Dort konnte man vor halb vier Uhr eine Tasse Kaffee oder Tee bestellen. Nach diesem Zeitpunkt war man zum Kännchen verpflichtet.
Es war angenehm, einen Tisch an der Wand zu haben, man konnte den Raum von dort gut übersehen. Hitler, wieder in Begleitung von drei oder vier Männern, in voller Uniform, kam herein und ging durch den Raum zu einem kleinen Raum, der dem Publikum nicht zugänglich war. Das dauerte nur wenige Sekunden, aber die Leute, die vorne an seinem Weg saßen, standen auf und

grüßten »Heil Hitler!«. Wir sahen uns um, auch die Gäste an anderen Tischen waren aufgestanden.

Einer von uns fragte: »Hätten wir aufstehen sollen?« Einer sagte: »Nein, das ist doch hier keine Parteiveranstaltung.« Wir empfanden die Störung als lästig, so, als hätte man uns etwas »in den Kaffee getan«.

Rechtsanwalt, 1908

Vor der Saarabstimmung am 13.1.1935 fanden auf dem Niederwald und Ehrenbreitstein Hitlerkundgebungen statt. Die Fahrten dorthin wurden vom Saarland aus organisiert und die Teilnahme überwacht. So blieb mir nichts anderes übrig, als an diesen Fahrten teilzunehmen. Ich bin jedoch nur mit dem Sonderzug weggefahren und auch wieder zurückgekommen. An den Kundgebungen habe ich nicht teilgenommen, wie überhaupt an keiner Hitlerkundgebung. Ich bin also im Sommer 1934 mit dem Sonderzug nach Koblenz gefahren. Von dort aus fuhr ich nach Bonn, wo ich von 1930 bis 1932 studiert hatte. Nachmittags machte ich eine Rheinfahrt nach Godesberg ins Hotel Dreesen, wo ich in meinen Studienjahren mit meinen Freunden Stammgast beim Tanztee war. Ich kannte daher die Örtlichkeit sehr gut. Der Nachmittag verlief nett in der mir bekannten Atmosphäre. Nichts erinnerte an den Nazikram, obwohl der Besitzer Dreesen, was ich natürlich wußte, ein Kriegskamerad, wie es so schön hieß, von Hitler war. Gegen 19 Uhr kam plötzlich über den Lautsprecher: »Wir bitten das Lokal zu räumen. Machen Sie keine Umstände. Es handelt sich um einen Befehl von oben.« Dieser Aufforderung mußte ich natürlich wie die anderen Gäste Folge leisten. Bei meinem Aufbruch sah ich dann, wie sich an der etwas abschüssigen Zufahrtsstraße zum Hotel eine Menschenmenge ansammelte. Ich stellte mich dazu an den Straßenrand. Plötzlich gab es Bewegung unter den Leuten. Alle reckten die Hälse. Kurz darauf kam ein offener schwerer Mercedes, besetzt mit SS, an- und vorbeigerast. Mit quietschenden Bremsen hielt der Wagen vor dem Hoteleingang; der neben dem Fahrer sitzende SS-Mann flitzte heraus, riß die hintere Wagentür auf, und die dort sitzenden Bonzen stürzten heraus und verschwanden eilig im Hotel. Dieses Schauspiel wiederholte sich sechsmal. Dann kam ein leerer Wagen. Sofort ging unter den Zuschauern ein lebhaftes Geraune los: »Das war das Auto von Hitler. Er kommt mit dem Schiff.« Darauf setzte sich alles in Bewegung Richtung Rhein. Kaum war die Menge mit mir dort angekommen, kamen auf uns drei oder vier braune Gestalten zu. Vorn ging Hitler. Ich stand zufällig unter den vordersten Zuschauern. In etwa 10 Metern Entfernung gingen Hitler und seine Begleiter an mir vorbei und verschwanden durch den Hintereingang ins Hotel Dreesen, wo auf der nach dem Rhein zu liegenden Veranda bereits ein Scheinwerfer stand. Die Volksgenossen gerieten in Ekstase und schrien wie närrisch: »Wir wollen unseren Führer sehen!« und »Lieber Führer, komm heraus, eher gehen wir nicht nach Haus.« Es dauerte nicht lange, dann trat ER ins Scheinwerferlicht, hob den Arm zum sattsam bekannten »Deutschen Gruß« und verschwand nach einigen Augenblicken unter dem Sieg-Heil-Gebrüll des Volkes wieder. Kaum war er weg, ging es wieder los: »Wir wollen unseren Führer sehen, lieber Führer, komm heraus, eher gehen wir nicht nach Haus!« Etwa fünfmal kam und ging er. Ich stand ganz still in dem Haufen und beobachtete die Volksgenossen. Soweit ich sehen konnte, schrien und hoben alle – ich betone alle – die Arme, mit leuchtenden und glasigen Augen auf den »Führer« blickend. Keiner merkte offenbar, daß ich ganz still und regungslos unter ihnen stand. Später habe ich mir dann die Frage gestellt: Wie viele von diesen Schreiern waren wohl in einem Entnazifizierungsausschuß, weil sie »nicht in der Partei waren«? Mein persönlicher Eindruck von Hitler: nichts Faszinierendes, kein »Führerblick«, überhaupt keine Ausstrahlung. Ich hatte nur das Gefühl, ein bösartiges Tier vor mir zu sehen, das mich ohne weiteres umbringen könnte. Wäre Hitler auch ein »Phänomen« gewesen, wenn alle Deutschen meine Haltung eingenommen hätten? Das Phänomen war nicht Hitler, sondern das deutsche Volk. Zur Entschuldigung des deutschen Volkes ist allerdings zu sagen, daß der Nationalsozialismus nur auf dem Hintergrund des Kaiserreiches verstanden werden kann. Nur ein zum Kadavergehorsam erzogenes Volk konnte einen Hitler akzeptieren.

Gastwirt, 1928
1935. – Befreiungsfeier im Saargebiet. Meine Mutter stammte von da, und 1935 konnte sie nicht umhin, da mußte sie also runter. Muß allerdings dazusagen, daß die Befreiungsfeier als solche nur Anlaß war, die dort im Saargebiet verbliebenen Verwandten mal überall aufzusuchen und mal guten Tag zu sagen und mal 'n bißchen schön Wetter zu machen und sich mal zu zeigen.
Ich war noch klein, und mein lieber Onkel Willi, der trug mich also überall da rum, auf den Schultern, dem hab' ich bei der Gelegenheit mal mächtig in 'n Rücken gepinkelt, weil ich nämlich eingeschlafen war …
Und da hab ich denn auch Adolf gesehen.

Maschinenschlosser, 1922
1935 war die Wahl wegen der Saar. Da hab' ich meinen Führer am Niederwalddenkmal gesehen. Da hat eine Frau gesagt: »Mutter, dem Mann mußt du in die Augen sehen.«
Er hat den Frauen die Hand gegeben, aber er hat immer zwischen zwei Bullen so durchgereicht. Er war sehr nervös. Er hatte auch Angst.

Arzt, 1925
1935. Da war ein Sprengstoffunglück in einer Fabrik, die lieferte Munition, in Piesteritz, das liegt zwischen Dessau und Wittenberg, der »Lutherstadt«. Das war eine kolossale Geschichte. Ich wohnte damals in Coswig. Ein Teil der Fabrik ist in die Luft

gegangen, 100 Tote. Da ist Hitler zur Trauerfeier erschienen, ich war 10 Jahre alt. Kolossaler Eindruck, Hitler mit seiner Mütze, schwarzer Mercedes. Er fuhr vorbei, wir standen dort und jubelten. Nein, wir jubelten nicht, es hieß extra: nicht jubeln. Trauerfeier. (Das wurde natürlich anders genannt: »keine Ovationen« oder so was).

Vorbeifahrende Kolonne.

Alle 10 Jahre ging in Piesteritz die Munitionsfabrik hoch, daher hab' ich mir das gemerkt.

Buchhändler, 1910

Einmal war er in Bremen, zu einem Stapellauf, Anfang 35 muß das gewesen sein, das war, glaub' ich, das einzige Mal, daß er in Bremen war. Und wir sind von Zeven aus zu Fuß nach Bremen marschiert, vom Arbeitsdienst aus, und haben dann da Spalier gestanden. Die Bevölkerung in Bremen hat sich eigentlich wenig beteiligt. Wir haben mit den Spaten präsentiert, und er ist vorbeigefahren. Aus war es. Da haben wir noch gesagt: Das lohnt sich ja überhaupt nicht. 45 Kilometer marschiert, die ganze Nacht durch, abends um 10 Uhr ab. Er stand im Auto, wie man das so kennt, mit dem »Deutschen Gruß«. Und wir haben präsentiert und: »Mit den Blicken folgen.« Der Empfang in Bremen war wohl allgemein sehr kühl. Die mögen ja anderswegen hingelaufen sein, zum Stapellauf vielleicht.

Wir waren nicht enttäuscht, aber müde.

Zurück mußten wir dann auch wieder marschieren.

Philologe, 1906

Wie ich gerade in den Dienst fuhr, da wurden die Straßen abgesperrt, aber es waren nicht viele Menschen da. Und er war schwer enttäuscht.

Mir sind vor allem seine Augen aufgefallen, die sehr lebhaft herumgingen, um die Stimmung zu eruieren. Das Heilgebrüll war wohl nicht so laut, wie er erwartet hatte, man merkte den erfahrenen Pädagogen.

Kaufmann, 1924
Ich habe Hitler 1935 in Königsdorf gesehen, da war ich gerade ein Jahr beim Jungvolk. Ich fand es fein: der Mann mit seinen wasserhellen Augen. Wir waren durchrieselt von heiligen Schauern, daß man dem »geliebten Führer« gegenüberstehen konnte, mit seinen Breeches und den Schaftstiefeln. Da ist man dann gestanden: »Der Führer kommt!«, und wir haben gestanden in feierlichem Schweigen, einmal auf dem rechten und einmal auf dem linken Bein. Und dann kam er und schritt die Front der Pimpfe ab. Und wenn einer gesagt hätte: »Bringt euch für den Führer um!«, wir wären ohne zu zaudern in den Tod gegangen.
Er ist die Front abgeschritten, und mir sind heilige Schauer durch den Körper gegangen.

Ein Mann
Wir mußten immer Spalier bilden. Mein Bruder und ich waren in der Feldscher-Hitlerjugend, und da wir hart wie Stahl zu sein hatten, wurde der Verein aufgelöst, und wir wurden der Marine-HJ überstellt, wo wir uns aber nie meldeten. Wir wurden also nirgends mehr geführt, hatten aber noch die Ausweise.
Wir bildeten nicht Spalier, sondern gingen nach hinten und soffen den Rum aus, den wir in den Feldflaschen hatten, für die Ohnmächtigen.

Geschäftsfrau, 1927
1935 oder 1937, das war in Wilhelmshaven. Einen miesen Eindruck, ich hab' gedacht: Warum rennen die alle hinter dem Kerl her? Ich hatte nämlich vorher eine schlechte Erfahrung gemacht, wir waren aufmarschiert, BDM, in Bremen, im Sportstadion. Um

5 Uhr wurden wir hochgeschickt, er sollte um 10 Uhr kommen, Baldur von Schirach. 150000 Menschen kamen. Es waren keine Toiletten da und eine knallende Hitze. Und dann kam Schirach um Viertel nach drei. – Und nun sollten wir vier Wochen später Hitler empfangen. Er ist aber doll umjubelt worden.

Kunsthistoriker, 1917
Auf dem Bückeberg. Die Frauen drehten das Weiße aus den Augen raus und sanken wie nasse Lappen hin. Wie geschlachtete Kälber lagen sie da, seufzten schwer. Freude und Erfüllung. Da sagte meine Tante, mit der war ich da: »Nun tret' ich aus der Frauenschaft aus.«

Lehrerin, 1912
Ich war Hilfsschullehrerin in Gröpelingen/Bremen, 30er Jahre. Da hieß es, wer mitfahren will nach Bückeburg – jedes Jahr war da ein Treffen, wo Hitler sich zeigte –, der kriegt schulfrei.
Wir sind alle mitgefahren, nicht wegen dem Kerl oder wegen dem Treffen, sondern weil's schulfrei gab.
Ich hab' ihn dann von der Nähe gesehen, er kam da einen schmalen Weg einen Abhang herunter, und alle haben geschrien.
Ich weiß bloß noch, daß wir alle auf Strohsäcken lagen, bei Nacht. Da ging ein SA-Mann mit brennender Zigarette durch. Das fand ich unerhört.

Kfm. Angestellter, 1917
Hitler kam in einem Autokonvoi an. Alles ausgestiegen, und dann ging er an der Spitze der ganzen Leute. Wie so eine Prozession stiegen sie auf den Bückeberg. Dann hielt er eine Rede und stieg in ein vorbereitetes Flugzeug und flog ab. Als ob er so in die Wolken entweicht. Wie ein Prophet. Jetzt ist einem das klar.

Bäuerin, 1921
Ja, auf dem Bückeberg habe ich ihn gesehen, aber nur kurz. Wir waren damals junge Mädchen und natürlich begeistert. Wir waren ja auch extra hingefahren. Na ja, mein Gott, man hat uns das so vorgemacht.

Bibliotheksassistentin, 1921
Auf dem Bückeberg, eigentlich nur von weitem. Ich stand an der Ecke, wo er raufging, mit seinem Stab.
Das Volksfest fand ich schön, das ganze Gedöns, in BDM-Uniform waren wir, alles sauber und schön, und Würstchenbuden waren da.
Von der Rede hab ich gar nichts mitgekriegt.

Hausfrau, 1921
Ich habe 35 eine Fahrt mit Jungmädels mitgemacht, und ich war noch nicht ganz 14 Jahre alt. Da sind wir dem Adolf begegnet. Da war natürlich die Straße abgesperrt. Und wir haben ihn begrüßt und waren jede Menge begeistert. Und wir waren so gerührt! Wir haben uns drei Tage kaum die Hand zu waschen getraut, vor lauter Rührung, nur weil er sie geschüttelt hat. Dann hat er unsere spärliche Lagerkasse noch aufgefüllt, mit einem Fünfzigmarkschein. Wir waren kolossal beeindruckt.

Schriftsteller, 1920
1935. – Ich war 15 Jahre alt, es war ein Reichsjugendtreffen in Leipzig, die ganze Hitlerjugend. Ich war Fähnleinführer oder Jungzugführer oder weiß nicht was. Wir standen Spalier in einer Riesenhalle im Messegelände und waren sehr gespannt. Erst kam Schirach, der interessierte mich nicht weiter, dann Hitler. Ich war enttäuscht, daß er so klein war. Nun war er allerdings von großen SS-Leuten umgeben, das muß man bedenken. Ein kleiner Mann

also, und er sah geschminkt aus. Rouge, als sei er vorher in einem Kosmetiksalon zur Behandlung gewesen.
Ich war vorher schon skeptisch gewesen, aber ich war dann doch sehr enttäuscht. Muß allerdings zugeben, als er sprach – da war ich fasziniert. Er hatte eine Ausstrahlung beim Sprechen, die Handbewegungen, die Stimme – auch wie die Leute reagierten, das war eindrucksvoll. Ich bin mitgerissen worden. Seine Stiefel haben mir imponiert. Wir Jungen hatten damals den Tick mit den feinen, gefalteten Juchtenstiefeln. Von weitem schon fielen mir diese Stiefel auf. Auf Hochglanz poliert. 1935 im Sommer war das.

Pastor, 1897
Ich hab' mich mal bei Baldur von Schirach beschwert, weil sie einen Jungen aus der Hitlerjugend rausgeschmissen hatten. Der wurde dann wieder aufgenommen, aber nach 6 Wochen hat man ihn wegen mangelnder Beteiligung wieder rausgesetzt.

Superintendent, 1910
In Soltau war Hitler auch mal, und es war ein großer Krieg unter den Pastoren – da war ein theologisches Seminar –, müssen wir da nun hin oder nicht?
Und wir standen dann da auf dem Marktplatz und warteten auf Hitler, und auf dem Rednerpult wartete die Prominenz. Der Lautsprecher war schon angestellt, und da hörten wir, wie der Gauleiter fragte: »Sind die Pastoren auch da?« Das schallte über den ganzen Platz.

Pastor, 1897
1935. – Ein verkrachter Missionsschüler mit wässrigen Augen, ein fieser Kerl, der nutzte seine Kenntnisse, um uns zu bespitzeln.

Germanist, 1919

Ich war im Jungvolk, und wir mußten die Olympiade in Kiel vorbereiten, ich war »Jungzugführer«, hatte eine grüne Schnur. Sprachkurse mußten wir machen, Englisch, Französisch, daß man sich verständigen kann mit den Ausländern, wenn die nach 'm Weg fragen.

Ingenieur

Ich bin im Dritten Reich gar nicht ein so ganz kleiner Mann gewesen, war in der Flugzeugindustrie und kam am 1. Dezember 1933 ins Luftfahrtministerium. 1935 bin ich von München nach Berlin gefahren, im Zug, im Speisewagen, wie ich da den Kopf heb', sitzt am übernächsten Tisch »Adolf der Hitler«. Ich hatte also Gelegenheit, mir »Adolf den Hitler« in aller Ruhe anzusehen. Ich hab' nicht gehört, was er gesagt hat, aber ich kann nur sagen, daß ich von dem Volk, was da bei ihm saß, zutiefst negativ beeindruckt war. Ein furchtbares Geschwerre. »Weiber« ist nicht der richtige Ausdruck, aber – ein unmöglicher Eindruck.

Schauspielerin

Propagandaminister Goebbels hatte zu einem Abendessen in kleinem Kreis mit Rücksicht auf seine sichtbar schwangere Frau Marga gebeten. Ich erinnere mich an Werner Kraus, an Friedrich Kreisler und seine Frau Helene. Wir waren nicht mehr als 12 Personen bei Tisch, und es ging in den Gesprächen hauptsächlich um Projekte für den Film, der Goebbels besonders am Herzen zu liegen schien und dem er seine ganz besondere Unterstützung zusichern wollte. Mitternacht war vorbei, als er ans Telefon gerufen wurde. Kurz darauf betrat er den Raum mit den Worten: »Der Führer will kommen.« Zunächst verstummte alles, dann fiel mir auf, daß unser Gespräch merklich gedämmt weitergeführt wurde. Es vergingen auch höchstens 10 Minuten, und Hitler erschien. Wir erhoben uns und standen in einer Reihe ihm gegenüber. Goebbels machte bekannt, und außerordentlich liebenswürdig wurde jeder von uns mit Handschlag begrüßt. Ein paar konventionelle Redensarten, und man nahm wieder Platz. Es ergab sich, daß Hitler neben mir auf einem Sofa zu sitzen kam. Fast übergangslos begann er von Buna zu sprechen, das ist ein vollwertiger Ersatzstoff für Gummi. Ich war ahnungslos, aber das spielte keine Rolle, Hitler sprach in pausenlosem Redefluß. Er erwartete nicht, befragt oder überhaupt unterbrochen zu werden. Mit einer leidenschaftlichen Intensität hielt er einen Vortrag, dem wir, unvorbereitet, wie wir waren, mit z. T. nur gespieltem Interesse lauschten. Dauerte es 'ne halbe Stunde, oder eine? Eine ganze? Na ja, lebhaft und plötzlich, wie er aufgetaucht war, verschwand er wieder. Etwas verbiestert blieben wir zurück, und es dauerte ein Weilchen, bis wir unser unterbrochenes Gespräch wiederaufnahmen, also wirklich, dies schien mir merkwürdig. Das war meine Begegnung mit Hitler.

Professor, 1910
Ich sah den Kopf vorbeifahren, ich sah ihn zwischen andern Köpfen. Wahrscheinlich hat er ein Podium im Auto gehabt. Und vom Kopf sah man eigentlich nur Schirm und Mütze. Da hinten war nix drin.

Lehrer, 1912
Ich habe ihn 1934 oder 1935 im Herbst in Heide/Dithmarschen auf dem Marktplatz stehend gesehen, er fuhr in 3 Metern Entfernung langsam im offnen Auto vorbei. Unheimlich war, dessen erinnere ich mich genau, ein lähmendes Schweigen, das ganz vereinzelt kaum von einem zögernd leise gerufenen »Heil« unterbrochen wurde. Er fuhr nach Albersdorf und Wöhrden, wo einige SA-Raufbolde umgekommen waren.

Filmproduzent, 1923
Ja, ich bin Berliner und hab' das alles von der Straße aus miterlebt. Ich fand alle unerträglich, bloß Hitler nicht. Baldur von Schirach zum Beispiel, den haben wir mit seinem Auto umgeschmissen, weil wir den nicht leiden konnten.
Aber Adolf nicht.
Es ist das Komische, daß man von einem Eindruck überhaupt nicht reden kann, weil er tabu war.
Die Zeit war irre. Ich war dafür und gleichzeitig mit den Eltern in der Bekennenden Kirche.

Vertreter, 1920
Es war 1935, da kam er nach Heidelberg, und ich bin damals an einer Fassade hochgeklettert, und unter mir stand die Ehrenkompanie, die er dann abgeschritten hat. An und für sich ein ganz banaler Vorgang. Warum war man so beeindruckt und ist als 15jähriger nach Hause gegangen mit dem Gefühl, etwas Besonderes erlebt zu haben? Man hörte und sah ja nichts anderes.
Die heutige Jugend ist zu beneiden, die kann alles erleben, Bücher, Reisen, während wir doch damals nur das offizielle Bild bekamen.

Direktor einer Volkshochschule, 1925
1934/35. – Es war ein Ereignis, wenn man mal ins Kino durfte. »Die Schlacht am Blauen Berge«. Großaufnahmen von Pferdeköpfen, wenn sie erschossen wurden.
Das ist ja wohl sogar ein klassischer Film geworden, den man ab und zu jetzt noch sieht, wenn es um Filmgeschichte geht.

Regisseur, 1926
Vor 1936. – Besonders die Filme haben mich beeindruckt, die in der sogenannten »Systemzeit« spielten. Die waren auf heimliche Weise anziehend, und ich glaube, die Leute, die sie gemacht

haben, die hatten auch Spaß daran. Wie es ja immer angenehm ist, das Verwerfliche darzustellen. Das Hehre der Nazifilme war schwächer als das Verruchte der Systemzeit. Der ehemalige Hauptmann ist verarmt, sein Bursche ist reich geworden und lädt all die früheren Kameraden ein in seine Villa, und auch natürlich den ehrenvollen armen Vater, und in der Villa hatte er den Unterstand nachgebaut, 1916, von Verdun und geschmückt und »Willkommen!« und so was alles. Und die spielten dann noch mal Ersten Weltkrieg in dem Haus, die ganzen Männer!
Mich hat daran interessiert, daß es möglich war, in einem Haus einen Unterstand zu bauen, so wie im Deutschen Museum in München ein Bergwerk steht. *Das* hat mich interessiert.

Hausfrau, 1923
1935. – An die »Machtergreifung« erinnere ich mich nicht mehr, ich war damals 10 Jahre alt.
Na ja, wir mußten dann zum Jungmädchenvolk antreten, und das war eigentlich recht nett. Da hatten wir eine Lehrerin, die hat das Ganze geleitet, da haben wir so Heimabende gehabt, wie ihr das heute von der Kirche habt. Da haben wir gesungen, gespielt, weiter nichts. Sport getrieben, Tänze gemacht. Also, ich muß sagen, der Anfang der Nazizeit war recht nett, da haben wir überhaupt nichts Nachteiliges erlebt, im Gegenteil.

Sekretärin, 1925
Am 1. Mai 1935 auf dem Maifeld in Berlin, da hat's geschneit! Da waren wir BDM-Mädchen aufgeteilt, wir mußten unsere Jacken anbehalten oder ausziehen. Und die in den weißen Blusen waren die Buchstaben GROSSDEUTSCHLAND, und wir haben schrecklich gefroren.
Adolf haben wir dann aus der Vogelperspektive gesehen, im Auto, winkend.
Das war mein Eindruck von Hitler.

Hausfrau, 1927
Enorm lange gewartet. Wir sollten Spalier bilden und durften nicht die Kletterwesten anziehen, damit es recht schön aussieht in unsern weißen Blusen. Eine unendliche Menschenmenge. Wir waren schon morgens da, hatten kein Brot mit und gar nichts. Nachmittags kam er dann, die Hand so erhoben, vor seinem Gesicht, ich hab ihn überhaupt nicht sehen können. Und die Begeisterung der Menschen, wie das näher kam, und dann konnte man ihn nachher überhaupt nicht sehen.
Ich habe geheult, als ich dann zu Haus war.

Anglist, 1911
1935. – Um der SA zu entgehen, meldete ich mich bei der schwarzen Reichswehr. Erst 1935 wurde die allgemeine Wehrpflicht wiedereingeführt, und da hatte ich dann schon ein Jahr rum. So kam ich 1935 raus und hatte meiner Wehrpflicht schon genügt.

Eine Frau
1935. – Eine Bekannte fragte mich: »Hast du schon gehört? Die allgemeine Wehrpflicht ist wiederhergestellt.«
Das fand ich nicht berauschend. Wir wohnten nämlich neben einem Exerzierplatz, und da sah man, wie geschliffen wurde.

Textilverkäuferin, 1927
Hitler sah ich am Gorch-Fock-Wall, vielleicht kam er von den Landungsbrücken hoch. Von der Schule sind wir dahin beordert worden.
Ich habe sehr viel gelesen. Meine Tante war eine Leseratte. Und da habe ich auch viel gelesen. An meinen ersten Roman kann ich mich nicht erinnern, aber an »Nesthäkchen«, die habe ich alle, alle gelesen. Leider sind sie alle verbrannt.

Flugzeugbauer, 1927
Mit einem Schulausflug zum Gorch-Fock-Wall, wo wir zum Jubeln hinbestellt waren, sah ich ihn. Wir schrien und jubelten, aber eigentlich über den Ausflug. Meinem Vater hat Hitler bei einem Werftbesuch die Hand gegeben. Er war sehr stolz darauf, wir neckten ihn, er dürfe sich nicht mehr die Hand waschen. Nicht im Ernst, nein, das war nur so ein Spaß.

Germanistin, 1909
Ich hab' ihn mal in Hamburg gesehen, und zwar muß das Anfang 1935 gewesen sein, ich war gerade frisch promoviert, da fuhr er durch die Grindelallee. Für mich war verblüffend die geringe Teilnahme, es stand kaum jemand am Straßenrand, ich hatte mir das anders vorgestellt. Das Heilrufen erstarb wegen der Dünne und wegen des Genierens. Die Leute gingen zum Teil einfach weiter, einkaufen oder was.
Er stand in seiner berühmten Haltung im Wagen, hielt sich an der Stange da fest, die da angebracht war. Es war alles geflaggt, Blumengirlanden usw., offiziell war alles geschehen, aber es passierte absolut nichts.

Hausfrau, 1925
Der war ja mehrfach in Hamburg. Vorbeifahrend im Auto und einmal noch aus dem Zug winkend.
Wie das im Auto war, da hatten wir Blumen mit. Da hatte ich aus dem Garten Flieder mit, als BDM-Mädchen natürlich. Das muß am Gorch-Fock-Wall gewesen sein. Da mußten wir Spalier stehen, von morgens früh, den ganzen Tag. Wir durften nicht mal weggehen, um uns was zu kaufen. Gegen Nachmittag kam er dann endlich an. Das war dann ein Moment, wo er vorbeirauschte, und dann war Schluß. Bloß geschrien hat man, obwohl man schon heiser war, denn aus Jux hatten wir immer schon vorher geschrien, wenn ein Radfahrer oder so was kam. Und das setz-

te sich dann so fort. Alles schrie »Heil!«, und dann kam so ein kleiner Radfahrer an. Aber beeindruckt hat uns das wohl doch damals. Das war ein erhebender Moment, wenn dies brausende Hitlergeschrei sich fortsetzte von Straße zu Straße, wenn zuerst die weißen Motorräder kamen und dann sein Wagen, in dem er aufrecht stand. Das war wohl mehr Massenpsychose. Man hatte den ganzen Tag darauf gewartet.
Und dann ging ich zurück und kam gerade am Dammtor-Bahnhof an, als er über die Brücke fuhr. Ich stand ganz unten und sah ihn oben im Fenster stehen, wie er so typisch grüßte.

Verkäuferin, 1917
In der Mönckebergstraße habe ich gestanden, alle Geschäfte waren geschlossen, der Führer kam. Der Krieg war noch nicht in Gang. Abends hat er in der Hanseatenklause irgendeine Rede gehalten. Im Hotel Atlantik hat er gewohnt. Er ist nur ganz selten nach Hamburg gekommen, das hing irgendwie mit einer Wahl zusammen. Die ganze SA war da, auch aus andern Städten, und da ist er durchgefahren. Er stand im Wagen, verneigte sich und grüßte so ... aber verzog keine Miene. Wie eine Puppe. Ich hatte immer das Gefühl ... wie eine Statue, möcht' ich bald sagen. Er hatte nicht ... Ich habe als Kind zum Beispiel in Hamburg mal Einweihungen und so was erlebt, die gaben sich dann menschlich. Aber Hitler – na, man hat sich gesagt, er hat vielleicht zu viel zu tun mit seinem Regieren und so weiter. Der Hamburger jubelt ja nicht so leicht, die Mentalität ist eben anders. Aber man wird ja mitgerissen. – Eindrucksvoll war ja auch der 30. Januar 33, da haben wir an der Wandsbeker Chaussee gestanden. Und denn die Massentrauungen in der Michaeliskirche.

Hausfrau, 1910
Einmal stand ich am Kaiserdamm, an jeder Hand ein Kind, und alles schrie »Heil!«, und ich kriegte 'n Puff: Können Sie die Hand nicht heben? – Ich hatte ja doch die beiden Kinder angefaßt.

Professorin, 1925
1935 vorm Hotel Vier Jahreszeiten in Hamburg. Wir wurden abkommandiert. Glühende Hitze, BDM-Kluft. Ich hatte mich nicht drücken können, weil das sonst aufgefallen wäre.
Ich hatte den Eindruck einer Wachsfigur, weil er anscheinend geschminkt war. Eine starre Puppe, die auf einen Knopf drückte, bei der Masse.

Med.-Tech. Assistentin, 1925
Im Hamburger Hafen bei dem »Aviso Grille«. Wir machten einen Schulausflug. Da war irgendein Stapellauf oder so was. Und wir kamen nach Hause und waren natürlich doch etwas erfüllt von dem ganzen Gejohle und Gerufe, und ich war enttäuscht, daß mein Vater das gar nicht schön fand. Und ich hab' mich als junger Mensch gerne begeistert, und ich war auch die einzige in meiner Klasse, die nicht im BDM war.

Beamter, 1920
Als Hitler die »Europa« besuchte, 1935. Der Vater meines Freundes war Kapitän der »Europa«. Der war guter Katholik und nicht gerade ein Anhänger Hitlers. Der hat erzählt, Hitler habe ein enormes Gedächtnis.
Wir hatten uns an den Zug rangeschlichen, waren über einen Zaun geklettert. Hitler öffnete das Fenster im Zug und winkte etwas linkisch. »Heil!« wurde nicht oder kaum gerufen. Wenn einer rief, guckten sich die andern um.
Das war was Besonderes für uns. Wir waren ja alle national. Die Lehrer erzogen uns so. Rache für Versailles. Und kein schlechtes Wort durfte man über Krieg sagen. Und so sind wir denn ja auch in den Krieg reingegangen.

Chemiker
Das war hier in Hamburg, bei einem Hamburgbesuch, der fuhr so vorbei, stehend im Auto, und denn furchtbar viel Volk auf der Straße und furchtbar viel Geschrei. Ein anderes Mal hab' ich ihn aber nur flüchtig in Berchtesgaden gesehen, wie er von da mit seinem Auto, seiner Kolonne da wegfuhr, und man grüßte natürlich auch pflichtgemäß, und der grüßte sogar wieder.
Die beiden Male hab' ich ihn gesehen. Keine näheren Eindrücke.

Hausfrau, 1923
Ich hab' in mein Notizbuch geschrieben: »Dies ist der schönste Tag meines Lebens!« Dreizehn oder vierzehn war ich, wir standen an der Straße, das war nur ein einziges Gebrüll und Geheul. Damals war ich der Meinung: Der ist richtig. Heut' bin ich anderer Meinung.

Schriftsteller, 1925
Einmal auf der Tribüne stehend. 1935, als wir Pimpfe an ihm vorbeimarschierten. Der ausgestreckte Arm, wie der so einklappt. Diese abgezirkelte Haltung; eine Hand am Koppel und der ausgestreckte Arm. Das hob sich von allen Bewegungen, die ich bisher gesehen hatte, ab.

Beamter, 1921
Der war doch in Dresden, Mann! Das war doch klasse! Schulfrei. Alles war begeistert. Wir sind nach der Innenstadt gesaust. Da kam er an, im Auto, ganz groß. Sie sind zum Schloß Pilnitz gefahren, mit 'm Dampfer. Hunderte von Jungens sind ins Wasser gesprungen und an den Dampfer rangeschwommen, 'n paar hat er dann hochgeholt.
1934/35 muß das gewesen sein.
Man war ja damals jung, man konnte das nicht richtig beurteilen.

Wie sollte man auch! Man hat in der Zeit gelebt. Keiner stand hinter uns mit der Knute und hat gesagt: »Ihr müßt da hingehn.« Im Gegenteil. Die meisten waren hippelig und haben gesagt: »Kriegen wir denn nun schulfrei?«

Beamte, 1921
Es gab in unserm Dorf viele Leute, die arm waren. 13 Mark Unterstützung. Und dann plötzlich kam Adolf an. Mit seiner Winterhilfe, und da gab's Arbeit.
Et war 'n Jott, nich wahr? Wir haben nichts Böses durch ihn erfahren. Außer daß Krieg kam.
Mein Vater war Sozialist. Und wir Kinder gingen turnen, und eines Tages war da Schluß. Da gingen wir denn da zu den Nazis, Glaube und Schönheit. Zu Haus hab ich dann Prügel gekriegt. Was war das Ende vom Lied? Mein Vater ist in die Arbeitsfront gegangen und mußte da die Fahne tragen.
»Siehste, Vater«, hab' ich gesagt.

Großhändler, 1922
Ich bin Jahrgang 1922, mein Bruder war in der SA, der kam blutüberströmt nach Hause, da war man also vorbelastet. Von zu Hause so erzogen. In meinem Elternhaus waren die Nationalsozialisten schon da, bevor Hitler an die Macht kam.
Auf dem Reichsparteitag, im Vorbeifahren hab' ich ihn gesehen. Das war sehr eindrucksvoll. Das kann man sich heute nicht mehr vorstellen. Mich ärgert heute noch, wenn ich irgendeine abwertende Geschichte über Hitler lese. Das ärgert mich trotz der klaren Erkenntnis, daß das alles Wahnsinn war.
Hitler, das war die überragende Figur und das Erlebnis. Da schlug einem das Herz höher.

Landwirt, 1911

Ich habe Hitler mehrere Male gesehen. In Bremen und auch in Nürnberg auf dem Reichsparteitag. Den konnt' man ja sehen. Wenn man es so nimmt, er hat ja das Beste wollen. Er war in seiner Weise ein gläubiger Mensch. Er hat nur einen Fehler gemacht: Er hat einen Krieg angefangen und verloren. Sonst hätte er ja ganz anders dagestanden.

In Bremen ging er ganz dicht an mir vorüber, zwei Meter vielleicht. Er hatte einen sehr beherrschenden Gang und ein sehr sicheres Auftreten. Er konnte ja auch die Menschen mitreißen. Gewiß, ich war jung, aber von seinen Reden ging etwas aus ... Wenn er meinetwegen gesagt hätte zu den Juden: Also schön, ihr dürft keine Beamten werden und die und die Berufe nicht ergreifen, dann hätte ihm niemand einen Vorwurf machen können. Aber er wollte das Ganze, er wollte immer den ganzen Menschen, das war sein Fehler. Die Juden und die Kirche, das hätte er nicht machen sollen.

Produktionschef, 1923

1935. – Mein Vater kommt nach Haus und erzählt meiner Mutter beim Abendbrot, er habe vor der Bank gestanden, und da war ein SA-Mann vorbeigegangen mit den klassischen Worten: »Geh gefälligst rein, du Saujude!«

Mein Vater war Reserveoffizier, hatte beide Eisernen Kreuze, und nie, nie war ein Jude in unserer Familie gewesen. Aber eine große Nase hatte er und schwarzes Haar.

Ich fragte: »Was hast du denn gemacht?«

Ich dachte, er hätte den Mann zusammengeschlagen.

»Ich bin reingegangen.«

Mir brach eine Welt zusammen.

Lehrer, 1930
Ja, Hitler habe ich gesehen. Ich war sieben, acht Jahre, das war in Bremerhaven. Er kommt vom Schiff, steigt in den Zug, läßt ein Fenster herunter und grüßt. Alles war totenstill, bis einer so einen hysterischen Schrei losläßt, und da machten dann alle mit. Er stand da so, wie man ihn auf Fotografien sieht.

Techniker, 1921
Wir waren auf seinen Besuch vorbereitet; wir mußten beeindruckt sein. Das war anno 35. Der hat eine echte Schau da abgezogen. Das war wirklich auch, was man heute darunter versteht. Man kann ja einen Menschen entsprechend herausbringen. Nachdem ich Abstand dazu gewonnen hab', möcht' ich sagen, das war eine Schau. Als Jungen bei der HJ waren wir ja eh darauf vorbereitet gewesen. Er ist vorbeigefahren, und wir durften ihm die Hand schütteln. Damals waren wir ergriffen.

Physiker, 1928
Ich hab' nur noch in Erinnerung, daß da Gulaschkanonen aufgefahren waren, Tausende von Leuten wurden da abgespeist, und sie harrten des großen Moments, und der ging in zwei Minuten vorbei, und sie riefen Ah! und Oh!
Auf mich, der ich damals ein Junge von sechs Jahren war, hat das Auto einen viel größeren Eindruck gemacht, diese Kompressorröhren, das war für mich der Witz. Nur das Technische hat mich interessiert.

Kunstmaler, 1926
Wir mußten auf grauem Zeichenpapier zeichnen, das wurde ausgeteilt. Politischer Unterricht war das, in der zweiten Klasse. »Was verdanken wir dem Führer?« – Das muß wohl erläutert worden sein, denn ich weiß noch, daß ich immer Geld zeich-

nete, so aufeinandergestapelte Münzen und da hinten Fabrikschornsteine und im Vordergrund einen Pflug, den ich aber nicht konnte, und dann so ein Schriftband: »Das verdanken wir unserm Führer!« Und Hakenkreuz vor aufgehender Sonne.
Das hatten wir einmal in der Woche. Leider sind die Zeichnungen alle verlorengegangen.

Dozentin, 1907
»Tag der Deutschen Kunst« in München. Wann?
Der Tag der Kunst war gekommen. Wollen doch mal sehen, was da an »gearteter« Kunst geboten wurde, hatten wir doch überall von den Ausstellungen »Entartete Kunst« gehört, aber wenig Aufschlußreiches darüber gelesen, nur Schmäh und Schmutz; und das über die von uns verehrten Künstler von weltweiter Berühmtheit.
Ich fuhr nach München in meinem Topolino, das, auf abfallender Strecke über 50 Kilometer machte. In München traf ich Freunde von der »Berliner Illustrierten«, alles Freunde und Gleichgesonnene. Die Stadt wimmelte von Nichtbayern, der Himmel war bedeckt, wir saßen auf der Pressetribüne, vis à vis den »Mächtigen«. Zentner, einer von der »Berliner Illustrierten«, der mit dem frechsten Maul, lieh mir seinen »Feldstecher«, den ich nicht mehr zurückgab, mußte ich doch »meinen Führer« genau beobachten. Ich bin weder Menschenkenner, noch verstehe ich viel von dem, was man heute Körpersprache nennt. Aber was ich sah: keine echte Bewegung, Starre, wache Kälte. Seine Nebenfiguren: Ciano, Schwiegersohn Mussolinis, den Obersten von München, ein übler Wagner, den dicken Arbeitsminister Lay oder Ley mit seiner jungen, überblonden Frau und weitere Prominenz.
Zentner flüsterte mir Wissenswertes über die Hauptperson, ich mußte lachen. Prompt Verweis durch einen Aufpasser.
Der Zug begann, Fahnen, Samt, Brokat, Wagen und Gesänge und viel junges Edelgewächs. Aber Petrus hatte kein Erbarmen. So ein Münchner Sommergewitter hat es in sich. Bald flatterten die

Fahnen nicht mehr, die Edeltypen schleiften die regenschweren Textilien hinter sich her, die Griechinnen, Walküren, Germaninnen lösten sich auf und trugen die Goldsandalen in der Hand, die Rösser trieften, und der Baldachin über den Spitzen der Gesellschaft sammelte Wasser. Ein intelligenter junger Mann stupste den tröpfelnden Baldachin, und das ganze Regenwasser ergoß sich über die Elite. Gauleiter Wagner brüllte den Stupser an, Hitler, weltkriegserprobt, schüttelte sich kurz, und der Festzug löste sich programmiert auf. Das war das letzte Mal, daß die »geartete« Kunst sich als solche dargestellt hatte, während sich die »entartetete« überall in Europa mit großen Verkaufserfolgen davonmachte. Zu unserem Verlust und Schaden.

6

Dozentin, 1920

Ja, also, es ist nicht sehr sensationell, es ist folgendes, ich war vielleicht 15 oder 16 Jahre alt, 1936 oder 37 muß das gewesen sein. Mein Vater war Lehrer, war Studienrat in einem Gymnasium, und durch die Straße, in der die Schule war, sollte also Hitler kommen, und kam dann auch. Und meine Eltern waren an sich sehr gegen Hitler, schon deshalb, weil ich eine jüdische Großmutter hatte und weil mein Vater Demokrat war, also auch in der Demokratischen Partei gewesen ist und immer so auf dem Aussterbeetat stand, wir hatten also immer Angst, er flöge wieder raus, und trotzdem sagten sie: »Man muß ihn doch mal seh'n«, und zwar deshalb, er sollte doch so etwas Faszinierendes haben.

Und nun gingen wir also hin, die ganze Familie, glaub' ich, ich hatte noch zwei Geschwister, und die Eltern blieben in der Schule am Fenster, und wir Kinder gingen runter auf die Straße, und in dem Moment, wo er nun kam, waren aber gar nicht so sehr viel Menschen, wie wir erwartet hatten, da, und der Beifall- oder Heilruf war also so dünn, daß ich immer das Gefühl hatte, mußt du jetzt eigentlich hier schreien? Aber das kannst du doch nicht, wir sind ja nicht für Hitler. Dieses Gefühl ist mir noch ganz in Erinnerung. Und dann haben wir ihm also in die blauen Augen gesehen, und ich war ziemlich enttäuscht, weil ich nicht viel empfand, aber ich hab' das damals auf mich geschoben, hab' geglaubt, daß mir also der richtige Rausch eigentlich abginge.

Er fuhr im Auto, stand natürlich und sah sehr ernst aus, und dann wurde gesagt: Leipzig hätte ihn enttäuscht. Nun behauptete das späterhin ja jede Stadt von sich, jedenfalls, der Beifall war nicht sehr groß. Vielleicht fand ich's doch 'n bißchen faszinierend damals, das ist schwer zu sagen. Daß er blaue Augen hatte, das wußte ich ja schon vorher. Ich stand auf dem Bürgersteig, und er fuhr in der gar nicht sehr breiten Straße da durch. Aber eigentlich dieses Tamtam vorher, das war eigentlich mehr als die eigentliche Begegnung.

Produktionschef, 1923
1935/36. – Potsdam, Reiter IV: das traditionelle Regiment der Garde du Corps. Kesselpauken mit wehenden Behängen. Satteldecken. Der letzte Rest des kaiserlichen Potsdam. Das Auswehen.
Das war nur schwarz-weiß-rot, nicht Hakenkreuz. Hakenkreuz? Unmöglich, fürchterlich, grauenvoll. Das waren doch Proleten.

Literaturhistoriker, 1910
1935 bzw. Frühjahr 1936: Schauplatz der Hörsaal der Universität im Gebäudeflügel gegenüber dem Opernplatz. Nach einer Vorlesung des Philosophen Nikolai Hartmann über die Vorsokratiker blieben etwa 40 bis 50 Hörer im Saal zurück, um sich von den günstigen Fensterplätzen aus einen der seltsamsten »Aufmärsche« jener Zeit anzuschauen: die Prozession – anders kann man es kaum nennen – führender deutscher Juristen zu einem Staatsakt in der Staatsoper, wo Hitler zu ihnen sprechen sollte. An der Spitze des Zuges bewegten sich feierlich langsam die Richter des Reichsgerichts Leipzig, die eigens nach Berlin beordert worden waren, in ihren roten Samtroben, vorweg der Präsident des Reichsgerichts Erwin Bumke. Hinter den Richtern die Rechtslehrer deutscher Universitäten, unter ihnen der damalige Rektor der Berliner Universität, der Strafrechtler Eduard Kohlrausch, ein Altliberaler.
Es war für jeden Menschen mit einem normalen Rechtsbewußtsein ein tief beschämender Anblick, daß sich die berufenen Hüter des Rechts in so demonstrativer Weise vor dem Zerstörer des Rechtsfriedens und dem Vernichter der Menschenrechte bloß-

stellten und ihm huldigten, sei es aus Furcht, Opportunismus oder auch »Überzeugung«. Jedenfalls reagierten die studentischen Zuschauer mit Gelächter und ironischen Anmerkungen. Wäre nur ein einziger Angehöriger der NS-Studentenschaft zugegen gewesen, die wären sofort an Ort und Stelle abgeführt worden. Nichts geschah. Auch später nicht. Demnach waren also durchweg Gegner oder Indifferente im Saal. Übrigens schwiegen die »Lästerer« keineswegs, als wenig später, nachdem der Zug der juristischen Würdenträger im Opernportal verschwunden war, der Mercedes mit Hitler und seinen Begleitern vorfuhr. Infolge der Absperrung waren nur wenige Menschen vor der Oper versammelt, um ihr Jubelsoll zu entrichten.
Bei dieser Gelegenheit sah ich Hitler das erste Mal in meinem Leben leibhaftig, allerdings aus etwa 50 Metern Entfernung. Er blieb nach dem Verlassen des Wagens wenige Sekunden stehn, das Gesicht zur Straße gewandt, um mit der berühmten Geste des angewinkelten Arms zu grüßen. Mir erschien er wie eine Marionette, und den andern Studenten mag er kaum anders erschienen sein. Denn außer den ironischen Glossen war kein Anzeichen irgendeiner Emotion wahrzunehmen.

Rentner, 1901
Im Vorbeifahren. Ich weiß bloß von einer Frau, die hat Hitler mal die Hand gegeben, da hat sie sich ’n paar Tage lang die Hand nicht gewaschen.

Oberstudiendirektor, 1909
1935/36 hab’ ich ihn gesehen, durch riesiges Spalier mit riesiger Begeisterung. Das kann man der Jugend heute gar nicht mehr verständlich machen.
Wenn man heute so gewisse Sachen beobachtet, die Minoritäten ... Linksruck erzeugt Rechtsruck. Die Frage ist: Wer findet als erster einen »Führer«, und dann ist die ganze Demokratie zum

Teufel. Aber das sehen diese Leute nicht ein, und wir Älteren haben Angst davor.
Männer machen auch heute noch Geschichte. Die Masse schreit auch *heute* noch nach dem »Führer«: Kennedy, Brandt, das ist doch ein Beweis.

Buchhändler, 1925
Mai 1936. – Es ging die Sage, wer 1000 Autonummern des Opel Olympia gesammelt hat, der kriegt ein Fahrrad. Wer 100 gesammelt hat, kriegt einen Fußball.
Wir hockten am Marktplatz und notierten eifrig. Die Nummern haben wir dann in der Schule auch ausgetauscht. Aber es war unvorstellbar, daß man das schaffte, 1000 Nummern zusammenzukriegen.
Man saß in kurzen Hosen am Straßenrand.

Buchhändlerin, 1922
Es war am 11. Juni 1936. Das Datum habe ich deshalb behalten, weil meine Mutter Geburtstag feierte. Sie hat ihm schwer übelgenommen, daß er ihr sozusagen die Schau gestohlen hat. Er war auf dem Weg nach Wilhelmshaven (um ein Panzerschiff zu taufen?) und hielt mit seinem Sonderzug über Nacht hier auf dem Bahnsteig. Die Bäckerjungen und Milchmänner hatten dafür gesorgt, daß man es gleich nach dem Aufstehen wußte. Anstatt zur Schule zu trödeln, rannte man zum Bahnhof. Da stand ein sehr langer Zug, davor standen sehr viele Menschen. Aus einem Fenster sah unser Führer Adolf Hitler auf uns herab. Wir sahen zu ihm hinauf. Wenn man die Absperrung durch SS-Leute für ein Gitter nahm, war es wie in einem Zoo. Wir schrien: »Heil!« Er hob den Arm zum Deutschen Gruß. Ab und an reichte man ihm ein Kind mit einem Blumenstrauß. Wir fotografierten zu ihm hinauf. Neben ihm fotografierte einer zu uns hinunter.
Als wir genug »Heil!« geschrien hatten, sangen wir ihm etwas vor.

»Siehst du im Osten das Morgenrot?« und »Es zittern die morschen Knochen« und »Wo die Nordseewellen ...« und schließlich das Horst-Wessel-Lied. Er hob den Arm zum Deutschen Gruß. Dann wußten wir nichts mehr. Er wußte auch nichts mehr. Es hatte auch niemand vor, weitere Blumenbeete zu plündern. Aber der Zug fuhr und fuhr nicht. Offensichtlich lag in Wilhelmshaven der rote Teppich noch nicht aus, oder die Admirale waren noch nicht aufgestanden.

Dann sangen wir »Ich hang an di min Leven lang, min levet Ammerland ...« Das war so eine Ammerländer Nationalhymne zur Zeit unserer Großeltern gewesen. Aber die Alten hatten sie nicht mehr so richtig im Kopf, und wir Jungen hatten sie nie so richtig gelernt. Der Gesang erstarb, bevor die erste Strophe zu Ende war. Weshalb ging er nicht weg? Wahrscheinlich dachte er dasselbe von uns. Wir waren sehr höflich zueinander, keiner wagte den ersten Schritt. Wir standen und hatten Heimweh nach der Schule. Endlich, endlich setzte sich der Zug in Bewegung. Wir jauchzten erleichtert »Heil!« und kehrten dankbar zu unsern Schulbänken zurück, wo wir uns setzen konnten.

Dann mußten wir einen Aufsatz schreiben: »Unser Führer in Westerstede«. Wir schrieben sehr begeistert, wußten wir doch, was man von uns erwartete.

Rentner, 1923

Unser Klassenlehrer: Deutsch und Geschichte, ein an sich ganz lieber Mensch, kam eines Morgens in die Klasse mit so besonderem Blick. Er stellte sich ans Fenster und sah uns bedeutsam lächelnd an, Ja, Kinder, was soll ich sagen, ich habe gestern den Führer gesehen. – Er war auf einer Tagung gewesen, und da hatte sich der Hitler wohl mal kurz sehen lassen, war durch die Reihen geschritten oder was. Und dieser Lehrer war dann wie von Glück übergossen und ganz erfüllt von seinem Erlebnis. Es war schwer, zur normalen Unterrichtsroutine zurückzufinden, denn sein Glückserlebnis übertrug sich nicht so ohne weiteres auf uns.

Diese älteren Herrschaften sahen den Mann mit ganz anderen Augen, denen saß der Erste Weltkrieg noch in den Knochen, und vor allem Versailles, das ja gemessen an den Folgen des Zweiten Weltkrieges ganz bedeutungslos war. Heute kann sich niemand mehr vorstellen, wie diese Leute in ihrem Stolz verletzt waren, Ehre und so weiter. Die Umstände, unter denen der sogenannte Friede geschlossen wurde, waren ja auch in höchstem Maße entehrend. Die deutsche Delegation hinter Stacheldraht und wie vor einem Tribunal. Damals sagten ja sogar die Sozialdemokraten: Diesen Friedensvertrag dürfen wir nicht unterschreiben.

Beamter, 1924
Juli 1936. – Wir machten eine Radtour, mein Freund Willy und ich, jeder mit 20 Mark im Brustbeutel, Jugendherbergen und beim Bauern geschlafen. In einem Dorf, das sahen wir schon von weitem, hielten drei oder vier große schwarze Limousinen, SS-Leute saßen auf den Trittbrettern, und in dem Kaffeegarten der Wirtschaft, von der Dorfbevölkerung wortlos bestaunt, saß Hitler mit ein paar Herren und auch Damen. Er saß an dem mit Blumenkästen bestückten Zaun und trank Kaffee, er trug eine Fliegerkappe, die Schlappen hatte er über den Kopf gelegt, der rechte Arm hing so über die Blumenkästen, der baumelte nach draußen. – Die Leute umstanden ihn, wie im Zoo, es kamen immer noch welche gelaufen, auch Kinder, barfuß, Hühner, Hunde, wie das so ist auf dem Dorf. Mein Freund Willy war helle, er sagte: »Komm, wir gucken uns das mal an.« Er war blond und entsprach 100 Prozent dem damaligen nordischen Ideal. Als wir uns eben herangedrängt hatten, brach die Gesellschaft auf. Strammstehen der SS-Leute, ein paar Heilrufe der Bevölkerung, und dann kam Hitler direkt auf uns zu, und Willy dann auch: »Heil!«, stramm und gottesfürchtig. Hitler stutzte und fragte ihn nach Namen und Alter und gab ihm die Hand. Ich stand dahinter, und ich kriegte ein Patscherl an die Wange. Und dann stiegen sie in die Autos und fuhren davon. Eine Staubwolke – die

Straße war nur mit Schotter belegt. Wie grotesk der Mann mit der Fliegerkappe aussah, das hab' ich damals gar nicht so empfunden, das ist mir erst auf Fotos klargeworden, die ich dann viel später mal gesehen habe. Die Wagen waren ja offen, und da zieht es ja wohl auch ganz schön, er war vielleicht empfindlich an den Ohren. Ein im Grunde menschenfreundlicher Eindruck ist geblieben, der sich auch nicht durch spätere Erlebnisse korrigieren ließ. Noch heute denke ich an diesen Sommertag und an das Dorf, in dem wir uns dann noch eine Himbeerbrause genehmigten, und zwar an dem Tisch, an dem der Führer gesessen hatte, die Stühle standen noch durcheinander. Meine Mutter zu Hause, die wollte das dann gar nicht glauben, und mein Vater hat es überall rumerzählt.

Eine Dame, 1927
Ich habe in Berlin gelebt bis 1936, wir haben in der Berliner Straße 40 gewohnt, das war neben der Tribüne an der Ost-West-Achse, da war mal ein Auftritt von Hitler, da ist er vorbeigefahren, ein Schwung SA hinter ihm. Wir konnten das aus dem Fenster beobachten. Das war kurz vor der Olympiade, da war ich 9 Jahre alt.

Philologe, 1900
Im Olympiajahr 1936 habe ich ihn gesehen, aber meine Eindrücke beruhen mehr auf Filmen und Bildern. Riesenmenschenmenge. Die Polizei und die SA waren dem Publikum zugewandt.

Studienrätin
In Berlin auf der Olympiade, er fuhr die Linden lang, stehend, grüßend. Ich hab' ihn auch noch in Eberswalde gesehen, im Stadion, er sprach ja immer sehr markant, aber ich war noch sehr unbedarft damals; was das alles bedeutete, hab' ich überhaupt nicht erkannt, ich war etwas unbedarft. Ich kriegte immer von unsern

Eltern die Gegenseite serviert, die verstand ich gar nicht, und wenn Bekannte kamen, hieß es: Ihr Kinder geht raus, geht spielen. Göring hab' ich mal 'n Blumenstrauß übergeben, der war ja 'n bißchen gemütlicher, der hatte ja Karinhall, da brachte er immer seine Bekannten hin, und wir mußten dann am Bahnhof stehen, und ich war blond und mußte den Blumenstrauß übergeben.

Musiker, 1927
Olympiade. – Ich mußte Kirschen pflücken, und das Radio wurde auf Brüllstärke gestellt, das war die Bedingung, die ich gestellt habe, und dann hörte ich den 10000-Meter-Lauf mit Murakoso, kirschenpflückenderweise oder weniger kirschenpflückenderweise.

Bibliotheksassistentin, 1921
Ich habe immer die Kinder beneidet, die schulfrei kriegten, wenn die Eltern umzogen. Und unser Umzug fiel ausgerechnet in die Ferien! Das hat mich geärgert. Und da hat mein Vater gesagt: »Na gut, denn fahr' ich mit euch zum Ausgleich dafür nach Berlin zur Olympiade.«
Karten haben wir natürlich keine mehr gekriegt. Aber auch so war das eindrucksvoll. Die ganzen Fahnen Unter den Linden! – Plötzlich schrie alles: »Der Führer!« Er stand im Wagen und grüßte.
Aber das größere Erlebnis war, wie die ganzen Pferde ins Stadion einritten. Das sahen wir von draußen. Wangenheim, den hab' ich da gesehen.

Rundfunkredakteur, 1924
Olympiade. – Meine Mutter hatte eine Stickerei und Strickerei, und die erlebte mit den Nazis einen ziemlichen Aufschwung, weil sie die vielen weißen Strümpfe stricken mußte, und dann kamen

die ganzen HJ- und BDM-Vereine da an und ließen ihre Wimpel da sticken. Da gab's doch überall besondere Zeichen, die gestickt werden mußten, alles mögliche Runenzeug. Und die SS ist gekommen, und die SA ist gekommen, und da florierte die Sache richtig, und das fand man auch vollkommen in Ordnung, wo man geschäftlich was verdiente, das konnte doch nur was Gutes sein. Und 36, das war die Zeit der Ringestickerei, was die da zusammengestickt hat, die Olympiaringe ... die bunten Ringe. Sie mußte die ganzen Fahnen ja. Zig, zig, zig Olympiafahnen ...

Schauspieler, 1927
Olympiade. – Ich war an der Olympiade nicht interessiert, ich hatte in Sport 'ne 6. Aber als Junge – man zählt die Goldmedaillen, das hat man als persönlichen Erfolg genommen, so wie man später die eroberten Länder gezählt hat.

Lehrer, 1924
Ich hab' ihn während der Olympiade gesehen, am Brandenburger Tor, ich saß auf einem Baum. Da war ein Kordon von SS, einer neben dem andern, einer kuckte zur Menge, einer immer nach draußen. So was von Absperrung, so daß das Volk schon Bemerkungen machte: Der muß das ja nötig haben, daß er sich so absperren läßt. Und die Leute haben getobt und gerast, sie haben sich in die Hosen gemacht vor Begeisterung, ältere Frauen, geschluchzt, als ob der Heiland kommt. Ein Teil der Begeisterung übertrug sich auf Coubertin und diese Leute, und ich muß zu meiner Schande gestehen, daß ich auch mitgejubelt habe.
Der lange Mercedes, der jetzt in den USA versteigert wird, kugelsicher, und auf dem Auto gutgewachsene Jünglinge und vorneweg ein Polizeiauto mit gelber Flagge, das bedeutete: Jetzt geht's los. Und die Leute hatten Spiegel, solche Grabenspiegel und Periskope, und die Väter hoben ihre Kinder hoch, und er grüßte mit klappendem Arm, und mit der linken Hand verdeckte er den

letzten Arbeitslosen, wie immer gesagt wurde, also seine Genitalien, nicht?

Fotograf, 1918
Das zweite Mal hab' ich Hitler bei der Olympiade gesehen, 1936 in Berlin. Da fuhr er die Ost-West-Achse herunter, diese Prunkstraße, es war alles abgesperrt. Und über diese Straße ging irgendwo die U-Bahn, da war ein U-Bahnhof, und da dachte ich, oh, da oben, da hast du ja einen schönen Überblick, löste mir eine Karte und stellte mich da hin. Das dauerte aber nicht lange, da wurde ich weggejagt.

Volksschullehrerin, 1921
Ich? Ja, bei der Olympiade, da war ich ja noch ein Kind, 15 war ich da, da war ich grad in den Ferien bei meinen Verwandten in Berlin, und da stand ich mit meiner Tante und meinem Onkel, das muß an der Straße des 17. Juni gewesen sein, in der Nähe der Siegessäule, und er kam da Unter den Linden lang durchs Brandenburger Tor und fuhr dann die heutige Straße des 17. Juni entlang, und da irgendwo haben wir gestanden, 'n bißchen einsam, denn *um uns* herum waren lauter Österreicher, und die waren ja närrisch! Die hörten ja gar nicht wieder auf zu brüllen, die waren ja viel schlimmer als wir.
Und nun kam die Kolonne endlich, und die Kinder bekamen Fähnchen, ich winkte mit der Hand, und die eine Österreicherin, die war so böse, die hat ganz verpaßt, nach dem Führer zu sehn, denn ich hab' ihr die Aufnahme verpatzt durch mein Winken, und dadurch kam sie in einen Disput mit meinem Onkel und machte ihm nun Vorwürfe, daß er mich da vorne hinließ und ich ihr die Aufnahme nun verpatzt hatte. Und mein Onkel nahm mich nun in Schutz und sagte: »Dafür kann doch das Kind nichts. Dann hätten Sie den Apparat 'n bißchen höher halten müssen.« Und inzwischen war nun die ganze Chose vorbei.

Menschen über Menschen und Jubel über Jubel. Er hat gestanden. So im Vorbeifahren, da hat man eigentlich keinen Eindruck. Mächtig viel Menschenmassen, und mit Leitern und mit Schemeln und mit was weiß ich was, da hatten ja manche schon ich weiß nicht wieviel Stunden vorher gestanden. Das war der Weg zur Eröffnung der Olympiade, er fuhr ins Stadion. Und wir blieben dann noch stehn, denn irgendwie kam dann noch der Fackelläufer, entweder kurz vorneweg oder hinterher, also den Fackelläufer haben wir auch gesehen mit dem Olympiafeuer. Und nun weiß man nicht, ob alle Leute nur wegen Adolf Hitler da waren oder wegen dem Fackelläufer.
Nachher hat mich immer geärgert, daß die Österreicher von nichts gewußt haben wollten, und als Kind hatte ich das ja nun erlebt.

Förster, 1916
Im Olympiastadion. Das war ja die Begegnung, die Hunderttausende hatten. Wenn er dann in seine Loge trat und so grüßte. Unwahrscheinliche Begeisterung. Heute frage ich natürlich: Wie war das möglich? Ich neige etwas dazu, emotional zu empfinden, auch heute noch. Damals war ich hundertprozentig, und das waren fast alle. Mitgerissen ja auch durch den äußeren Erfolg, den es ja damals zunächst noch gab. Die heutige Jugend kann das nicht mehr begreifen, Besetzung des Rheinlandes, das erste Mal, daß Deutschland sich kraftvoll zeigte.
Die Sudetenkrise war mir dann ganz unheimlich. Schreckliche Angst hatte ich da. Auch meine Klassenkameraden. Donnerwetter, sollte es jetzt Krieg geben? Rannten da im Oldenburger Park herum.

Lehrer, 1922
Auf der Olympiade, wir saßen in Block 14, und daneben saßen der Führer und das diplomatische Korps, Luftlinie vielleicht

80 Meter. Alle Ferngläser richteten sich auf ihn, jeden Knopf hab' ich gesehen. Mein Vater sagte: »Kuck da nicht immer hin.« Es gab aber auch viele Leute, die ostentativ nicht hinguckten. Sonst wurde im Stadion nicht die geringste Notiz von ihm genommen, die Veranstaltungen wurden abgewickelt, als ob er nicht da wär'. Draußen standen Wagen mit ein, zwei Hundertschaften Leibstandarte bereit, für alle Fälle.

Ich hab' ihn ganz stur angeguckt. Und wenn man ihn stur anblickte, guckte er weg. Er war immer offiziell, nie gelöst. Ich hab gedacht, so jung, wie ich damals war, was ist eigentlich mit diesem Mann?

Fahrzeugschlosser, 1916

Auf den Olympischen Spielen 1936 hat er mir einen Orden überreicht, einen Verdienstorden. Ich habe gedacht: Ich will Politiker werden, und der *ist* Politiker geworden. Weil ein Politiker immer blöd ist, sonst würde er es nicht werden. Der hat doch damals gesagt: »Und somit habe ich mich entschlossen, Politiker zu werden.« Und nur der, der nichts wird, wird Politiker.

Es war ja üblich, daß man ihm die Hand gereicht hat. Wenn ich ihm auf die Hand gespuckt hätte, dann hätt' mich die SS geschnappt, und hätten sie mich vergast. [Lacht.]

Wenn ich den Krieg überlebt habe, dann hab' ich's nicht dem Adolf zu verdanken, sondern meiner Intelligenz. Lieber 5 Minuten feig und 50 Jahre leben.

Als ich dem seine Hand schüttelte, dachte ich: Wenn ich überleben will, dann darf ich nicht allen Befehlen von dem gehorchen.

Bildhauer, 1900

Ich war in den ersten beiden Kunstausstellungen, die das Dritte Reich gemacht hat, in der Jury. In der Jury waren noch drei, vier andere, und da gab es überhaupt keine nationalsozialistische Kunstauffassung, wir haben als Künstler ausgesucht, was uns für die Ausstellung würdig erschien. Da kam die Käthe Kollwitz mit ihren Arbeiten, und die haben wir selbstverständlich angenommen. – Und da kam dann Hitler mit seinem Gefolge und sieht unsere Arbeit und sagt nur: Bitte, meine Herren, denken Sie an die soziale Situation der Künstler, seien Sie nachsichtig. Das war alles, was er sagte.

Ehemaliger SS-Offizier
Unser ganzer Offizierslehrgang 1936 wurde beim Parteitag 1936 auf der Burg in Nürnberg dem Führer vorgestellt, jeder einzeln, wir waren frisch befördert, waren angetreten, er kam: »Das ist Schulze, Meier, Sowieso …« Und er ging da lang, hielt eine kurze Rede, und er sagte: »Ihr seid hier, nicht wahr, erzogen worden und gehört zur SS …« und er machte eine Bemerkung, so etwa dem Sinne nach: Sollte einstmals die Fahne fallen, dann erwarte ich von euch, daß ihr als letzte um mich geschart dasteht …

Studienrat, 1918
Ein Foto hab' ich noch.
Oft hab' ich ihn gesehn, im Deutschen Hof, jetzt wohnt der Faschingsprinz da drin, im selben Appartement. Ich war Jungschaftsführer, und einmal standen wir auf der Treppe in Habtachtstellung, und in drei bis vier Reihen stand das Volk dahinter. Dann bei der Vorführung, da ging er zu Fuß vom Eingang über das Zeppelinfeld bis zur Tribüne, da schritt er denn hin.
Er war eben ein bekannter Mann, nicht besonders heldisch oder sonstwie. Es war eben Hitler, nicht?

Kellner, 1901
Ich war ja im Hotel, in welchem er gewohnt hat. Ich bin Kellner von Beruf gewesen, und da hab' ich dann oben bedient und habe die ganzen Sitzungen mitgemacht. Es waren halt immer kurze

Momente, in denen ich ihn gesehen hab'. Die Parteiführer, die immer alle dort waren, die habe ich dann immer kurz begrüßt und natürlich keinen größeren Vortrag gehalten. Ich durfte auch nichts sprechen von dem, was in den Sitzungen gesprochen worden ist. Hitler war sehr offenherzig und sehr freundlich.

Rentner, 1902
In Nürnberg, auf dem Parteitag, das weiß ich noch: »Und sollte ich mich geirrt haben mit meiner Politik, dann wird mit mir das ganze Volk zugrunde gehn.« Das hat er gesagt.
Der Mann war schon recht gewesen. Sie hätten bloß den Krieg nicht dürfen anfangen.

Beamter, 1912
Dann in Nürnberg, da waren wir als HJ hingeschickt worden. Und die niedersächsische Jugend hat nicht geschrien. Atemberaubend still, das lag nicht in unserer Natur. Da wurden wir furchtbar angepfiffen. Wir hätten »Heil!« zu schreien.

Buchhändler, 1910
Wir waren in Nürnberg zum Parteitag, mit der HJ, und sind durch die Hauptstraße marschiert, die Königsstraße, am Reichshof vorbei. Da stand Hitler auf dem Balkon. Wir waren müde vom Marschieren, hatten ja auch nachts schlecht geschlafen, die lange Bahnfahrt. Von hier nach Harburg, und in Harburg, da kriegten wir einheitliche Klamotten, die Strümpfe paßten irgendwie nicht, da kriegten wir alle einheitlich graue Strümpfe. Hitler stand da, ließ den Arm hoch und wieder runter. Die Leute haben sich dann zusammengerissen, obwohl man müde war und matschig.
Die Strümpfe brauchten wir nicht zu bezahlen, die kriegten wir geschenkt.

Flugzeugtechniker, 1915

Ich bin doch treu marschiert! In Nürnberg, auf dem Parteitag: »Zäh wie Leder, hart wie Kruppstahl«, der Parteitag ist das gewesen, 1936, da war ich bei der HJ. Da hat er die Parade abgenommen. Ich stand im ersten Glied, als er die Front abschritt. Hinter ihm Heß, Goebbels. Göring war, glaub' ich, nicht dabei. Zwei, drei Schritte ist er vorbeigegangen. Bei meinem zweiten Mann neben mir hat er sich etwas aufgehalten, hat was gefragt, wie's dem geht oder so was. Ich konnte ihn durch Blinzeln sehen, vor allem sein Profil, man durfte ja den Kopf nicht wenden. Er war etwas gewöhnlich, fand ich.

Wenn man sich das so überlegt, muß man sich wundern, daß die Leute seiner Umgebung ihn als dämonisch empfanden. Auf mich hat er einen etwas gewöhnlichen Eindruck gemacht. Vielleicht hat er in gewissen Situationen die Ausstrahlung gehabt.

Ich war zur Nazizeit in Holland und in Belgien gewesen, und da war mein Horizont wohl etwas größer. Ich vergleiche Adolf immer mit den heutigen Neureichen. Die kriegen nie genug. Die Altreichen auch nicht, aber die nehmen sich Zeit.

Sicherheitsbeamter bei der Bundesbahn, 1907

In Nürnberg auf dem Parteitag. Ein feiner Mann war er. Akzeptiert. Er ist von den andern »Hitlerchen«, wie heißt er, Himmler … Die haben ihn totgeritten. Die kleinen »Hitlerchen« haben ihn totgeritten. In der Provinz, die kleinen Gauleiter, die haben ihn kaputtgemacht.

Er selbst war nicht aus dem Weg, mit dem hat man Pferde stehlen können. Er war ein Soldat im Ersten Weltkrieg, von dem man sagen kann, er hat einen Beitrag zum Krieg geleistet. Und er hat sich nicht gedrückt. Ich akzeptier' ihn heute noch.

7

Musiker, 1927
1937. – »Schuhsohlen« mit Schlagsahne – das war Frieden.

Kaufmann, 1917
1937. – Ich war von 1936 bis 1938 Maat auf dem »Aviso Grille«, da fuhren die ja alle mit, Göring, Goebbels, auch Hitler. Was mir imponierte, er war ja seefest, die anderen spuckten, er nicht. Einmal wollte sein Marineadjutant ihm Meldung machen auf der Brücke, kriegte aber plötzlich dicke Backen – das fand ich direkt eine Schande. Kammerdiener Linge, wenn der seekrank war, dann habe ich für den ausgeholfen. – Wir als Besatzung kriegten zu Weihnachten ein Geschenk von Hitler geschickt, Gebäck und so was. Unterhalten habe ich mich natürlich nicht mit ihm, manchmal fragte er dann so: »Was gibt's Neues?« oder in der Art, ich stand dann nur stramm und antwortete kurz, etwa: »Jawohl, mein Führer«. Hitler hatte auch so schöne weiche Schaftstiefel, wir hatten ja nur die harten Matrosenstiefel. Einmal standen sie nachts vor seiner Tür, da habe ich die mal anprobiert, wunderbar weich waren die. Der Chefadjutant Brückner, der mich dabei überraschte, wie ich gerade wieder herausstieg, der lächelte nur so.

Kunstmaler, 1914
Hitler. Persönlich. Gut. Ja. Einmal in Hamburg, und zwar mit großem Pomp, durchfahrenderweise, Händeschwenken, unglaubliches Geschrei. 1936. Am Jungfernstieg. Ich stand hinten und dachte: Warum schreien die bloß? Denn zu Hause hatte ich

einen Mann getroffen, der war Schmied, Hufschmied, und der hatte gesagt: »Diese Leute mit den braunen Stiefeln, die waten im Blut, daß die Welt noch lange davon zehren wird.«

Veterinär, 1930
Ich habe Hitler mal gesehen als Schüler, so 1937 oder 38 vielleicht, in Rathenow. Da kam sein Zug durch, und wir sind mit der Schule zum Bahnhof gegangen. Das ging dann aber ziemlich schnell. Einen Schnurrbart habe ich gesehen, mehr nicht.

Lehrer, 1927
1937. – Ich sollte in eine Nationalpolitische Erziehungsanstalt. Ich wurde vorgeschlagen von unserm Lehrer. Was es da alles gab! Die hatten ein eigenes Schwimmbad, und da konnte man fliegen. Ich sagte das meiner Mutter: »Du, Herr Steinmann sagt, ich könnte da zu so einer ganz besonderen Schule gehen.« – »Ja?« sagt sie. »Ja ... So? Warum willst du denn dahin?« – »Da kann man fliegen und hat ein eigenes Schwimmbad, und da kann man viel lernen ...« Das hat der alles gesagt?
»Ja, das ist aber weit weg«, sagt sie, »da kannst du nur ganz selten nach Hause kommen, und da schlafen immer viele in einem Saal, und die sind manchmal rauh. Und lärmen ...«
Sie versuchte, das also irgendwie zu erschüttern, ich weiß nicht mehr ganz genau ... Ich wollte nachher nicht mehr hin. Wahrscheinlich lag das nur an dem Tonfall, wie meine Mutter das sagte. Denn ich erinnere mich an kein Argument, das schlagkräftig genug gewesen wäre. Denn sie wußte in dem Augenblick auch nicht, was sie machen sollte. Man bedenke, mein Vater war in der SPD gewesen, 1933 gestorben, Bürgermeister gewesen und von den Nazis rausgegrault, und nun sollte der Sohn auf eine Nationalpolitische Erziehungsanstalt ...

Pressezeichner, 1920
1937. – Ich hatte ein sehr nettes Verhältnis zu meinen Lehrern. Ich war in der CP, als Pfadfinder, und wir wurden dann zwangsweise in die Hitlerjugend eingegliedert. Anfangs hat man das mitgemacht. Mich hat das dann geärgert, so tun als ob, und da waren auch sehr unsympathische Leute drin, so daß ich dann dachte: Ich tret' aus. Ich hab' das mit meinen Lehrern auf dem Schulhof besprochen: »Das können Sie doch nicht machen! Sie stehn kurz vorm Abitur ...« Und die haben mich dann unter einigen Schwierigkeiten – ich war ein sehr schlechter Schüler – richtiggehend durchgeschleust. Das hat einen großen Eindruck auf mich gemacht, daß die armen Schweine nicht sagen durften, was sie sagen wollten, und anerkannt haben: Der Bengel macht nicht jeden Quatsch mit.

Bibliothekarin, 1924
Ich hatte 'ne Lehrerin, mit der war meine Mutter befreundet. Die hat in der Sexta erzählt, Hitler sei so fromm, der trage in seiner Jackentasche ständig ein Neues Testament mit sich herum. Wir sehen sie auch jetzt noch ab und zu, und dann necken wir sie damit.

Hausfrau, 1930
Ich war ja noch klein. Der Liebste ist ja wohl der liebe Gott, dachte ich damals, dann kommt der Hitler, dann die Eltern. Man kannte das ja nicht anders.
Ich kletterte auf einen Fahnenmast, was eigentlich verboten war, und kriegte ihn zu sehen und wunderte mich, daß er wie ein normaler Mensch aussah.

Angestellte, 1927
Ein hellblaues Kleid. Sofort in den Dreck gefallen. Meine Mutter war schrecklich wütend.

Autor, 1926
1937. – Shirley Temple. Es fing mit Weihnachten an, und sie kriegte 2 Millionen Spielsachen geschenkt, und sie saß inmitten all dieser Spielsachen völlig gelangweilt da, sie hatte keine Spielgefährten. Dann ist sie ausgebüchst und ist zu wandernden Farmern gekommen, und da war sie dann arm und glücklich. Dieses verlogene Ideal, was sie einem vorgemacht haben. Das ging dann so aus, daß sie doch in große Not geraten sind und daß die Mutter von Shirley Temple sie wiederfand und denen da half. Und dann waren sie reich und fröhlich.

Ingenieur, 1921
1937. – Der Schiller-Film hat mich begeistert. Der ideelle Begriff der Freiheit, damit hat man sich identifiziert.

Buchhändler, 1925
Autobahneinweihung 1937. Als Pimpfe wurden wir rangezogen zum Jubeln und waren in großer Erwartung, und 'ne Menge Volk stand und stand und stand. Stundenlang. Und dann hörten wir von ferne, daß was kam, und dann kam die Autokolonne mit Hitler vorn. Und bei uns fuhr er etwas langsamer, und er stand in der üblichen Pose mit dem angewinkelten Arm, machte aber nicht sein lachendes, sondern sein ernstes Gesicht, und wir waren enttäuscht: Mein Gott, das soll alles gewesen sein? Aber – wir haben Hitler gesehen, nicht?

Architekt, 1921
Hitler. – Gesehen? Ach, na ja ... Zur Eröffnung der Autobahn. Ich war als Pimpf im Fanfarenzug, und da haben wir auf einer Brücke gestanden, und als er gekommen ist, mußten wir halt blasen, und da fuhr er unten durch in Richtung Dresden.

Kaufmann, 1904
Auf der Autobahn, bloß von weitem, 100 Meter oder wieviel das war. Ich war allein, die fuhren da durch.
Der war doch hier! [Tippt sich an die Stirn.] Fehler werden immer gemacht, aber doch nicht solche. Lieber Himmel!

Beamter, 1926
Beim ersten Mal 36, da hab' ich ihn an der Kaiser-Wilhelm-Straße in Breslau gesehen, da fuhr er zur Einweihung der Autobahn, d. h. zum ersten Spatenstich. Es war nach der Kirche, wir gingen aus Neugierde hin und waren erstaunt, daß nur spärliche Reihen dastanden und auf die Wagenkolonne warteten. Und als die Kolonne erschien, war bei uns nur Verlegenheit. Ein paar Leute klatschten, und 'n paar hoben die Hand. Niemand wußte, wie er sich verhalten sollte.

Kfm. Angestellte, 1914
Ich war immer politisch sehr uninteressiert, muß ich leider sagen. Ich kann mich aber noch erinnern, daß mit einmal alles so begeistert war, eigentlich waren wir auch begeistert, weil Hitler das ja sehr gut angelassen hatte, er hatte ja für Arbeit gesorgt, da wurden ja die ersten Autobahnen gebaut. Überall gab es Arbeit, und die jungen Leute kamen von der Straße weg, und die Begeisterung war sehr groß. Aber daß wir jungen Leute darüber nachgedacht hätten, was dabei rausbraten würde, das glaub' ich nicht.

Hausfrau, 1915
Ich habe ihn mal gesehen, da hatte er gar keine schwarzen Haare, die Haare waren kastanienbraun. In Hamburg war das. Ich bin Engländerin, habe mitgejubelt, das war ansteckend.

Angestellte, 1917
An einem Tag zweimal. 1936 oder 1937, als die »Gustloff« oder die »Robert Ley« getauft wurde. Oder war er das gar nicht selber? Doch, doch, das muß er gewesen sein. Abends hat er doch in der Hanseatenhalle gesprochen.
Aber ich erinnere mich gar nicht mehr so genau, ob er das wirklich war. Die Leute waren wie besessen. Aber er blieb ganz ruhig. Er blieb ja immer ganz ruhig.
Für mich war das ein großes Erlebnis ... Und das war alles so großartig durchorganisiert.

Lektor, 1914
Ich will Ihnen was sagen: Ich war ungeheuer enttäuscht.
Einmal von sehr nahe, im Künstlerhaus in München. Das war ein Zufall. Da war unten ein Café drin, und es kam der Ober und sagte: Der Führer kommt, ich bitte das Rauchen einzustellen. Dann wurden vier Tische geräumt, an einem nahm er Platz, und die Nachbartische blieben frei.
Ich war dann auf der Toilette, und wie ich zurückkam, da stand er in der Halle mit Ribbentrop, der kam irgendwoher aus Italien, und Hitler stand vor ihm, und das kann ich ganz präzis sagen, bei aller Distanz zu dem Zirkus, ich war so impressioniert gewesen von ihm, daß ich in dem Moment, wo ich auf Armeslänge entfernt war, er mir verblüffend klein vorkam. Und da er einen sehr komischen zweireihigen Anzug anhatte, in dem er keine gute Figur machte, wirkte er wie eine kuriose kleine Figur, eigentlich wie ich ihn mir heute vorstellen würde. Und: was den Eindruck noch verstärkte, daß er vor dem Ribbentrop mit ein-

geschlagenen Armen stand. (Ribbentrop war uninteressant wie immer, der Mende von heute, möcht ich sagen.) Aber der Hitler ... ich hab' von daher ... versteh' ich heute ein bißchen, daß Hitler von der Zeit an nie wieder in Zivil aufgetreten ist. Das war wohl damals der letzte Auftritt in Zivil. Er trug einen hellgrauen Flanellanzug mit einem weißen Nadelstreifen, Doppelreiher, und die Pose war lächerlich.

Hausfrau, 1930
Ja, ich hab' ihn mal gesehen. Das war in München. Er stand mitten in einer Menschenmenge auf einem Podest, oder in einem Auto. Als Mann fand ich ihn nicht sympathisch, fast unsympathisch. Er war furchtbar blaß.
Eine Klassenkameradin war von ihm so begeistert, daß sie in ihre Schulbank lauter Hakenkreuze schnitzte. Diese Begeisterung konnte ich nicht verstehen, als ich ihn sah.

Personalchef, 1929
Wir guckten uns München an. Im Haus der Deutschen Kunst, da ging so ein Raunen durch die Menge: der Führer! Der trank da draußen Kaffee. Wir sind dann auch rausgegangen, da stand der grade auf, wurde eskortiert von schwarzer SS. Ich war enttäuscht, man dachte so an einen braungebrannten, sportlichen Menschen, aber er hatte eine rosige Gesichtsfarbe, es blieb der Eindruck, daß man gar keine Führergestalt vor sich hatte, nicht braungebrannt. Er stieg dann in sein Auto, ein offener schwarzer Mercedes, wie wir ihn als Kinder zum Spielen hatten, im Katalog stand drin: Führermercedes.
Alle erstarrten, und keiner sagte was. Und erst als er aufstand, brüllte alles »Heil!«.
Fast frauliche Gesichtszüge.

Taxifahrer, 1914

1937. – Wenn man sich das vorstellt: Anhalter Bahnhof: Vor dem Krieg kamen hier pro Tag 92 Züge an, reibungslos. Und der ist jetzt stillgelegt.

Ich war vor dem Krieg schon Taxifahrer, ich hatte einen Stöwer mit Außenschaltung. 500 000 Kilometer lief der. Die Wagen wurden angeschafft, um 10 bis 20 Jahre damit zu fahren. Haben auch für damalige Zeit verhältnismäßig viel Geld gekostet. Die mußten gefahren werden, bis sie auseinanderfielen.

Taxifahrer, 1911

1937. – Mit den Pennern haben sie damals ja aufgeräumt. Da hatt' ich auch mal einen, das war gleich am ersten Tag, als ich zum ersten Mal ein Taxi fuhr, der konnte nicht bezahlen. Ich sag': »Was gibste denn als Pfand?« Armbanduhr wollt' er nicht geben, Jacke auch nicht. »Was soll ich nun mit dir machen?« hab' ich gefragt (das war 'ne Zeche von 6–7 Mark). Da sagt er: »Aussteigen lassen.« – Ich sag': »Nee, Freundchen, so leicht geht das nicht.« Und denn bin ich zum nächsten Polizeirevier gefahren. Die Polizisten gingen nach nebenan und kamen wieder und sagten: »Das hat der schon sechsmal gemacht. Fahr man eben 'n paar Runden, bis der Schnellrichter da ist.« Da sagt er: »Kann ich nicht eben nach Hause, Kaffee trinken?« – »Nee, zum Kaffeetrinken haste nachher genug Zeit. Da haste genug Zeit zu.« Ich hab' denn 'n paar Runden gedreht, und dann kam er vor den Schnellrichter und kriegte auf 'n Schlag ein halbes Jahr Gefängnis ohne Bewährung. Da hat er geheult. Die Taxifahrer hätten ihm das so leicht gemacht! – Das hat alles nichts genützt, der wurde verhaftet und gleich ab. Und am nächsten Tag stand's in der Zeitung. Was meinen Sie wohl! Das hat abgeschreckt! Das ging gleich durch die ganze Unterwelt: Schwarzfahren geht nicht mehr.

Kommen Sie heute mal zur Polizei: »Der kann nicht bezahlen.« Die sagen: »Was schleppste uns denn da an? So was mußt du gar nicht erst einladen.«

Förster, 1916
Ich war auf Zimmersuche, in Berlin-Charlottenburg sauste ich herum. Damals wurde das Opernhaus umgebaut, um so was kümmerte sich Hitler ja sehr, Benno von Ahrendt und all diese Leute. Ich kam zufällig da vorbei, sah zwei oder drei Mercedesse da stehen, mit niedriger Hausnummer, und da kamen Hitler und Goebbels aus dem Opernhaus, 20, 30 Berliner standen da rum, die klatschten denn so, wie's heute auch wäre.

Hausfrau, 1907
Unter den Linden, in Berlin, da war so ein Café, wo da so ein Lampengeschäft in der Nähe ist. Und wir saßen da in dem Café, und ich mußte aufs Klo. Und im Klo hab' ich das Fenster so ein bißchen aufgemacht, daß ich da beim Sitzen rausgucken konnte. Und auf einmal fährt der Hitler da draußen vorbei, steht auf dem Auto, und er guckt direkt in das Klo rein und sieht mich da sitzen, wie ich da mit dem nackten Po sitze. Mensch, ich hab' vielleicht das Fenster zugemacht!

Chemiker, 1916
In Berlin hab' ich ihn gesehen, in der Wilhelmstraße, Reichskanzlei, beim Rausfahren. Eine Mischung von Jubel und … Da kam ein Berliner vorbei: »Watt is'n hier los?« »Wir warten auf den Führer.« – Der Berliner: »Ach so.« Das war was ganz Normales für den.

Prokurist, 1909
Einmal in der Staatsoper. »Meistersinger« – oder nicht? Doch, ich glaube: »Meistersinger«. Ich habe ihn von der Bühne aus gesehen; ich sang damals im Chor mit. Er saß im Rang, genau in der Mitte. Die Leute standen alle auf, hoben die Hand und schrien »Heil!«.

Buchhändlerin, 1926

Wir sind mit unserm Auto nach Bayreuth gefahren, und an der Straße stand ein SA-Mann, der wollte mitgenommen werden. Mein Vater hat angehalten und die Scheibe runtergekurbelt und hat gesagt: »SA *marschiert* mit ruhig festem Schritt!«, und ist weitergefahren.

Kunstmaler, 1914

1937 wurde ich Soldat, und durch freundschaftliche Verbindung bekam ich durch Olga Göring Karten für Bayreuth, und da erlebte ich als Gefreiter mit 14 Tagen Sonderurlaub die Bayreuther Festspiele. Da war die ganze Obrigkeit da, und ich saß vier Plätze unter Adolf Hitler. Habe also genau erlebt, wie er da saß mit Herrn Keitel zusammen und sonstigen Leuten, die ich gar nicht alle nennen will.

Kurz vorher war ich über die Mosel gefahren. Der Fährmann hatte mich als einzigen Fahrgast übergesetzt. Und der hat zu mir gesagt: »Soviel Wasser wie die Mosel hat, soviel Blut bringen die zusammen.« Und daran mußte ich denken, als die da oben saßen. »Tristan und Isolde« wurde gespielt. Und Hitler saß da oben, als würde er überhaupt nichts von Musik verstehen. Der glotzte immer so fürchterlich.

Ich halte Hitler für einen Mann, der da hineingeschoben wurde. Die Hintermänner waren viel wichtiger. Es waren ja auch Engländer in Bayreuth und Amerikaner. Superbosse. Überall hörte man englisch reden. Ich habe manchmal gedacht, daß die Chicagoleute, diese Gangster, den Hitler vorgeschoben haben. Mein Gott!

Und in der Pause dies Getue, mit ihren Damen, wie die sich ziemlich allmächtig fühlten, wie die Götter. Und wir hatten ja eigentlich Handgranaten in der Tasche, waren aber klug genug, nix zu machen.

Der Hitler ist mir oft im Traum begegnet. Daß dieser Mann in großer seelischer Not gewesen sein muß, das ist mir dadurch klargeworden.

Dirigent, 1904
Ich habe ihn mal gesehen, wie er mit Mussolini heimfuhr. Wir wohnten am Kaiserdamm, in der Bismarckstraße, und da hatten wir einen Balkon, und von da aus hab' ich den Bruder mal gesehen, das ist das einzige Mal.
Ich muß Ihnen sagen, Berlin war ja damals eine Stadt, die am wenigsten von Hitler erobert wurde, außer vielleicht Hamburg und Bremen. In Berlin gab es zu viele Leute mit Grips, den Berlinern konnte man nichts vormachen.

Kritiker
Ich habe ihn bloß einmal gesehen, das ist in dem Jahr gewesen, als Mussolini nach Berlin kam, 1937 muß das gewesen sein, als ich über den jetzigen Kaiserdamm ging, da kam er angefahren, ich wurde abgedrängt, und da war eine Masse Volk, die schrie und jubelte und: Gleich kommt Hitler, Sie können nicht über die Straße rüber, bleiben Sie drüben ... Und dann fuhr er vorbei und stand also mit dieser bekannten Geste oben, und ich merkte eigentlich nur – vielleicht bahnte sich da schon der kommende Theaterkritiker an: Er war falsch geschminkt, er war extrem braun, das Gesicht war beschmiert, er hatte sich schon fertiggemacht für den Auftritt im Olympiastadion, wo er also dann wohl frisch und leuchtend aussehen sollte. Bloß vorbeifahren, sonst habe ich ihn nie gesehen.

Architekt, 1929
In Rostock auf dem Bahnhof, mit Mussolini zusammen. Wir haben immer bloß »Duce! Duce!« geschrien. Adolf war im zweiten Wagen, der Duce kam zuerst. Ich kann mich nur an das »Duce! Duce!« erinnern. Adolf – das rutschte nachher so vorbei. Viel Gedrängel, abgesperrt, durchschlüpfen durch die Absperrung. Ich war ja noch klein. Das war noch nicht eingedrungen. Eine Sensation war das. So ähnlich wie eine katholische Prozession, so war

die Vorbeifahrt. Aber nicht, daß die Personen damals eine Bedeutung für mich gehabt hätten.
Später dann, am 20. April 1945, sind wir mit flatternden Fahnen durch Rhena gezogen.

Hausfrau, 1896
Wir standen am Bahndamm und warteten auf den Sonderzug mit Hitler und Mussolini, und mein Lütter stand neben mir, und der rief dann »Abessini! Abessini!«, als sie vorbeifuhren. Der hat das durcheinandergekriegt. Und ich rief statt »Heil!« »Hurra!«, wie ich das vom Kaiser her noch kannte, da wurde ich zurechtgewiesen.

Beamtenfrau, 1897
Einmal in Rostock, in der Friedrich-Franz-Straße. Die ist ja so eng. Das muß 1937 gewesen sein, die Herbstmanöver. Wir standen oben auf dem Balkon, und da kam dann Musik und ganze Regimenter SA und SS, und dann kam ein Wagen mit den beiden Führern, Hitler und Mussolini, und nach allen Seiten Geschrei. Eine große Verbrüderung war das.

Ein Mann
Durch Zufall auf dem Bahnhof von Wismar. Wir hatten dort einen Sackbahnhof, und der Zug mußte dort umrangiert werden. Ich kaufte 'ne Zeitung, und da sagte eine Frau: »Da ist Hitler!« – Und da mußte Hitler sich denn ja sehen lassen, weil die Leute »Heil!« schrien.

Unternehmer, 1922
1936/37. – Die Lokomotive war eine 01, das weiß ich noch, weil ich mich für Lokomotiven interessierte, eine 01 mit Ölfeuerung.

Und angeblich soll er in dem Zug am Fenster gestanden haben. Das war zu der Zeit, als der »Fliegende Kölner« eingesetzt wurde.

Beamtenfrau, 1897
In Güstrow hab' ich ihn gesehen, da waren die Leute ja wie wahnsinnig. Ich wollte ja gar nicht hin, aber das war noch in Vatis Hitler-begeisterter Zeit, und dann war da ein furchtbares Hallo, ein Geschrei. Und das wurde immer unterbrochen durch dieses Heil-Schreien. – Das war nach der Machtübernahme, genau, wie er immer gezeigt wird. Ich fand ihn gräßlich, dies ganze Geschrei und Getue, und ich ärgerte mich so furchtbar über meinen Mann, weil der immer schon eine Hakenkreuzfahne am Strandkorb hatte, geniert hab ich mich. – Dies Bombastische und Drumherum hat mich gestört. Dann marschierten die da alle vorbei, und die Leute kamen mit Wagen und Kinderwagen, und alle waren begeistert.

Diakonisse, 1930
Ich habe Hitler 1936 gesehen, da war Manöver, in Munsterlager, da waren wir mit der Schule da, Jungmädelschaft, und möglichst wollte man in der ersten Reihe stehen, und das konnten ja nun nicht alle. Und auf einmal hieß es: »Der Führer kommt! Der Führer kommt!« Und da drängten sie alle nach vorn, damit sie ihn auch sehen konnten. Und da kam ein offener Wagen, ein Mercedes, ich weiß ja nun nicht, was das für ein Wagen war, und Hermann Göring war da drin und der Innenminister Frick, und Hitler stand und winkte, und das war für uns ein Gefühl der Seligkeit.

Wohlfahrtspflegerin, 1905
Da ist er vorbeigefahren. Da haben die Manöver gehabt, hier in der Nähe. Da kann man nicht sagen, daß er irgendwie fürchterlich ausgesehen hätte. Er fuhr vorbei und grüßte die Leute. Es

war für ihn ja sicher gar keine Anstrengung, da in die Nähe zu so einem Manöver zu fahren.

Arzt, 1922
Ich habe Hitler auf dem Bahnhof gesehen, als das Manöver war, da kamen die beiden getrennt, Mussolini und Hitler, und wir mußten jubeln und Spalier stehen.
Was eigentlich am auffälligsten war, das war der Unterschied: Mussolini stand am offnen Fenster, strahlend und winkend, und Hitlers Zug fuhr sehr langsam, und der stand mit weit in die Stirn gezogener Mütze nicht am Abteilfenster, sondern am halb heruntergeschobenen Fenster einer Tür. Ich hab' fleißig fotografiert, und ich hatte auch noch Bilder. Meine Mutter hat die damals rausgerissen aus dem Album und vernichtet. Aber die Lükken sind noch da.

Arbeiter, 1924
Im Herbstmanöver hab' ich ihn gesehen, da mußte sein Zug umrangiert werden, auf dem Bahnhof, da haben wir so rumgelungert.

Prokurist, 1929
Da bin ich mit meiner Oma nach Stuttgart gereist. Das war 1937, im Mai oder so. Da hat sie mich hochgehoben, und dann ist der Kerle da durchgefahren.

Hausfrau, 1897
Goebbels war mit seiner Familie in Heiligendamm, die wohnten im Kurhaus natürlich. Die Kinder waren ja niedlich, die spielten da herum, am Strand.
Eines Tages hieß es: Hitler kommt. Eine Unruhe ging durch das Ganze, es wurden überall Fähnchen angebracht. Wir standen

dann unter der Brücke, die da in die See hineingeht, unter der Holzbrücke, da kam das ganze Gefolge von uniformierten Leuten und Hitler, alle auf diese Anlegebrücke, und wir sahen ihn so von unten. Huldvolle Blicke, nach beiden Seiten gegrüßt. Ging da auf die Brücke und unterhielt sich da mit Frau Goebbels. Ich mochte die ja alle nicht, ich hab' mir das bloß angekuckt. Familie Schröder, nun, die waren ja ganz groß, daß sie das nun erlebt haben. – Der Hitler war gewöhnlich, aber was Mitreißendes hatte er, ich merkte, wie das knisterte, machte eine große Suggestivwirkung, umsonst hätte er nicht so einen Zulauf gehabt.

Hausfrau, 1907
Einmal hab' ich ihn in Heiligendamm gesehen. Da waren lauter hohe SA-Führer oder Parteileute und so miese Frauen dabei. So miese Frauen habe ich noch nie gesehen. Und sie wollten wohl einen Abstecher in See machen, und da sollte Hitler wohl mit, und er wollte nicht und wurde so wütend und hat den Brotkorb, in dem sie belegte Brote drinhatten, weggeschleudert, so wütend, und die Frauen sollten auch weg.
Das war 1937, es war noch kein Krieg.

Musiker, 1927
Für 5 Mark konnte man mit der Fähre von Warnemünde nach Gedser fahren. Das war immer mein Wunsch, der wurde aber nie erfüllt. Noch heute denke ich manchmal daran.

Syndikus, 1902
Mir kann das ja nicht erspart geblieben sein, Hitler zu sehn. Nachts waren wir in Hufen irgendwo, plötzlich gab es Signale, wie bei »Majestät«, und da war gar kein Publikum mehr da, und er fuhr immer noch: so! [Geste], und da war gar kein Publikum da. Ich hab mich totgelacht.

Wirtschafterin, 1908

Wann ist das gewesen, in Essen, als er die Kruppwerke besichtigt hat, kann das 1937 gewesen sein? Ich wohnte in R., und mein Schwiegervater wohnte in O. Und da sind mein Mann und ich nach O. gefahren, um morgens früh genug in Essen zu sein. Goebbels war dabei, Hermann vielleicht auch. Und der Gauleiter. Wir sind privat hingefahren.

Die Menschen waren begeistert, daß nicht einer war, ob groß oder klein, Kind oder Erwachsener, der nicht geschrien hätte. Wir haben morgens schon um vier oder halb fünf an der Straße gestanden, um nur ja an der Bordsteinkante zu stehen, daß einem ja nichts entging. Die Zeit ist einem gar nicht lang geworden, vor lauter Erwartung. Spät kam er dann. Er war freundlich – die Kolonne fuhr im Schritt –, und Mütter mit ihren Kindern liefen vor, die streichelte er oder nahm ihre Händchen. Und Blumen! Alles voll! Aber Absicherung gar nicht. Es war ja von Krieg keine Rede, und er hatte bis dahin ja nur Gutes geschaffen fürs Volk.

Fotograf, 1893

Das sind immer noch Erinnerungen.

Und später hab' ich ihn mal gesehen beim Reichsparteitag, anno 37. Der Hitler war in seinem Hotel, dem Deutschen Haus oder wie das geheißen hat. Und da war der Propagandamarsch nachts um zwölf. Der war schon interessant. Es war halt einmal. Das sind immer noch Erinnerungen. Weh getan hat er mir nicht. Damals war ich noch Berufsfotograf. Fotos von Hitler hab' ich nicht gemacht. So nah bin ich gar nicht rangekommen. Da hab' ich mir eher welche gekauft, wenn ich welche haben wollte. Man ist doch gar nicht hingekommen vor Leuten und Leuten.

Hausfrau, 1898
Nein. – Das heißt, doch! In Nürnberg, Hitler und den dicken Göring. Ich bin in eine Apotheke gegangen und habe gesagt: »Mein Mann will nichts mit dem Hitler zu tun haben, aber ich möcht' ihn gerne sehen, kann ich nicht aus Ihrem Fenster gukken?« – Da lachte der Apotheker und sagte: »Das können Sie gern, und Ihren Mann holen Sie man gleich mit rein.« Er ließ mich nach oben gehen. Und dann hat er 'ne Flasche Wein aufgezogen, und die beiden sind über den hergezogen. Und kaum war der vorbei, da gingen sie an die Ecke, da war ein Weinlokal, und da haben sie sich vollgetrunken.

Lehrer, 1927
1937? – Einmal gab's »Truxa«, eine Zirkusgeschichte. Endlich was Vernünftiges, dachten wir. Und das war ein vernünftiger Film, nichts mit Weibern. Aber dann kam wieder so 'ne verdammte Liebesgeschichte! Und da hab' ich gesagt: »Komm, wir gehn raus, es ist doch wieder dieselbe Scheiße. Wir müssen doch nach Hause.«
Es war jedenfalls eine Zirkusgeschichte. Er war ein Balancekünstler auf dem Hochseil. Truxa. Lange Zeit war es also ordentlich, richtiger Film. Und dann kam dieses Weib da. Ganze Stimmung im Eimer.

Hausfrau, 1922
Dezember 1937 kriegten wir einen neuen Radioapparat, einen riesigen Kasten mit rot leuchtenden Röhren, einen Körting. Als der eingeweiht wurde, kamen alle Freunde und Verwandte, um sich das anzugucken. Und weil so viel Licht im Haus brannte, kam prompt Kurzschluß. Alles duster!

Regisseur, 1926
Als der Weltmeisterkampf Joe Louis gegen Max Schmeling war, da haben wir uns nachts mit'm Wecker wecken lassen, damit wir den hören konnten. Da haben wir uns ans Radio gesetzt und hörten Herrn Schmeling verlieren. Erste Runde gleich k. o.
Es ging ein großes Entsetzen durch ganz Deutschland.

Rundfunkredakteur, 1924
Ich hatte von meinen Eltern den Hitler bekommen, diese Figur, die den Arm rauf und runter machen konnte. Und mit diesem Hitler bin ich in die hintere Kammer gegangen, und da hab' ich einen Galgen gebaut und hab' ihn immer aufgehängt. Den Galgen hab' ich aus Matador-Baukasten gebaut.

Kfm. Angestellter, 1929
Hitler, ist das denn heute noch interessant? Ich sah ihn 1937/38 im Ruhrgebiet. Volksauflauf, schwarzes Auto, an mehr erinnere ich mich nicht.

8

Fabrikant, 1929
1938. – Nazi hin – Nazi her: Als ich 9 Jahre alt war und vom Lehrer hörte, daß Hitler erst seit 5 Jahren Regierungschef in Deutschland ist – ich fiel aus allen Wolken! Ich hatte gedacht, der Mann wär' ewig da.

Hausfrau, 1905
Das ganze Leben hat sich umgestellt. Ich war nicht für Hitler, aber soviel ich mich erinnern kann, haben wir eine gute Zeit gehabt. Wirtschaftlich ging es nach 33 bergauf mit uns, wir hatten keine Arbeitslosen und gar nichts. Jeder konnte sich 'ne Reise erlauben und alles mögliche. Das ganze Leben hat sich geschäftlich für meinen Mann im Guten ausgewirkt, das kann ich nicht anders sagen.

Gastwirt, 1928
Die entsetzliche Situation nach dem Tode meines Vaters. Das riesige Haus, keine Gäste, kein Geld, einen Sack voll Schulden, über die meine Mutter gar nicht informiert war. Mein Vater war ein feiner Verberger und hatte also Hunderte von unbezahlten Rechnungen im Schub. Und ein dauerndes Hin und Her von Gläubigern im Hause, die meine Mutter mächtig peinigten. Da kann ich mich ganz genau dran erinnern. Dann: Dank Adolf, selig, der nationale Aufschwung, an dem wir natürlich auch teilhatten, und zwar insofern, als denn recht flugs, 1935/36, meine Mutter alles heranzog, was möglich war, was Geld brachte, um uns über die Runden zu schaffen. Und zwar machte sie alle möglichen Sachen

mit genesenden Bergleuten aus dem Saargebiet und mit werdenden Müttern von der NSKOV, und da hatten wir natürlich das Haus bis unter die Decke voll, und das war eine sehr erfreuliche Sache. Wenn man in die Tasche faßt und hat 'n Igel drinne, denn ist das schlecht, nicht? Du hast doch lieber das Knistern in der Tasche, das ist logisch, nicht? Insofern waren die Jahre 36/37 und natürlich das goldene Jahr 38, wo man also echt das Gefühl hatte, aus'm Brand zu sein, wo man hoffte, daß die Weichen gestellt sind und es 'ne ganze Weile schön geradeaus geht, daß also nach alter Väter Sitte: Pfennig, Pfennig, Pfennig, Groschen, Groschen, Groschen, Mark, Mark Mark und denn 'n bißchen mehr sich aufhäuft. Das Gefühl hatte man eigentlich.

Oberst

1938 war ich im schönen Kissingen. Die Bäder, Massagen, Bestrahlungen, Moorbeutel, Spaziergänge usw. haben mir sehr gut getan. Den Rakoczy-Brunnen konnte ich aber nur schlecht vertragen, zum Schluß mußte ich ihn ganz aufgeben.
Abends waren immer gute Veranstaltungen im Kurtheater. Morgens um 7 Uhr wurde von der guten Kurkapelle am Brunnenhaus ein Choral intoniert, und die Versammelten nahmen – soweit vorhanden – die Hüte feierlich ab und verharrten im Stillgestanden, bis der Morgenchoral zu Ende gespielt war, um dann in lebhafte Gespräche verwickelt mit ihren gefüllten Brunnengläsern zu brillieren. Damals war das Publikum erstklassig.

Arzt, 1921

Den hab' ich erlebt beim Gauparteitag in Dessau, da marschierten wir mit der HJ in Zwölferreihen mit Hochgefühl an ihm vorbei. Er stand im Auto, so in der typischen Haltung, das faszinierte irgendwie, es fühlte sich jeder angesehen.

Volkswirt, 1928
Ich hab' ihm sogar mal die Hand gegeben. Das war in Magdeburg auf dem Hauptbahnhof. Da hielt der Zug. 10 Jahre alt war ich da. Das war Zufall. Wir wollten woandershin, der Bahnsteig war abgesperrt, und ich bin über die Absperrung gestiegen, und einer von den Bullen hat mich hochgehoben, ans Fenster des Zuges, und der Hitler hat mir die Hand gegeben.
Was mir im Gedächtnis geblieben ist, das ist die babyrosa Farbe des Gesichts.

Kaufmann, 1926
1938. – In unserer Klasse hing ein Foto, von uns, wie wir am Zug stehen und ihm zujubeln, deshalb ist mir das haftengeblieben. Er kam ans Fenster, und anstatt nun was zu sagen, grüßte er – so – und verschwand wieder. Vorher sahen wir Goldfasane hin- und herfliegen, und dann kam der Stellvertreter. Da waren wir enttäuscht, aber immerhin, den hatten wir wenigstens gesehen.

Maschinenschlosser, 1922
In Hagen hab' ich ihn gesehen, 1938, Parade der Leibstandarte, in Zwölferreihen. Da konnte man 'ne Meßlatte ranlegen, wie die die Beine schmissen, und denn so schwarz und alles Zwei-Meter-Männer. Wie so Affen.
Adolf stand auf der Tribüne und hat gegrüßt. Die Todgeweihten kamen vorbeimarschiert. »Ave Caesar, morituri te salutant.« Die Leute hatten doch alle Angst damals.

Lehrer, 1915
Hitler? Ja, natürlich. Auf dem Gauparteitag in Stettin. Da haben wir von Lauenburg die Feierstunde gestaltet, 360 Sänger. Ja, ein Bekannter besorgte mir eine Karte für die Ehrentribüne, und da habe ich dann Hitler etwa vier Stunden lang von hinten gesehen.

Mein Eindruck? Ja, Gott, das war damals 38, da war man ja hell begeistert. Wir waren ja alle in der Partei, sonst wurde man gar nicht zur zweiten Lehrerprüfung zugelassen. Von unserm Kursus haben sich nur vier geweigert. Was mit ihnen wurde? Sie mußten abgehen, andern Beruf ergreifen.

Pastor, 1928
Das war, als Hitler mal nach Stettin kam. Das hat mich sehr beeindruckt, weil alle Leute schrien und mein Vater unerwarteterweise plötzlich sagte: »Eine Gestalt aus dem Wachsfigurenkabinett.« Von da ab war ich immun.

Oberst, 1895
Ja. Bewunderung hatte ich für ihn. Was er wollte, war ja auch nicht schlecht. Er war ein faszinierender Mensch. Ich sah ihn als Begleitoffizier des Generals von Kluge im Hamburger Rathaus. Da stand ich hinter dem General, so auf Lücke, und sah, wie der Führer jedem einzelnen die Hand gab. Das war beeindruckend. Er hatte ganz große, tiefblaue, ganz dunkelblaue Augen, solche Augen muß auch Friedrich der Große gehabt haben. Mit seinen dunkelblauen Augen kuckte er die Leute dann ganz durchdringend an, und die waren wie hypnotisiert, wie der Frosch vor der Schlange, um diesen häßlichen Vergleich zu gebrauchen. Er hatte auch Überzeugungskraft.
Jahre vorher habe ich ihn einmal im Exporteurverband gesehen. Da hielt er eine große Rede. Ich war natürlich in Zivil da. Vorher diskutierten diese Kaufleute alle: Gott, was will dieser Mensch eigentlich. Aber als er dann sprach, war das so überzeugend, was er sagte, und er wußte sie so zu packen, daß es totenstill war, und hinterher gingen sie alle auseinander: Der hat wirklich recht, so ist es.

Buchhändler, 1929
Ich weiß ganz genau, daß das interessant ist für Sie.
Die Frage nach Hitler assoziiert in mir einen kleinen Klappstuhl mit 8 Sprossen, den hatte meine Mutter für den 1. Mai (?) 1939 vor dem Esplanade-Hotel in Hamburg gekauft, damit ich auf den Stuhl klettern und aus der 6. Reihe, über die Zuschauer hin, Hitler mit Franco beobachten konnte. Ich war 10 Jahre alt. Ich habe knapp die Mütze von ihm gesehen, aber diese Massen und die Disziplin der Massen hat uns fasziniert.
Was nachgeblieben ist, ist nur noch das Hitlerstühlchen. Damit spielen unsere Kinder jetzt.

Lehrer
Die Anlässe glichen sich aufs Haar: In Bremen standen wir als Schüler bei Gelegenheit des Stapellaufs des Ostasiendampfers »Scharnhorst« am Wall zwischen Herden- und Ansgaritor Spalier; in Hamburg war es der Panzerkreuzer »Tirpitz«, und wir standen als Soldaten am Holstenwall Absperrung. Einmal war es Göring, einmal Hitler, dieser – glaube ich – in Hamburg, und ich bin nicht einmal sicher, bei welcher Gelegenheit die nachfolgende Episode passierte. Wir standen also und warteten und warteten, wie üblich. Dünne Menschenkette. Dann Kradfahrer, Bewegung in der Menge, Köpfewenden, Hälserecken, Armerecken, gespannt, aber hanseatisch gemessen, Stille – Stimmung etwa: »Kiek, dat is he!« Aber ein BDM-Mädchen, das die Stille nicht ertragen mochte, versuchte, den aus der Wochenschau gewohnten Volksjubel zu entfachen, und schrie einsam und mit überschnappender Stimme einmal: »Heil!« Doch wollte niemand einstimmen, und so blieb der Ruf in der Luft hängen, etwa wie in Conrad Ferdinand Meyers »Schuß von der Kanzel« das Pulverwölkchen unterm Kirchengewölbe, und hat sich dauerhaft in meiner Erinnerung eingenistet.

Bahnbeamtin, 1921

Ob ich Hitler gesehen habe und wie das war?
Hitler sah ich nur einmal, anläßlich des Horthy-Besuchs in Hamburg. Wir warteten sehr lange in einer riesigen Menschenmenge Ecke Neuer Jungfernstieg/Esplanade, bis die Wagenkolonne kam. Admiral von Horthy und der Führer standen im Auto. Hitler war eher klein, sah aber fabelhaft aus – im Augenblick des Vorbeifahrens. Mütze tief im Gesicht, Bart schwarz, Teint hellbraun. Als alles vorüber war, meinte eine ganz Einfältige, ob er sich möglicherweise wohl geschminkt haben könnte? Wir Mädchen waren empört, allein schon der Gedanke!

Kaufmann, 1926

Ich hab' ihn gesehen, als er in Hamburg den Admiral Horthy vom Schiff abgeholt hat. Ich war Hitlerjunge, unser Fähnlein war da hinzitiert zum Papierfähnchenschwenken. Das waren Sekunden. Ich fand keine Diskrepanz zwischen dem Offiziellen und dem Persönlichen. Er war eine Mischung von Muß und Wollen in unserer Beteiligung. Das kam wohl auch daher, daß unsere Einflüsse von der naiven Bewunderung unseres Lehrers für Hitler und der Skepsis meines Vaters, der Freimaurer war, herrührten.

Hausfrau, 1902

An Hitlers Geburtstag hatte mein ältester Sohn Geburtstag, und da konnte der niemals richtig feiern, er war ja in der Hitlerjugend –, an dem Tag mußten die immer antreten und marschieren, der hat den verflucht! Morgen werde ich mit ihm telefonieren, der ist ja in Hawaii – und der hat das noch immer in schrecklicher Erinnerung, sagt immer: »Weißt du noch, Mutti, wie wir immer dahin gehen mußten, diesen Hitler sehen?«

Kaufmann, 1931
Wir haben ihm ein Glückwunschtelegramm geschickt, die gab's auf der Post zu kaufen, 1938, zu seinem 50. Geburtstag. Jedes der Kinder eins.

Eine Frau, 1907
Ich treffe Kollegin Anka, ehemals Geliebte des Propagandaministers und oft in Gesellschaft Hitlers: »Mitkommen, Frau Ruth, Führers Geburtstag!« – Was treibt einen Nichtsympathisanten zu einem solchen Ereignis? Nichts als Neugier. – Eine Blumenfrau mit einem Korb voll Schlüsselblumen: strahlendes Gelb zwischen grauen Mauern: »Führers Lieblingsblumen!« Ich dachte immer, der Blaue Enzian oder das hochgemute Edelweiß … aber woher nehmen in Berlin? Also Primeln. Alle kaufen. Der Platz vor dem Schauspielhaus, zwischen Französischem Dom und Deutschem, hieß er nicht früher »Gendarmenmarkt« und heute »Reichskanzlerplatz«?
Volk und Volk. Hab immer Angst gehabt vor viel Volk, und suchte Schutz an einer Wand. Volk fing an zu brüllen, schwenkte Primeln, und da – auf dem von Speers Genie gestylten Balkon das Geburtstagskind! Braun-khaki und schlammfarben, heller, grauer Schlamm. Es brüllte das Vok, *seines,* brüllte. Man schwenkte Primeln, schwitzte, verdrehte die Augen. Gott sei Dank war es so eng, daß ich den Arm nicht heben konnte. Was der Schlammfarbene brüllte, konnte man nicht verstehen, aber man erlebte, was Hysterie heißt. Primeln flogen in die Luft, wurden zertreten. Ich konnte mich befreien und war um eine Erfahrung reicher: VOLK.

Verkäuferin, 1913
Hitler sollte kommen, und wir vom Ruderverein waren alle angetreten, und der Gute kam nicht. Nach Bremen wollte der nie kommen, der hat scheinbar Angst gehabt oder was, irgendwie stimmte was nicht.

Beamter, 1912
Einweihung VW-Werk 1938, ich war ja Unterbannführer, was glauben Sie denn. Da hat er mir imponiert, weil der Bursche die soziale Masche drehte. »Dieser Wagen kostet 900 Mark, und jeder wird ihn fahren können ...« Ich hab mir ausgerechnet, als junger Lehrer – in unserm Dorf gab es damals drei Autos! –, da kannst dir dann und dann das Dings kaufen. Diese soziale Masche.
Da standen die ersten Wagen, und Hitler drehte die erste Runde im Stadion. Die Staatsführung denkt dran, dem einfachen Bürger zu einem Auto zu verhelfen, gleichzeitig die Autobahnen zu bauen und die Arbeitslosen zu beseitigen. Beweisführung, Anschauungsmittel und Darlegung waren so faszinierend, daß man sich der Sache nicht entziehen konnte.

Ein Mann, 1902
Zu diesen ... Reden, wenn er irgendwo Reden hielt, dann mußten wir gehen, und wenn wir nicht gehen, dann wurden wir ja dauernd bespitzelt, dann flogen wir aus dem Werk raus, nicht wahr. Und dann sind wir dagewesen, da hatte ich dann eine besondere Taktik – ich konnte dies Biest nicht leiden, ich hatte den schon längst durchschaut, nicht wahr –, und dann bin ich die Versammlung reingegangen von einer Tür, und dann durch den ganzen Saal, wo die ganzen Leute versammelt waren, und dann durch die andere wieder raus. Das heißt also, ich bin ja dagewesen, nicht wahr, und ob ich mir das Gesabbel anhörte – es war ja immer dasselbe: »Wir müssen und wir wollen und ...« [Hitler nachahmend, nicht zu verstehen.] Also schrecklich, und eine entsetzliche Stimme hatte der Kerl ja! Und dann hatte er diesen schönen Goebbels, nicht, mit diesem Klumpfuß da, und der hatte eine gaaanz einschmeichelnde Stimme, so eine wunderbare Stimme, und damit hat er immer alle betört, und dann hat er den Leuten immer das Blaue vom Himmel runtergelogen, bis ihm nachher dann direkt gesagt wurde: »Wenn eins eintrifft, dann werden wir Ihnen glauben, aber wir glauben Ihnen gar nichts mehr«, nicht? – Aber die Leute waren ja irrsinnig.

Ja, also, da habe ich den immer gesehen, diesen Kerl – also manche sagten, der übt eine Faszination aus; ja – eine *bösartige* Faszination! Ich bin ein viel zu nüchtern denkender Mensch, als daß er auf mich 'ne Faszination ausgeübt hätte, also wenn ich den Kerl schon *sah!* Denn hätt' ich den schon ermorden können, ja. Aber wir mußten ihn ja über uns ergehen lassen, vor allen Dingen in den Werken, das heißt, in unserm Hause war er natürlich nicht da, denn er hat ja nur auf großen Versammlungen geredet. Aber das wurde übertragen, und dann mußten wir alle dasein, dann mußten wir in einen bestimmten Raum, und dann mußten wir alle dasein und mußten uns das Gesabbel anhören. Also, das war furchtbar. Wie gesagt, wenn er zu großen Versammlungen kam, und da kam er ja natürlich oft, war ja 'ne große Stadt, Königsberg, nicht wahr, dann wurden wir hinbeordert, dann mußten wir gehen.

Kunstmaler, 1926
Der Film »Der Verräter«. – Da kommen drei, wahrscheinlich Agenten, nach Berlin, und in einem Waldstück vor Berlin wird dem einen noch so eine Weltkriegsspange angesteckt, die unsere Väter trugen. So ein Bändchen, das hatte man hier so im Knopfloch. Ich weiß noch, er steigt aus dem Auto aus und: »Hallo, hier, das Wichtigste!«, und da wird ihm das angesteckt. Es wird dann eine Werkspionage geschildert. Eine sehr schöne Szene darin, die zeigt, daß die Nazis so was auch humoristisch auflockern konnten. Die Hoteltür öffnet sich, und man denkt, jetzt kommt einer mit 'ner Maschinenpistole herein, man sieht nur den Lauf. Dann geht die Tür 'n bißchen weiter auf, da ist es die Putzfrau, mit dem Staubsauger. Was dann aber wieder bei den Spionen, die ja Ausländer sind, was dann die Spione lächerlich machen soll, indem sie sich erschrecken, und dann ist es nur die Putzfrau.
Später dann Verfolgung durch Kriegsflugzeuge und Abschuß der Maschine, mit der der Spion floh.

Offizier
Ich war 1938 auf der sogenannten Kriegsakademie, wir nennen es heute Führungsakademie, Ausbildung für Generalstab. Und es war wohl üblich, daß Hitler jeden der Jahrgänge sah und ihm einen Vortrag hielt. Ich war der Älteste dieses Jahrganges, und wir waren, ich glaube, in der Kroll-Oper versammelt, nachmittags, und die Dinge gingen schon dadurch schwierig los, daß der Adjutant von Hitler mir sagte: »Wenn Sie dem Führer melden, dann machen Sie bitte den Deutschen Gruß und bringen ein ›Heil‹ aus.« Mich ärgerte das, und ich sagte, das ist gegen die Vorschrift, und meldete ihm, wie ich es gelernt hatte. Das war sehr merkwürdig. Hitler war dann ausgesprochen verlegen, er fühlte sich irgendwie in einer fremden Umgebung, und er brauchte auf dem Podium ein paar Minuten, um zurechtzukommen.
Wir waren dann abends bei ihm in der Reichskanzlei eingeladen, und da war eine Tischordnung, und dann nachher stand er auf und ging rum, sah mich, ließ sich einen Stuhl holen und setzte sich neben mich, aus welchen Gründen, weiß ich nicht, ob er sich an mich erinnerte als der, der ihm da gemeldet hatte, oder ich weiß es nicht. Und wir kamen ins Gespräch; er hatte uns erzählt, es war gerade an dem Tag damals der Besuch des tschechoslowakischen Staatsmannes ... und er sagte dann, es wäre die Geschichte doch immer dadurch geprägt worden, daß irgendein Volk ein anderes erobert hätte und dann dieses beherrscht hätte, das wäre doch die normale Staatsbildung, und dann sprach er voller Verachtung, aber Befriedigung über die Engländer, vor denen brauchte man ja eigentlich keine Angst mehr zu haben, es hätte in Oxford ein Studentenparlament abgestimmt, ob sie in einem nächsten Kriege His oder Her Majesty's Government unterstützen würden oder nicht, und da hätten, ich weiß nicht, 68 Prozent der Studenten nein gesagt. Und da wir ja wissen, Studenten sind immer der nationalste Teil eines Volkes – damals war das noch so –, da kann man sich ja ausrechnen, wenn man jetzt die *Arbeiter* abstimmen ließe ... Und darauf sagte ich nur: Mein Führer, eigentlich beweist die Geschichte das Gegenteil, die Eng-

länder haben eigentlich, wenn ich recht sehe, von Napoleon angefangen bis in den letzten Weltkrieg, in dem sie sogar gesiegt haben, sich sehr brav gehalten.
Mein Eindruck damals war, daß man ihn entweder eigentlich – ja beinahe lieben mußte, sich durch ihn faszinieren ließ, oder aber, was mein Gefühl war: Mit dem Kerl möchte ich nie etwas zu tun haben.

Ein Mann, 1923
Wassersport, Berlin, Potsdam. Rudern. Wanderfahrt. Havellandschaft.
Und: Tanzstunde bei Baron von L., mit Ordensstern! Mit Mädchen nach Hause bringen und Konditorei. Oder Eisdiele. Mehr Eisdiele als Konditorei, das kam damals auf.
Wie man sich mit den Mädchen traf. »Regatta«-Zigaretten, ganz teuer. Blaue Schachtel mit silbernem Aufdruck. Des Kaisers »Meteor«, die Segelyacht, die war da so eingeprägt.
Der Schlager der Saison war »Rosamunde«.

Hausfrau, 1927
In Quedlinburg, das war peinlich. Wir hatten eine Engländerin zu Besuch, und die wollte Adolf gerne seh'n. Wir fuhren also in ihrem klapprigen Wagen dahin.
Vorher kamen SS-Leute mit Motorrädern und dann der lange Wagen, war das 'n Horch? Furchtbar groß für unsere damaligen Verhältnisse, denn es gab ja nur solche mit Vorderlader.
Peinlich war das, weil die Kinder, die da überall aufgestellt waren, nichts sagten, als da die Wagenkolonne um die Ecke bog. Sie sagten nichts und riefen nicht »Heil Hitler!«. Und sein Gesicht war versteinert.
Die Engländerin sagte, sie hätte sich's anders vorgestellt, warum wir nicht alle jubelten, wollte sie wissen. Sie hatte das erwartet.
Als der Heinrich da ausgegraben wurde, da hat man noch schwar-

ze Haare gefunden, und er war so klein, viel kleiner, als man sich den vorgestellt hatte. Und schwarzes Haar!
Das muß 1938 gewesen sein.

Lehrer, 1928
Auf dem Osnabrücker Bahnhof. Da hab' ich ihn wohl gesehen, aber es hat keinen besonderen Eindruck hinterlassen. Ich hatte kein Verständnis für Hysterie, das hab ich heute noch nicht. Ich glaube, Mädchen sind anfälliger. Ich war emotionslos dafür. Meine Mutter war ganz dagegen. Sie hat nie ein Wort dagegen gesagt, aber trotzdem wußte ich, daß da was nicht in Ordnung war.

Kaufmann, 1924
1938, Einweihung des Augsburger Stadttheaters. Da mußten wir absperren. Hände überkreuz und ins Koppel des andern gefaßt. Und nachher durfte ich mit ein paar andern Pimpfen ihm die Hand schütteln.
Ich war deshalb so begeistert von Hitler, weil ich in Opposition zu meinem Vater stand. Der hatte eine Frau, die unter die Nürnberger Gesetze fiel. Heute denk' ich anders darüber, natürlich.

Eine Frau, 1907
Zurück von einer Tour auf die Marmolada. Unser Wirt in Canazei, Franco Dazulian, hatte gerade von dem Anschluß Österreichs erfahren. Und ich bekam eine Lungenentzündung. Auf der Marmolada war es eben sehr, sehr kalt. Die hielt mich für eine Zeit in einem Hotelchen in Bozen zurück, wo ich mit Hilfe eines kleinen jüdischen Arztes und der guten Luft in Oberbozen schnell wieder in die Reihe kam … Zurück über Innsbruck, wo ich zwei Tage bleiben wollte, um die Olympiastrecke Patscherkofel und Hafelekar mal abzulaufen. Innsbruck, Hotel »Arlberger Hof«, gegenüber dem Bahnhof. Reges Treiben in den

sonst um diese Jahreszeit nicht allzu belebten Straßen. Überall wird gehämmert, gebohrt, gewerkelt, Tribünen werden errichtet. »Der Führer kommt doch morgen!« Auf dem Seilbahnweg zum Hafelekar treff' ich auf eine Gruppe braungebrannter Burschen. Ich, aus dem »Altreich« kommend, werde gefeiert und aufgefordert mitzuhelfen bei dem Stecken von Fackeln zu Führers Ehrung. Ausgerechnet ich!
Allein steige ich in die Höhe, während die Burschen auf freier Fläche emsig wirken. Die Abfahrt vom Hafelekar ist grausam, ich fliege hin, rappele mich auf ... Gegen Abend wieder in der Stadt. Alles starrt verzückt gen Hungerburg. Da leuchtet das Gebilde, das mitzugestalten ich aufgefordert worden war. Ein Riesenhakenkreuz. In den Augen der Emporstarrenden Tränen. »Endlich! Heim ins ...« – Nachts um vier klopft es an meiner Tür. Polizei. »Wir müssen kontrollieren, wer hier im Hotel wohnt. ER kommt doch hier vorbei.« Mittags hatte ich mir ein Paar dauerhafte Wanderschuhe gekauft aus dem Schuhhaus Levy. Der Namenszug der Firma trug mir einen Verweis der Kontrolleure ein. Am Morgen am Bahnhof treffe ich den Kollegen »Uschi« aus Berlin, den wir die »Flatternden Fahnen« nannten, weil alle seine Jubelartikel des »Reiches« mit diesen Worten begannen. Er war schon ziemlich blau und machte gefährdende Bemerkungen über das Ereignis.
Ich begab mich auf den Patscherkofel, diesen sympathischen Rundberg hinter Innsbruck. Traf bei der Abfahrt einen einsamen Skiläufer, der noch nicht wußte, ob er nun für oder gegen den Führer sein würde. Sehr vorsichtig brachte ich gewisse Bedenken vor.
Im Arlberger Hof viele Fremde. Ich bestellte einen Mokka – in diesem Augenblick ging das Gejubel los, alles drängte zum Fenster, ich saß genau dort. Auf langsamen Reifen fuhr A. H. vorbei, sechs bis sieben Meter von meinem Platz entfernt, mit steifem Arm sein liebes Tirol grüßend. Wieder dieses merkwürdige grauschlammige Gesicht, diese Puppensteifheit, diese Starre, dieser durchgedrückte Rücken, unbeweglich, selbst die Klangwellen des

Jubels brachten diese Figur nicht zum Wanken. Da ich meinen Friedensmokka in der rechten Hand hielt, konnte ich die Hand nicht erheben zum Deutschen Gruß. Mit dem Abendzug zurück in den Norden. Aus allen Tälern rund um Innsbruck waren die Bauern gekommen in ihren wunderschönen Trachten, den stolzen Hüten, dem alten Schmuck, den neuen Täuschungen. Eine schöne alte Bäuerin sagte zu mir: »Gell, der ist mehr als der Herr Jesus.«

Eine Frau, 1923
Ich habe Goebbels 1938 in Innsbruck gesehen. Da fuhr der … alles stand an der Straße, da kam er angefahren, alles schrie und jubelte, langsam fuhr er vorüber, und wir waren froh, daß wir ihn gesehen hatten. »Nun kann uns nichts mehr passieren«, dachten wir. Die Bevölkerung freute sich, das war ganz spontan.

Kaufmann, 1932
Ich war in Mauerkirchen, 12 Kilometer von Braunau, da hab' ich Führers Geburtstag erlebt, und da sah ich Bötchen auf dem Inn und mußte 8 Tage Lokus schrubben, weil mich die Bötchen mehr interessiert haben als der Adolf. Bei den Pimpfen war das. Ich hab' da immer zu den Bötchen hingeguckt statt zum Adolf. Heut' noch seh' ich Bötchen gern.

Ein Mann, 1914
März 1938 in München, auf der Einfahrt nach der Heim-ins-Reich-, nach der Österreich-Sache. Unheimlich viel Menschen. Hitler vorn im Wagen, dahinter Göring, alle mit erhobener Hand, durch die Spaliere der SA- und SS-Leute, es war Abend, die trugen Fackeln. Ein eisernes Gesicht. Kam sich vor wie ein Imperator.

Bibliothekar, 1922
Das war vor den Wahlen zum Anschluß von Österreich. 1938 im März. Ich war im Jungvolk, gelangweilt, und da fuhr er an der Südseite des Doms in Köln vorbei, am Chor also, stand im Auto, wie man das gesehen hat, ich war 15 Jahre alt.
Die Sache hatte etwas Faszinierendes an sich, weil alle Augen sich auf einen Mann richteten, der schlicht und überzeugend dastand, ohne Hast, geradezu beruhigend. Dies braune Haar. Er fuhr langsam vorbei, dies übliche Handaufheben, großer Jubel, durchaus verständlich.

Beamter, 1906
In München, 1938, nach der Österreich-Geschichte. Abends. Es war geisterhaft, 'n bißchen komische Beleuchtung, am Marienplatz. Unwirklich. Vielleicht kommt es einem heute so vor. Es war unheimlich.

Apothekerin, 1912
Ich hatte sogar die Ehre, als er im Haus der Deutschen Kunst war, da hat er Kaffee getrunken. Ganz aus der Nähe. Ein fieses Mannsbild, hab' ich gedacht.

Schriftsteller, 1920
Eine »Autokaskade« war das durch die Prinzregentenstraße, wir waren zufällig da. Immer ein Auto und dann ein Sicherheitsauto. Ich war negativ erschüttert, ich hatte noch nie ein so nichtiges Gesicht gesehen, ich versteh' auch heute noch nicht ... Ich meine manchmal, das war ein Loch, in das man was hineingekippt hat.

Verleger, 1913
In München, als er sich mal eine dieser Baustellen ansah. Da hatte er einen Velourshut auf und einen schlechten Sportanzug an. Was hat der Mann für eine schlechte Haltung! Und was ist der klein! hab' ich gedacht.
Der war kleiner als Sie. Wie groß sind Sie?

Ministerialdirigent, 1927
»Der Freischütz«, das war meine erste Oper. Die Hauptheldin war eine dickliche Mamsell mit Zöpfen.
Die Szene, wie der die Kugeln gießt in der Wolfsschlucht. Bleiernes Nachtschwarz. Und der Platz, wo der die Kugeln goß, war in silbernes Licht getaucht. Von irgendwoher ertönte dann die Stimme: »Samuel hilf!« – und das hat mich erschreckt.

Buchhändlerin, 1920
Mein Vater war begeisterter Nationalsozialist. Als leitender Mann vom Rundfunk kannte er Hitler persönlich, sie haben sich furchtbar viel unterhalten über Deutschlands Zukunft.
Meine Mutter war nie Nationalsozialist. Einmal waren sie bei Hitler eingeladen, da sagte mein Vater hinterher: »War das nicht herzlich? Diese herrlichen blauen Augen?« – Und da sagte meine Mutter: »Das fand ich nicht, der hatte kalte Fischaugen.«

Arzt, 1925
Ich war in Berchtesgaden auf Urlaub, 1937 oder 1938, mit meinen Eltern. Da hieß es: Hitler kommt, und zwar mit der Bahn. Er stieg aus und ging in seinen Wagen, ich hab' ihn gesehen, wie er aus der Bahnhofshalle kam. Volk jubelte. Hab' mich durchgeschlängelt in die vorderste Reihe, hatte eine kleine Kamera bei mir, Marke SIDA, 1,50 Mark, quadratisches Format. Und damit hab ich ihn geknipst. Ich habe ihn eigentlich gar nicht richtig

gesehen, weil ich immer durch den Sucher kuckte, ich sah ihn immer verkleinert. Nachher dann auf dem Bild. Zweimal hab ich ihn knipsen können. Leider sind die Bilder verbrannt.

Sekretärin, 1922

»Wir müssen auf den Obersalzberg, wir müssen Hitler sehen!« sagte mein Großvater. »Heinrich, du kommst doch mit, nicht?« Mein Vater wollte nicht mit, aber er ging dann doch mit, die beiden verstanden sich ja ausgezeichnet.

Also, wir auf den Obersalzberg, und dann haben wir da gestanden und gestanden und gestanden, und dann sahen wir in der Ferne Göring und Goebbels mit'm Schäferhund spielen. Das haben wir uns angeguckt.

Dann kam Hitler, und wir sind alle an ihm vorbeigegangen. Er faßte jeden ins Auge, und die kleinen Mädchen rief er: »Komm mal her!« Und mit der einen ließ er sich fotografieren. Das war eine blonde. – Und dem kleinen Bernhard rief er zu: »Wo kommst du denn her?« Der hat gar nichts geantwortet, so verdattert war der.

Und dann sind wir frohgemut runtermarschiert und haben Torte gegessen.

Jurist, 1944

Das hat mir meine Mutter erzählt, daß eine Freundin von ihr mal in Berchtesgaden spazierengegangen ist, und sie wußte nicht, daß Hitler dagewesen ist, und ging also da spazieren und kam so um 'ne Buschgruppe rum, und dann kam ihr Hitler in Begleitung von einigen andern Leuten entgegen, und sie grüßte dann, und Hitler nickte ihr zu. Und diese Freundin sagte ihr nachher also, sie hätte, wie immer, die blauen Augen und so, sie wäre ... also irgendwie wär' sie fasziniert gewesen. Der Eindruck, den der Mann gemacht hat, muß doch also sehr, sehr stark gewesen sein.

Buchhändler, 1925
Ich hab' ihm meine Patschhand gegeben. Auf dem Obersalzberg. Mein Vater wollte unbedingt rauf, er sagte: »Da müssen wir hin.« Viele Menschen waren da, die wollten alle den Hitler sehen, und SS-Männer suchten ein paar Kinder heraus und brachten sie zum Hitler. Da war ich auch dabei und hab ihm eben die Hand gegeben.

Eine Frau
Ich wohnte in Berchtesgaden, aber für uns war der Salzberg zum Pilzesammeln da und Spazierengehn, und wir haben uns gewundert und geärgert über das dauernde Gefrage nach den hohen Persönlichkeiten.

Arzt, 1925
Ein Studienrat von unserer Schule war in Berchtesgaden gewesen und auf dem Obersalzberg. Da wurde der Führer geknipst, jeweils mit einem Jungen. Die zeigten das denn rum: Ich mit dem Führer. Ja, das wurde gemacht, das passierte nicht häufig, aber das wurde gemacht. Das war ein Heiligtum.
Wir machten uns eigentlich über den Jungen lustig. Über den Jungen, weil das eitel gedacht war. Aber Hitler war das Heiligtum. So aber hätten wir das damals nicht formuliert.

Buchhändler, 1924
1938 gehörte ich zu einer Hitlerjugend-Abordnung, die unserm »geliebten« Führer auf dem Obersalzberg zum Jahreswechsel einen Blumenstrauß übergeben sollte. Bedingung war, daß man eine bestimmte Sorte Überfallhosen hatte, und die Ösen in den Schuhen mußten achteckig sein. Und die hatte ich nicht! Aber ich konnt' mir welche leihen. Wir sind also am 31. Dezember zum Obersalzberg gefahren und standen da Rotz und Wasser frierend herum. Immer hat es geheißen: »Der Führer kommt« oder »Der

Führer kommt nicht« und dann wieder »Der Führer kommt«. Und dann kam ein dicker Mann von drinnen, und der sagte ganz einfach: »Der Führer hat keine Zeit.«

Pastor, 1926
Etwas ganz Furchtbares war die Hitlerjugend. Ich war Pastorensohn und außerdem sportlich nicht gerade sehr hervorragend. Und das war nicht geeignet, irgend etwas wettzumachen. Also, wenn ich an die Zeit denke, dann kann ich nur sagen, es war ein Spießrutenlaufen von allen Seiten. Auf'm Dorf, wo man bekannt war, wo man nicht die Möglichkeit hatte unterzutauchen, dann Oberschüler ... also, es kam alles Negative, in der damaligen Sicht, zusammen.
Man wurde immer bloßgestellt. Das war ja einfach. So ein Gruppenführer, bei »Richt euch!« einen als Blödmann hinzustellen. Ich war immer derjenige, der der oberste Idiot war, so ungefähr. Und man hatte natürlich nicht das Selbstgefühl, sich darüber hinwegzusetzen. Ich hab' dann versucht zu schwänzen, aber das ging auch nur bis zu einem gewissen Grade, dann wurde man geholt, und einen Pastorensohn zu holen, war dann ja ein besonderes Vergnügen. Also, wenn ich daran denke ...
Am schlimmsten war das 1938.

Hausfrau, 1907
Im Wintersport habe ich ihn gesehen. Als wir zurückkamen, von Hindelang, da kamen wir in Augsburg an einen Zug, das war wohl ein Sonderzug, da sind wir eingestiegen. Ich weiß heute nicht mehr, ob wir das durften, aber es muß ja wohl erlaubt gewesen sein.
Und wir waren schon eine ganze Zeit unterwegs, da wollten wir essen, im Speisewagen, da war aber alles voll SS. Es täte ihnen leid, sagte der eine SS-Führer, wir könnten nicht im Speisewagen essen, denn der Führer wär' im Zug. – Ich sag, das ist aber schade,

wir sind so hungrig, vielleicht besorgen Sie uns irgendeine Kleinigkeit? – Da kam er dann an unser Abteil und sagte: Sie können doch in'n Speisewagen. Und Fritz, der war damals wohl 5 Jahre alt, der war sonst immer sehr lebhaft, und diesmal saß er mit uns ganz artig. Was bist du bloß so artig? frag' ich ihn. Der Führer sitzt direkt hinter dir, sagte er da. Und er hat dauernd den Führer angestarrt, unentwegt. Hat gestarrt und hat gestarrt. Und als er dann rausging aus dem Speisewagen, sprang alles auf. Und in Berlin holte mich meine Schwester ab. Und zuerst sprang Fritz aus dem Wagen, dann ich, so schön braungebrannt, und direkt hinter uns der Hitler. Die hat aber gekuckt! Wie da hinter uns der Hitler aus dem Zug ausgestiegen ist.

Journalist, 1928
Ich bin Berliner, genauer gesagt: Spandauer. Bei Hitler und Mussolini und Hitler und Molotow waren wir Klatschkulisse. Schirach hat mal das ganze Olympiastadion mit Hitlerjungen gefüllt, das müssen 90 000 gewesen sein. Wir waren frech damals. Wir haben nach jedem zweiten oder dritten Wort »Heil!« gebrüllt, und da wurde er sauer.
Wahrscheinlich haben wir nichts verstanden, und dann hat mich ein Führer rausgeholt und nach Hause geschickt, hat mich wohl für einen Anführer gehalten. Und als ich allein über den Vorplatz ging, kam er mit dem Auto gefahren.

Institutsleiter, 1929
In Berlin mußten wir Publikum bilden, im bitteren Winter mußten wir an der Reichskanzlei stehen, weil der Hitler dem japanischen Außenminister einen guten Empfang bereiten wollte. Die kamen auf den Balkon, und da seh' ich einen gelben Fleck, das war der Hitler, und einen schwarzen Fleck, das war Matsukuo, der einen Zylinder trug.
Vier Stunden hatten wir in der Kälte stehen müssen.

Jurist, 1925
Einmal hab' ich ihn gesehen, aber da können sich jetzt Erinnerungsfehler einschleichen. 1938 war ich 13 Jahre alt, und ich war mit meinem Vater in Berlin. Und da hieß es unter der Hand: Hitler besucht mit seinem Besucher die Garnisonskirche in Potsdam, und das weiß keiner! Wenn man dahin geht, kann man ihn sehen. Wir standen draußen am Zaun, wir sahen ihn, wie er mit Mussolini aus der Kirche kam; 20, 30 Leute standen da, die guckten bloß. An Ovationen kann ich mich nicht erinnern. Sie kamen beide aus dem Portal raus und gingen das kurze Stück bis zum Zaun und stiegen ins Auto.

Beamter, 1926
Das zweite Mal hab' ich ihn gesehen beim Sängertreffen in Breslau, das war 1938. Da stand ich in seiner Nähe auf dem Schloßplatz, und die Sänger marschierten an ihm vorbei. Und da hat mich die Begeisterung mitgerissen, und zwar, als die Sudetendeutschen die Sperre durchbrachen und auf die Tribüne zuliefen und unter Tränen riefen: »Wir wollen heim ins Reich.« Nachträglich kommt es mir so vor, daß das manipuliert war, daß die da die Reihen durchbrachen. Wie eine Erlöserfigur stand der da oben. Und das hat mich mitgerissen. Die Leute fielen sich in die Arme, und es wurde viel geweint.

Sportlehrer, 1920
1938, da war er in Breslau, da waren die Wettkampfspiele. (Manchmal denkt man heut' noch dran zurück, bei den kriminellen Zuständen.) Im Schwimmstadion hab' ich ihn gesehen, er stand ganz oben auf dem 10-Meter-Turm und hat eine Ansprache gehalten; Henlein, Göring und Frick waren dabei. Und anschließend war der Vorbeimarsch.
Von ganz Großdeutschland waren das die Sportwettkämpfe. Wie hieß das damals noch? Kurz danach war dann das Sudetenland.

Schriftsteller, 1926

In Eger auf dem Marktplatz, am 3. Oktober 1938. Er hielt eine Rede, und zwar um halb 4 Uhr, und wir standen schon um 9 Uhr da. Warten gehörte ja dazu.

Keinen Eindruck. Ungeheuer große Rede, und wir: »Heil! Heil!« Wir waren Automaten. Und am selben Tage, wie wir da »Heil!« geschrien haben, haben sie meinen Vater abgeholt.

3. Oktober 1938. Das war die Rede, die den Krieg dann später ausgelöst hat. Das weiß kein Mensch heute.

Schriftsteller, 1927

Das war 1938, als wir im Sudetenland befreit worden sind, da waren einen Tag vorher die deutschen Truppen einmarschiert. Am zweiten Tag kam Hitler, im langen offenen Mercedes, und ich war damals überrascht, daß er klein war, ganz ernstes Gesicht und ganz blaß, und die Mütze saß tief im Gesicht.

Ich war damals begeistert und war verwundert, daß er so klein war. Er lag unterm deutschen Durchschnitt.

Die Frauen haben geheult vor Freude, und ich hab ihm die Hand geschüttelt. Der Händedruck war mir nicht kräftig genug. Vom großen Führer hätte ich damals einen festeren Händedruck erwartet.

Auf mich wirkte er müde und abgespannt. Er guckte einen gar nicht an.

Eher kalt.

Fabrikbesitzer, 1929

Kurz bevor die deutschen Truppen einrückten in die Tschechoslowakei, da sagte mein Vater: »Jetzt haben wir den Weltkrieg gewonnen.«

Das sagte er aus einem Ehrgefühl heraus. Es war nicht umsonst gewesen, daß er im ersten Krieg gekämpft hatte.

Hausfrau, 1920
Ich sah Hitler 1938 in Oberschlesien. Also, er sah aus, so rosig im Gesicht, wie ein Marzipanschweinchen. Wenn er uns ansah, lächelte er, aber wenn es drauf ankam, mit seinen Begleitern, redete er sehr ernst. Die Mütze hatte er sehr tief ins Gesicht gezogen, seine Augen sah man gar nicht. Vielleicht war das Absicht, ich weiß es nicht genau.

Lehrerin, 1920
Wir wohnten in einem tschechischen Grenzdorf, da wurden schon Bunker gebaut, von den Tschechen. Der Einmarsch ins Sudetenland war dann wie eine Erlösung. Eine Befreiung. »Es kann nur besser werden«, sagte man damals. Hitler kam auch durch, frei stehend im offenen Auto, er war faszinierend. Massensuggestion. Die Kommunisten haben tüchtig mitgejubelt. Wir waren alle glücklich.

Lehrer, 1924
Als das Sudetenland eingegliedert wurde. Ich bin ja von da. Wie die Wellen die Straße entlanggingen, die ganze Straße hörte man, wie's langging: »Heil! Heil! Heil!« So in Wellen hörten wir es schon von ferne anbranden: »Heil! Heil!« In dem großen Mercedes, in dem neuen, saß er. Mit dem Fahrrad sind wir hingefahren, wie er da von Berlin nach dem Sudetenland fuhr. Die ganze Landstraße, so weit man sehen konnte, standen die Leute, und er fuhr ziemlich schnell da durch. Diese Jubelwelle, wie sich die da fortsetzte. Für mich war das blöd damals, obwohl ich in der Hitlerjugend mitmischte. Ich kucke heut noch weg, im Fernsehen, bei Gefühlssachen.
Wenn sich Gefühlssachen so öffentlich darbieten, das stört mich, und noch dazu in dieser rhythmischen Weise!

Rentner, 1899
Er kam ja als Befreier ins Sudetenland. Meiner Meinung nach ist er später krank geworden.
Er hatte den Schäfer-Paß besucht und die Bunker, und das hat er besichtigt und hat gegessen bei der Truppe. Er war ja sehr volkstümlich. Ich habe so den Eindruck, daß der Mann zu spät geschaltet hat – nach dem Godesberger Vertrag hätte er Schluß machen sollen. Das ging alles zu gut, und das hat ihn verlockt. Wie Napoleon, was der für Reden gehalten hat: Soldaten, vier Jahrtausende blicken auf euch herab, in Ägypten hat er das gesagt. Der hat sich auch verlocken lassen.

Angestellter, 1927
Als wir heim ins Reich kamen, haben wir uns aufgestellt, Vater, Mutter, und als er die Jugendherberge einweihte, da haben wir ihn ganz nahe gesehn. Der Eindruck war finster. Die Mütze saß ihm über den Augen. Er hatte etwas Angst, schien mir, vor unserm Enthusiasmus, wir brüllten uns die Kehlen heiser. Die SS stieß uns, für meine Begriffe ein wenig zu brutal, zurück. Wir hatten es ja gar nicht so böse gemeint.

Richter, 1930
Ich war in Heidelberg von meinem Onkel eingeladen gewesen, der war dort Rechtsanwalt, das war 1938. Da kam der Führer und machte eine Besichtigung, der Hauptbahnhof wurde wohl eingeweiht, und die ganze Sache war stimmungsmäßig schon ein bißchen angeheizt. Und wir standen oben im Rechtsanwaltsbüro am Fenster, und weil ich klein war, durfte ich ganz vorne stehn. Und da gab es da unten eine Riesenbewegung, und alles ging unter in Gegröle, und ein Auto sah man, das dazwischen davonfuhr. Da war der Hitler drin.
Und hinterher war das Gespräch ganz interessant. Ich sehe noch meinen Onkel, und der sagte: »Jetzt hast du den Führer gesehen.«

Und nachher in Königsberg, in der Schule, habe ich geschwindelt, alles mögliche dazu ausgedacht, weil einen das sozial sehr erhöhte, das war eine Art Weihe, die man da erhalten hatte.

Journalist, 1924
1938 in Stuttgart in der Neckarstraße. Es hat sehr viele Menschen dort gegeben, sie standen dicht gedrängt, und das längste war eigentlich das Warten auf dem Baum. Und dann fuhr er vorbei, zuerst riesige Kolonnen, und soweit ich mich erinnern kann, sind links und rechts vom Wagen die Sicherheitspolizisten gewesen und haben genau beobachtet. Der ganze Spuk war in Sekundenschnelle vorbei. Ich habe weiter nichts gesehen als seinen berühmten Gruß mit dem abgewinkelten Arm. Die Stimmung war vom langen Warten etwas gesunken, und dann ging so dieses Raunen durch die Menge, und hinterher sind die Leute wieder auseinandergelaufen.

Angestellter, 1926
In Düsseldorf war 'ne große Kundgebung, als Ernst von Rath erschossen worden war, das war ja der eigentliche Anlaß zum Kriegsausbruch. Sehr ernst war Hitler da. Im Planetarium war das. Wir waren ja alle organisiert damals. Und sein Mercedes vorgefahren, und schon brach die Begeisterung los. Es wurde ja alles aufgebaut daraufhin, das war vorprogrammiert, würde ich heute sagen, was wir damals natürlich nicht empfunden haben. Damals war die Welt noch in Ordnung, auch morgens um sieben. Wie heute in der DDR.

Ein Mann, 1921
Ich war beim Reichsarbeitsdienst 1938, und nach einem Vierteljahr Arbeit im Spreewald wurden wir zusammengezogen und kamen zum Reichsparteitag, und da bin ich an der Tribüne vor-

beimarschiert, und, das muß ich sagen, er kam mir unnatürlich geschminkt vor. In der Phalanx von seinen Generälen und Parteigenossen war es schwierig, in dem kurzen Moment des Vorbeimarschierens ihn überhaupt auszumachen. – In Zehnerreihen marschierten wir. Wir waren im Lager Güldendorf, morgens war Wecken um 3 Uhr, Kaffee geholt und zum Flughafen nach Frankfurt an der Oder marschiert und dort geübt, mit Musik, immer hin und zurück, in Zehnerreihen. Wenn wir drüben angekommen waren, hieß es: Ganze Abteilung kehrt! Und dann marschierten wir verkehrtrum zurück, um keine Zeit zu verlieren. Und nach dem Üben marschierten wir dann wieder ins Lager zurück.
In Nürnberg sind wir dann noch einmal an ihm vorbeimarschiert, unter herzlicher Anteilnahme der Bevölkerung, auf dem Marktplatz stand er. Beeindruckend war nicht so sehr, daß wir den Führer gesehen hatten, sondern die Teilnahme an der Veranstaltung.

Ein Mann
Als Kind hab' ich ihn gesehen, am Reichsparteitag 1938 in Nürnberg. Ich konnte vom Haus meiner Tante aus, die eine Bäckerei hatte, da konnte man es vom Klofenster aus sehen, und das haben wir den andern auch gesagt, und mit denen haben wir gehandelt, 10 Pfennig oder was zahlen lassen. Im übrigen haben die Leute damals in Sechser-, Achter-, Zehnerreihen gestanden, die hinten standen, haben überhaupt nichts gesehen, die hatten denn so Spiegel. Auch daraus wurde ein kleines Geschäft gemacht, da gab's die Spiegelverkäufer.
Beeindruckt hat mich ... Das einzige, was wir immer gesagt haben: Der sieht genauso aus wie in der Wochenschau. Das war damals noch verblüffend, einen Menschen, den man nur von Bildern kannte, auch so zu sehen.
Es gab ja diese Spielautos, so einen großen Mercedes, und da saß Hitler so drin, als Führer, und genauso sah das aus, das war das Verblüffende.

Schriftsteller, 1931
Ich erinnere mich an einen Sommerabend, 1938, ein Appell der SA mit Fackeln. Der Anblick dieser im Karree aufgestellten SA-Staffeln, militärisch, alle mit einer Fackel.

Regisseur, 1926
»Der verlorene Sohn«, mit Luis Trenker. Das war für damalige Zeiten ein guter Film, halbgut. Trenker, der als Sohn der Natur glücklich und zufrieden in seinen Alpen oder Dolomiten lebt, aber wegen wirtschaftlicher Not nach Amerika geht und das Leben eines Tramps führt. Ganz toll! Später habe ich amerikanische Filme über Tramps gesehen, die waren genauso gut. In Parks schläft er auf Bänken, stopft sich die Jacke mit alten Zeitungen voll, damit er nicht friert. Und das schreckliche Doofe war dann: Er kommt zurück in die Heimat und ist da wieder glücklich.
Ein anderer Trenker-Film, die Geschichte eines Condottiere, trotz ungeheuren Kitsches interessant, weil es der erste historische Film war, der zeigte, wie Leute im 16. Jahrhundert gelebt haben. Leute, die Waffen schmiedeten – ob nun falsch oder richtig, ist ja ganz egal.
Trenker war ein ungeheuer edler Mann. Er hatte immer eine ferne Geliebte, unglaublich schön und edel, mit der nie was war. Mit der traf er sich immer auf Berggipfeln, und da standen sie sich im Gegenlicht gegenüber, die Haare wehten, und er in mittelalterlicher Rüstung, mit Adlernase.

9

Schriftsteller, 1935
Ich ging mit meinem Vater zum Gemüsegeschäft an der Ecke, und er erzählte mir von Hitler. Und da sagte ich: »Wie merkwürdig, daß es so einen Menschen wirklich gibt.« Als ob der »Guten Morgen« hieße, so kam mir das vor, weil man doch überall »Heil Hitler« grüßen mußte, und was der Gruß eigentlich zu bedeuten hatte, wußte ich nicht.

Kaufmann, 1934
Ja, hier in Hamburg, in der Adenauerallee, früher Große Allee. Kinder wurden nach vorne durchgereicht, es war 1938, vielleicht 1939. Ich stand vorne am Straßenrand, ich guckte in die schönen offenen Limousinen. Die haben ganz dollen Eindruck gemacht. An ihn kann ich mich nicht erinnern. Das muß 1939 gewesen sein, ich erinnere mich deswegen, weil ich Geburtstag hatte, mit fünf hat man so die ersten Erinnerungen, und ich bekam eine Polizistenuniform geschenkt. Jaaa! Es war auch ein Gurt und ein Säbel dabei, den hatte ich um mich gebunden, ich wollte den Säbel ziehen, als er plötzlich nicht mehr da war. Ich habe geschrien. Ich war nicht zu beruhigen, und als ich in die Scheide sah, war er drin, nur das Ding oben war weggefallen. An dem Tag sind wir dann zu dieser Parade gegangen mit meiner Schwester.

Ingenieur, 1930
Das will ich Ihnen ganz genau sagen. 1939 zum Stapellauf der »Bismarck«. Da hielt er anschließend eine große Rede in der Hanseatenhalle.

Mein Vater hat mich auf die Schultern genommen, während Hitler im offnen Wagen, Hände hebend, durchkam.
Es war was Besonderes, dieser Jubel, dies Aufbrausen.

Molkereimeister, 1923
Ja. Wann ist das gewesen? Das war der Stapellauf vom Flugzeugträger in Kiel. In 300 Metern Entfernung. Nicht sehr aufregend. Für mich war das Erlebnis, eine Werft zu sehen, viel interessanter.

Pastor, 1928
Ich hab ihn in Wilhelmshaven gesehen. Da war eine große Menschenmenge, und durch die Menge war zum Rathaus hin ein Gang gemacht. Hitler ging drei Schritte an mir vorüber. Die Menge brodelte. Dieser Gegensatz: die Menge und er da durchgehen ...
Von der Rede weiß ich nichts mehr. 1939 war das.

Offizier, 1917
Natürlich! Im Sportpalast, vor dem Krieg. Da waren ja dauernd große Reden. Zwanzig, dreißig Meter von ihm saß ich. Der Mann ist schon faszinierend gewesen, ich muß sagen: dies freie Sprechen ... Das Eruptive hat unbedingt Eindruck gemacht. Aber wenn man dann zur Ruhe kam, hinterher, wurde einem klar, was für eine gefährliche Sprache er führte. Wenn man heute Auszüge aus seinen Reden hört, werden immer nur Auszüge gezeigt, die ihn von der übelsten Seite zeigen.
Seine frühen Reden waren so gesteuert, daß sie den Deutschen gefallen *mußten.* Die Hoffnung, aus der schwierigen Zeit herauszukommen, hat die Leute begeistert, Weltwirtschaftskrise. Und dann die Erfolge! Mit seinen Reden ist es so ähnlich gewesen wie mit den Gedenkfeiern zum Polenfeldzug oder Frankreichfeldzug – man konnte sich der Stimmung kaum entziehen. Es war ja

nicht nur das Volk ihm verfallen, sondern auch die gesamte geistige Elite.
Er war ein Demagoge, da gibt es überhaupt keinen Zweifel. Aber: zwei, drei Stunden frei zu reden?

Museumswächter, 1901
Das war vor dem Krieg, da haben sie den Westwall besichtigt. Den Hitler hat man kaum gesehen, so ist er verdeckt geblieben von seiner Waffen-SS.
Man hat ja viel erlebt, in der Zeit. Was ich immer sage: Bei jeder Hasenjagd kommen welche davon.

Rentner, 1905
1939 im Februar fuhr er mit 30 Autos über unsern Kopf, ich war grad am Tunnelbauen, am Westwall, und da hab ich ihn nicht gesehen, weil ich ja gerade am Tunnelbauen war.
Im Saargebiet war das.
Wir mußten Telefonkabel legen, von Bunker zu Bunker. Uneinnehmbar war er, der Westwall.

Jongleur, 1929
Ich war zehn Jahre alt und stand zehn Meter von der Bahnschranke entfernt, endlich kam er langsam durchgefahren. Mein Eindruck: Sie hätten genausogut sein Porträt ins Fenster stellen können, in Öl gemalt und schön gerahmt. Oder eine Wachsfigur aus dem Wachsfigurenkabinett, rosa.
Im Herzen war er uns nah, und doch war er weit entfernt.

Professor, 1907
Ich sah ihn in München, vor Kriegsausbruch, da wurde jedes Jahr der Tag der deutschen Kunst gefeiert, mit Umzügen und so

weiter. Ich ging dahin, wollte mir den Klamauk mal ansehen. Da waren Tribünen, und auf einer saß wohl Himself. Und ich sah auch, wie er im Auto dahin gefahren wurde, Leute, die klatschten. Und er, wie ein Gummiball alle paar Sekunden aufschnellend und grüßend. Das ist mir aufgefallen. Wie ein Gummiball.

Bibliothekarin, 1923
Das schildere ich Ihnen gern. Ich weiß auch noch ziemlich genau, wann das war, im August 39 auf dem Schloß im Chiemsee. Ich war auf der Segelschule, und da wurden wir zum Kaffee eingeladen. Goebbels und Eva Braun waren dabei. Ich habe die Fotos noch. Ich ging mit gemischten Gefühlen da hin, und er hat mir als 16jähriger die Backe gestrichen.
Ein Korvettenkapitän leitete unsern Kursus. Ziemlich streng ging das zu. Das mochten wir. Mit Flagge aufziehen und so weiter. Wir mußten uns aufstellen, und Hitler ging an uns vorbei, mit seinem tiefen Blick. Danach wurden wir zum Kaffee gebeten, da gab es Kuchen und Eier. Gesprochen hat er fast kein Wort mit uns. Goebbels machte nur flachsige Bemerkungen. Ich fand es weder noch.
Abends war dann 'ne dolle Schwärmerei im Gange. Da sagten sie alle, wie schön das gewesen wär'.
Uniform fand ich damals schick. Aber als dann nachher der Druck immer stärker wurde, hat man schnell die Lust verloren.

Verleger, 1913
Ich hab' ihn nicht nur gesehen, ich habe ihm länger als eine Stunde gegenübergesessen. Das war in der Osteria Bavaria in München. (Wir haben immer »der Hitler« gesagt.) In die Osteria Bavaria ist er immer zum Essen gegangen. Das Lokal gibt es noch heute, das ist sehr gut. Hinten ist ein kleines Höfchen, ich weiß nicht, ob's noch da ist. Da saß man im Sommer, fünf, sechs Tische standen da, und wir saßen hinter einer vorgebauten Balu-

strade; ich saß da mit meiner Mutter, wir wollten essen. Und wie wir bestellen wollten, da sagte die Bedienung: »Es ist eigentlich schon vorbei!« – »Warum?« – Keine Antwort. Ich sehe, wie sich die Sache leert, die Leute wurden anscheinend aufgefordert fortzugehen, und es kommen Männer in langen Ledermänteln, und ich sage zu meiner Mutter: »Der Hitler kommt.« Und da haben sich die hingesetzt und Zeitung gelesen, wie so typische Kriminalbeamte, und uns hat man sitzen lassen, wir sollten wohl das Volk darstellen.

Und dann kam Hitler mit einer Crew von Leuten. Speer war da und Brückner und eine blonde, sehr hübsche Person, das war diese Engländerin, und noch eine Reihe von Leuten, Frau Brückner, Dietrich, der Pressechef und Sepp Dietrich, die setzten sich an einen großen Tisch. Die Stiefel waren dreckig. Dann zogen sie einen Plan heraus, und der Hitler und Speer, die fuhren darauf herum. Und Hitler hat manchmal auf uns geschaut, und der hat immer monologisiert, und ich habe ein bißchen gelauscht, das war, daß er sagte, die Männer wären viel feiger als die Frauen, das könnt' man beim Zahnarzt sehen. (Dies steht auch in einem Buch.) Das war wie »Die Räuber« von Schiller. Das sage ich nicht jetzt, das habe ich schon damals gesagt.

Meine Mutter sagte: »Jetzt will ich gehen.«

»Das ist zu früh«, sagte ich, »dann müssen wir da vorbei und grüßen.«

»Ich grüße nicht!« sagte meine Mutter.

Wir sind dann da vorbei, und ich hab so halb gegrüßt, und dann standen wir auf der Straße.

Der Hitler mit diesem törichten Mund, den er immer so halb offen hatte.

Pflichtschuldigst haben immer alle wahnsinnig gelacht, wenn er was gesagt hat.

Das war 1938 an einem Sonntag.

SS-Offizier
Im Zuge meiner Ausbildung kam ich in die Adjutantur Ribbentrop Anfang 39. Wir saßen unten in Fuschel, das war sein Sommersitz, und Hitler war auf dem Berghof. Wie die mich da nun eingearbeitet hatten und nun sagten, nun kann er wirklich mal alleine mit dem losgehen, der Ribbentrop war nämlich nicht ganz einfach, da fuhr ich dann das erste Mal alleine mit ihm auf den Berghof, und da stellte er mich dann dem Hitler vor, und Hitler begrüßte mich, hat dann aber nicht weiter Notiz von mir genommen, so schön war ich ja auch nicht ... Haben dann mit ihm gegessen. Und da habe ich auch das erste Mal Eva Braun gesehen und mich erkundigt: Wer ist das? Na ja, hieß es, also die gehört zur Begleitung da oben, aber man spricht eben nicht darüber.
Auf dem Berghof waren wir alle in Zivil, das war zwanglos, da waren dann ja auch noch die Sekretärinnen, Eva Braun und ihre Schwester oder auch Freundinnen, das war wie in einem Landhaus heute, man kommt hin, die beiden Chefs haben eine Besprechung und die Assistenten oder Sekretärinnen, die setzen sich hin, klönen auch und kriegen Saft, und dann heißt es: Es wird gegessen, bitte Platz nehmen, und dann hatten die Großen natürlich ihren festen Platz, und wir saßen dann am Ende der Tafel oder am runden Tisch, je nachdem.
»Führer, es ist angerichtet«, hieß es, dann nahm er die Dame, meinetwegen auch Frau Morell, und der Bormann nahm Eva Braun, und dann schoben wir alle hin, und die saßen da, wir trottelten hinterher, und da wurde dann normal geredet, normal erzählt, das war alles völlig normal.
Irgendwelche Leute haben behauptet, er hätte sich geschminkt ...
Nein, ach, um Gottes willen, nein, das ist wirklich dummes Zeug, er hat sich selber rasiert, mit 'ner Klinge, und selbst sein Kammerdiener hat ihn nie in Unterhosen oder im Nachthemd gesehen. Der legte ihm die Zeitungen hin und sagte: Morgen, mein Führer, es ist neun Uhr oder zehne, und er kam immer angezogen raus.

Redakteur, 1924
Ja, 1939, irgendwo in Dresden. Mein Vater hatte immer schon Sinn dafür, mir faktische Erinnerungen zu verschaffen. Ich bin in Indien aufgewachsen, und als wir heimfuhren und am Stromboli vorbeikamen, da wollte ich mir den feuerspeienden Berg nicht ansehen. Und da hat mir mein Vater Ohrfeigen gegeben, deshalb, wenn ich heute an den Stromboli denke, muß ich auch an Ohrfeigen denken. So hat er mir also auch den Hitler gezeigt: »Den Mann muß man gesehen haben!« Nicht wahr? Stundenlang Soldaten vorneweg, und dann kam er so schnell vorbei, daß ich praktisch nichts gesehen habe.

Bauer, 1916
Ja, die ganze Reichsregierung hab' ich gesehen. Die kamen gerade aus Italien wieder und fuhren in ihren großen Mercedeslimousinen – die waren ja offen damals, nicht so wie heute, gepanzert – am Brandenburger Tor entlang, wo ich mit meiner Einheit – ich war in Berlin stationiert, Regiment Hermann Göring – die Absperrung bildete. Menschenmassen waren da.

Hausfrau, 1922
1939 war ich in Berlin, da mußte irgendeiner kommen, Duce oder wer, und da strömten die Leute alle die Ost-West-Achse herunter, und die Leute hatten alle einen Spiegel in der Hand, einen langen Stock mit Spiegel. Und an der Prachtstraße stand eine Riesenmauer von Menschen. Das war so unheimlich.
Viele Menschen und alle standen mit Spiegeln da. Und als er da kam … die Berliner waren wie wahnsinnig. Die waren rappelig vor Freude. Ich war erschrocken über die Menschen. Die haben gebrüllt und geschrien, damals, vor echter Begeisterung.

Eine Frau, 1907
Ruth und ich mußten zum Wintergarten, dem Theater der leichten Muse am Bahnhof Friedrichstraße. Ich sollte einen kleinen Bericht schreiben. Unter den Linden schon: Polizei auf Motorrädern. Absperrungen am Wintergarten. »Bitte Ihren Ausweis!« – Wieso? Warum? – »Heut' abend kommt doch der Führer in die Vorstellung ...«
Wir auf den Presseplätzen. Plötzlich erhob sich alles, ich drehte mich, und fünf oder sechs Reihen hinter uns die etwas erhöhten Logen, Uniformen, Damen. Dann der Schlammfarbene. Damals waren große Puderdosen mit Spiegeln modern. Ich hatte eine. Anstatt auf die Bühne zu schauen – Clowns, Zauberer, Akrobaten, beste Qualität – A. H. Er applaudierte, rechte Hand auf dem Handrücken der Linken, beide Hände in Handschuhen. *Antlitz,* solche Männer haben kein Gesicht, Masken? unbewegt, kein Lächeln. Dann eine englische Girltruppe, niedliche Schottenröckchen, Spitzenhöschen, die sich bei flotten Sprüngen und Drehungen fröhlich zur Schau stellten. Der da in der Loge, ich habe ihn im Spiegel meiner großen Puderdose, der senkt die Augen, schaut in seinen keuschen Schoß, sein Applaus ist politisch-zurückhaltend. Die Tänzerinnen waren schließlich aus England, mit dem man noch nicht »im Kriege stand«. Der Keusche verließ das Theater der leichten Muse vor dem Ende der Schau.

Ein Schlagerkomponist
Hitler war für mich ein undurchdringlicher Mensch, es war unangenehm, mit ihm zusammenzusein. Zum Reden kam man gar nicht. Die Leander, die Zarah, erzählte mir, daß er mal ein bißchen aus sich herausgegangen sei. Sie hat sich eine Stunde mit ihm unterhalten. Sonst waren die Begegnungen immer nur ganz formeller Natur, das ist genauso, als wenn Sie jetzt einen Politiker bei einer Party treffen.

Ein Schauspieler, 1914
Nein, ich habe ihn nie gesehen. Ich wurde einmal eingeladen, und da habe ich so getan, als hätte ich die Einladung nicht erhalten, und da ich noch kein so großes Licht war, auch beim Film noch nicht, ist man dem nicht nachgegangen. Auch Einladungen der Kameradschaft Deutscher Künstler habe ich nicht befolgt, auch wenn Goebbels eingeladen war.
Am Schillertheater wurde man relativ in Ruhe gelassen, da wurde auch nicht »Heil Hitler!« gesagt.

Lehrerin, 1918
Der schönste Karneval war im Februar 1939, bei meiner Freundin im Keller. Damals war das ja noch was, mit BH und so weiter, 'n bißchen sexy, das war schön!

Wenn in Großmutters Stübchen ganz leise
surrt das Spinnrad am alten Kamin ...

Das war der Schlager. Und sie hatte dann so einen Samtvorhang mit lauter Masken drauf. Und oben war kaltes Büfett.

Ein Herr aus Oldenburg
Das war am 1. April 1939 nach dem Stapellauf des auf der Wilhelmshavener Werft gebauten Schlachtschiffes »Tirpitz«. Auf einer großen Kundgebung vor dem Rathaus kündigte Hitler den Flottenvertrag mit England. Ich war 18 Jahre alt, Oberschüler. Wir waren zu dritt, Klassenkameraden, nach Wilhelmshaven gefahren, um den Führer zu sehen. Wir hatten uns einen Platz dicht an dem breiten Mittelgang gesichert, gleich hinter der SA-Absperrung. Tausende von Menschen zu ebener Erde, und das Rednerpult war nicht sehr hoch. Findige Händler verkauften kleine Klappstühle und leere Obstkisten. Auf die konnte man sich stellen, um besser sehen zu können. Es war sehr kalt und stürmisch an diesem Tage. War deshalb die dicke Glasscheibe vor dem Rednerpult? Wegen des Windes? Oder war das Panzerglas? Vor dem

Rednerpult spielte die Marinekapelle den »Badenweiler«, wie immer, man kannte das aus dem Radio. Der Führer kommt! Der Führer kam mit großem Gefolge den Mittelgang herauf. Er war viel kleiner, als ich ihn mir vorgestellt hatte. Und irgendwie wirkte er seltsam abwesend, müde, abgespannt, sogar ein wenig unsicher. Oder irritierte ihn die sture norddeutsche Art? Die Leute erhoben zwar die Hand zum Deutschen Gruß, aber von begeisterten Heilrufen war nicht viel zu hören. Dann sah ich ihn ganz nah. Seine Wangen waren von kleinen altroten Äderchen durchzogen. Wie bei alten Frauen auf dem Lande. Seine Augen blickten unruhig rechts und links. Die Rechte erhob er immer wieder mit angewinkeltem Arm zum Deutschen Gruß. Während der Rede kam keine Begeisterung auf. Irgendwie schien den bedächtigen Norddeutschen nicht wohl zu sein bei dem, was sie da von militärischer Stärke und deutschem Anspruch hören mußten. Ahnten sie, was da auf sie zukommen würde? Während der Rede brachen die Leute unentwegt mit ihren Obstkisten und Klappstühlchen zusammen. Das ergab immer Gelächter in der Umgebung. Es wirkte fast wie Galgenhumor. Da oben sprach der Führer, redete sich in Wut, und hier unten krachten die Obstkisten zusammen. Es war alles nicht sehr eindrucksvoll.
Im Zuge nach Oldenburg unterhielten wir uns über Theater, Schauspieler und Stücke, wir waren alle drei eifrige Statisten am Theater.
Und über den verrückten Inspizienten, der war ein Original. Die Kundgebung war nahezu vergessen.

Nachsatz: Es wurde immer so viel von der Suggestivkraft seiner Augen gesprochen. Daß man seinem Blick nicht widerstehen könne. Ehrlich: Ich hatte sogar ein etwas unbehagliches Gefühl auf meinem exponierten Platz direkt am Mittelgang. Was ist, wenn der Führer nun auf dich zukommt und dich anschaut? Als er dann endlich kam, habe ich nicht einmal mehr daran gedacht.
Aber er hat mich auch nicht angesehen.

Redakteurin, 1932
Vorkrieg, das war Erdbeeren mit Schlagsahne. 1939 war ich in Österreich, da gab es noch Schlagsahne, bei uns gab's die schon nicht mehr. Und wenn ich heute noch an die Vorkriegszeit denke, dann denke ich an Erdbeeren mit Schlagsahne.

Schriftsteller, 1931
Kurz vor dem Krieg kam »weiße Schokolade« auf, das hing mit den Autarkiebestrebungen des Dritten Reiches zusammen. Ich kriegte mal eine Tafel geschenkt, den Geschmack hab ich noch auf der Zunge. Die Tafeln waren etwas kleiner als die Schokoladentafeln.

10

Offizier, 1912
Kurz vor Ausbruch des Krieges, an der polnischen Grenze, aus zwei bis drei Metern Entfernung. Er wollte dort Beutewaffen aus den tschechischen Skoda-Werken besichtigen. Ich war ein kleiner Kompaniechef. Es war in einer Waldschneise, da waren die Waffen aufgebaut.
Wir hatten ja alle ein Bild durch Fotos und Wochenschau, und das war durch die Zensur gegangen, aufgehübscht. Ich weiß, daß er vor seinen öffentlichen Auftritten geschminkt wurde.
Er hielt da, und wir hatten Ruhe, ihn anzusehn. Ein weich wirkendes, schwammiges, fast aufgedunsenes Gesicht, tiefliegende, wäßrige Augen und die Mütze bis an den Augenrand, so daß ein schwarzer Schatten über seinen Augen lag. Er war ja lichtscheu, im medizinischen Sinne. Der Eindruck eines unsportlichen Menschen, der sehr im Gegensatz stand zu dem, was man auf Hitlerbriefmarken zu sehn kriegte.

Unternehmer, 1910
Das war im Polenfeldzug, da stand ich an der Straße, und er sauste an mir vorbei, in seinem kugelsicheren Auto. Und dann war da ein polnisches Schloß, da trat er auf die Terrasse und gestikulierte, und die Mütze hatte er ganz tief, man sah seine Augen kaum. Diese komische Eisenbahnermütze.

Bauer, 1918
Er stand auf einem Hügel, Kleppermantel an und Mütze auf, und wir marschierten stumm an ihm vorbei. Während wir vorbei-

marschierten, natürlich nicht im Parademarsch, sondern ziemlich aufgelockert, in Staub gehüllt, redete er mit seinen Offizieren, und wir marschierten da unter ihm vorbei. Er hätte uns ruhig mal zunicken können. Ich war schon einmal an ihm vorbeimarschiert, auf dem letzten Parteitag in Nürnberg, in Zwölferreihen, das war eine ganz andere Sache.

Buchhändlerin, 1921
Als wir heimgeholt wurden ins Reich, 1939, Danzig. »Wir wollen unsern Führer sehn!« Endlich waren wir Großdeutsches Reich. Wir waren hingerissen.

Buchhändlerin, 1917
Da war ich in Danzig in der Buchhandlung, das war eine Nazifirma. Damals war schon die Bahnlinie unterbrochen, nach Zoppot, der kleine Lehrling schlief deshalb bei mir ... »Der Führer kommt!« hieß es. Ein großes Führerbild wurde ins Fenster gestellt, Blumentöpfe, die Chefin aufgeregt. – Da sind wir zum Artus-Hof, da sprach er. Erst waren wir draußen vor der Tür, und dann haben wir uns reingeschmuggelt, auf einer Wendeltreppe. »Hallo! Runterkommen!« hieß es plötzlich. »Wir wollen gucken, wir wollen den Führer sehen ...« Nein, das durften wir nicht. Dann kriegten wir einen schönen Platz im Hof, und da ging er einmal durch, strahlte natürlich.
Das war der 19. September, da gibt's 'ne Sondermarke.

Cellist, 1929
Ich bin aus Danzig. 1939 ist er durch Danzig gekommen und hat uns heim ins Reich geholt. In der Masse stehen ... er sauste an uns vorbei, wie aus Erz gegossen. Man dachte, das ist der liebe Gott. Als Kind, nicht wahr?

Offizier, 1912
In Danzig, beim Einmarsch. Ich war einquartiert bei einer freundlichen Familie, aber ich spürte eine gewisse Reserve. Nicht gegen mich, sondern in bezug auf die politische Entwicklung. »Ob das gut ist?« – so auf diese Art.
Ich sagte, daß der Führer doch ein doller Kerl sei, der Anschluß der Österreicher und das Sudetenland.
»... meinen Sie?« Das war alles, was sie sagten, aber man spürte die Reserve. Was aus den Leuten wohl geworden ist?

Bibliothekarin, 1930
Ich bin Hitler 1940 in Danzig begegnet. Ich kann aber nichts sagen, denn in Danzig waren die Leute sehr gegen Hitler, und niemand hat gejubelt. Er fuhr da so durch.
Es kann ja auch sein, daß er auf einem andern Platz bejubelt wurde.

Förster, 1916
Dann hab' ich ihn in Polen gesehen. Ich zog in Spandau aus, am 27. oder 28. August. Wir empfanden das als dramatischen Moment. Das sei ein Verteidigungskrieg, glaubten wir. Und nach dem gewonnenen Krieg zog Hitler dann über die Eroberungsstraßen, und wir standen da. Das war aber eine farblose Begegnung, wir waren aufmarschiert und er im Kombi-Pkw, rein militärisch.

Schriftsteller, 1920
In Polen, wenn man in 'n Laden ging, wollt' da was kaufen, da ging alles sofort zur Seite.
Und auf der Straße, man war ja nun bloß Arbeitsmann, und das war ja so ungefähr der letzte Dreck, und doch gingen alle Leute vom Bürgersteig runter vor einem.

Hausfrau, 1927
Ich hatte einen Onkel in Posen wohnen. In den großen Ferien fuhren wir hin, und auf dem Bahnhof bettelten uns kleine Kinder um Brot an. Die wollten unsere Koffer tragen.

Lehrer, 1926
Etwas Dämonisches? Ja, in der Wochenschau, das stimmt.
Aber als ich ihn persönlich sah … Ich habe ihn zweimal gesehen. In Berchtesgaden, da saß er da, sah aus wie ein kleiner verkaterter Anstreicher. Und das andere Mal in der Autokolonne. Da war er ja nicht so gesichert wie Adenauer und diese Leute, ich nehme allerdings an, daß dieser Wagen gepanzert war. – Da machte er so ein ganz böses Gesicht.
Wir waren damals ja überhaupt froh, daß wir zum Militär kamen, da war dieser Druck fort …

Vertreter, 1920
Das zweite Mal hab' ich ihn Ende 1939 in Berlin gesehen. Ich war aktiver Offiziersanwärter, und zum Abschluß des Lehrgangs kamen wir nach Berlin. Im Sportpalast, da sprach er dann zu uns zukünftigen Offizieren. Aber da war ich dann schon soweit, daß mich diese Massenhysterie körperlich angewidert hat.

Sonderschullehrer, 1925
Ich war kein Hitlerjunge, und deshalb war ich der letzte auf der Schule. Vor mir war noch ein Halbjude.
Ich hab' ihn gesehen, weil wir von der Schule abgeordnet waren, die Straße war ja bekannt, wo er durchfahren würde. Das Auto hat mich mehr interessiert als er selbst. Aus der Ferne hörte man schon das langsam aufbrausende Heilschreien.
Was mir imponiert hat, sind die von der Waffen-SS gewesen, vor seinem Hotel, daß die sich überhaupt nicht rührten. Eisern

standen die da, eine halbe Stunde lang, ohne sich zu rühren. Daß ich den Adolf ablehnte, hing mit meinem Vater zusammen. Der hatte immer schon einen kleinen Oberlippenbart. Ich lehnte meinen Vater ab, das war in der Pubertätszeit. Und dann hab' ich den Adolf mit seinem Oberlippenbart auch abgelehnt. Wegen meinem Vater.

Regisseur, 1927
Ich hab' ihn nur durch ein Rohr gesehen, wo oben ein Spiegel war und unten, so schräg gestellt, weil wir doch so klein waren. Die konnte man da kaufen. Die Leute standen in Sechserreihen, und wenn man überhaupt was sehen wollte, mußte man so 'n Ding haben.

Graphikerin, 1936
Meine Eltern haben mir immer sehr viel geschenkt, alles, worum ich gebeten habe. Sie waren aber manchmal für mich unverständlich strenge.
Als kleines Kind wurde ich von einer Freundin angestiftet, einen Hitlerbesuch anzugucken, die hat mich mitgeschleift, ohne daß ich meinen Eltern Bescheid gesagt hatte. Die Eltern warteten den halben Tag und haben mich überall gesucht. Und als ich dann kam, kriegte ich 'n Hintern voll mit'm Stock. Das konnte ich nicht verstehen. Ich meinte, nichts Schlechtes getan zu haben.

Kosmetikerin, 1923
Ich hab' 'ne Bekannte, eine Holländerin, die hat als kleines Mädchen Hitler mal die Hand gedrückt, in Holland, und hat 'ne Tafel Schokolade dafür gekriegt. Im Krieg. Die war Holländerin. Jawoll.

Regisseur, 1915
1940, als er sich Tänzer vorstellen ließ, Marianne Vogelsang, die war doch Kommunistin, die war krank, und so konnte es passieren, daß sie ihm 14 Tage später ganz allein vortanzte. 20 Minuten. Ich habe sie begleitet, weil sie ein sehr gehemmter Mensch war. Hitler hat geredet, als ob er den Tanz erfunden hätte. Mir hat es damals imponiert, daß er absolute oder scheinbare Sachkenntnis bewies. Er hat davon gesprochen, als ob er Ahnung davon hat. Das hat mir damals imponiert.
Diese Persönlichkeitsausstrahlung muß ja dagewesen sein. Er hat immer die Absicht gehabt, die andern zu überzeugen.

Versicherungsvertreter, 1915
Ob ich Hitler gesehen habe? Ja, natürlich, ich war doch im Führerhauptquartier, einen ganzen Tag, ich war doch Halsträger, wissen Sie das nicht? Eupen – Malmedy 1940. Welchen Eindruck ich von ihm hatte? Fein, väterlich ... Hier saß er, neben mir auf dem Sofa. Wir waren mehrere, natürlich stramme Haltung, aber er: »Kommen Sie, setzen Sie sich, hier sind wir *eine* Familie. Nun sagen Sie mal alles, was Sie so denken.« Und da konnte ich alles sagen. Tee gab's und Gebäck. Hinterher wurden wir dann nach Berlin geflogen, Urlaub. Vorher natürlich befördert. Nein, dem konnten Sie alles sagen ...

Hausfrau, 1911
Auf dem Oberwiesenfeld hab' ich ihn mal gesehen. Als er zurückkam, ich weiß nicht, nach welchem Sieg. Dann hab' ich ihn mal in München gesehen auf dem Marienplatz. Irgendwie anläßlich einer Parade; ich war damals in München noch Studentin. Der Eindruck: ein Kleiner, an sich für mich fast Unangenehmer, vielleicht abstoßend, ist etwas zu hart. Mit diesem Schnurrbärtchen, fast wie mit Schuhwichse ... Auch die Augen waren nicht besonders ansprechend, und ich habe das Gefühl gehabt: nur Fas-

sade. Ein dunkler Teint wie frisch gewachst. Das Ganze eben wie eine Staffage und keine Persönlichkeit.

Kaufmann, 1920
1940 habe ich ihn gesehen, weil ich pinkeln mußte im »Haus der Deutschen Kunst«. Plötzlich kam SS, sperrte die Toiletten ab, und ich war drin, und plötzlich steht mein Führer neben mir. Er hat mich nicht beachtet und ich ihn nicht.

Schriftstellerin, 1905
Und dann in Salzburg, und da kam ein Zug mit Flakgeschützen vorn und hinten. Der Luxuswaggon war aus Glas, und da saß Hitler dahinter und aß einen Apfel. Die Augen waren knallblau.

Lehrer, 1907
Vor dem Krieg machte er ja einen ganz netten Eindruck. Im Krieg merkte man ihm die Belastung an, das war sehr stark zu spüren. In Berlin fuhr er mal ganz langsam vorbei an mir.
Er war ja angriffslustig, das muß man sagen. Er war von einer unerhörten Ausstrahlungskraft. Eine dämonische Kraft. Sonst war er ziemlich zurückhaltend. Bei den Kundgebungen, hatte seine Augen aber überall.

Glasermeister, 1918
Auf dem Vormarsch, da kam er mal mit'm Fieseler Storch, da kam man ja gar nicht ran.

Angestellte, 1937
Was ich nie vergessen habe, daß ich meine Hand hochhalten sollte. Auf den Schultern meines Vaters hab' ich gesessen, ich war

ein ganz kleiner Dotz. Der fuchtelte da oben rum. Ich seh das Bild noch vor mir. Dieses Schreien und Fuchteln. Und was mich wahnsinnig aufgeregt hat, war das Handhochhalten.

Verwaltungsangestellter, 1933
Ich war in Wien, in der Kinderlandverschickung, 1941. Es hieß, der Führer soll kommen, und zwar um 10 Uhr. Und ich kam 2 Minuten zu spät! Ich hörte noch den Jubel und sah den Rest des Konvois. Da war ich todtraurig, denn er war ja ein Idol.

Buchhändler, 1935
Ich hab' mich so furchtbar gefreut, 1942 war das, und wir kriegten schulfrei. Wir mußten Stunden warten, und ich dachte immer an das schöne Buch, das ich zu Hause hatte, mein Vater war Buchhändler an der Ostfront, und von da hat er mir Grimms Märchen geschickt, diese kitschige Ausgabe.
Hitler, das war so 'n kleines Männchen, in so 'm großen Wagen, ein braunes Etwas in einer komischen Haltung, Verrenkung des rechten Arms.
In Sekunden war das vorbei.
Das Märchenbuch hat einen viel größeren Eindruck auf mich gemacht.

Kaufmann, 1914
Ich war im OKH und mußte manchmal die Karten bringen zur Lagebesprechung. Einmal hab' ich gehört, wie er Keitel anfuhr, da ging es um die Motorisierung einer Division oder was. Da sagte er, in seiner typischen Sprechweise: »Sie motorischer Säugling!«
Motorischer Säugling, nicht notorisch.

Schriftsteller, 1922
Ich war auf der Kriegsschule in Döberitz, wie alle Abiturienten, die einigermaßen was getaugt haben. 1942 im November bin ich Leutnant geworden. Der Höhepunkt in dieser Kriegsschule war, wie der Hitler zu all den jungen Leutnants sprach.
Wir durften keine Waffen mitnehmen. Sehr eigenartig. Hitler sollte um 12 Uhr kommen. Das Hineinschleusen in den Sportpalast hat furchtbar lange gedauert. Von 7 Uhr an. 2000 frischgebackene Leutnants. Ich weiß noch, wie wir uns gelangweilt haben.
Ab halb 12 Uhr sind dann die einzelnen Leute reingekommen. Eine Musikkapelle hat gespielt. Goebbels, Raeder, Göring, Fromm, an die kann ich mich ganz genau erinnern. Punkt 12 Uhr ist der Badenweiler Marsch gespielt worden, und Hitler kam. Und dann hat er eine Rede gehalten, und zwar ohne Konzept.
Ich hatte einen sehr intelligenten Freund, und der hat sich sehr mokiert über diese Rede. Hitler hat zu uns gesprochen wie zu Kindern, er hat die Fabel erzählt vom Fuchs und den Enten, die sich nie vertragen, so sei das in der Natur. Also, die Russen, mit denen kann es keinen Frieden geben. Sehr kurz hat er gesprochen, etwa 10 Minuten. Und dann leerte sich die Halle wieder.
Er stand sehr weit weg. Ich saß auf dem Rang, und er war sehr weit weg. Und dieses Schreien und dies Gestikulieren, das war alles drin in dieser Rede.
Er hatte sich überhaupt nicht vorbereitet, Fetzen aus andern Reden.
Im Film isser viel größer, hat man gedacht.

Offizier, 1916
1942, in Berlin, im Sportpalast, als ich Offizier wurde. Das war die Geschichte, als Keitel vorher ans Mikrophon stieg und uns sagte, wann wir »Heil!« schreien sollten. »Wenn der Führer an der 13. Reihe angekommen ist, hat alles aufzustehen und ›Heil!‹ zu rufen.«

Ein Mann

Am 1. Juni wurden die Teilnehmer unseres Lehrganges zu Leutnanten befördert. Am nächsten Tag fuhren wir nach Berlin in die Reichssporthalle. Hier war eine große Anzahl frisch beförderte Leutnante versammelt. Ein General trat ans Rednerpult und sagte: »In wenigen Minuten betritt der Führer die Halle. Er wird von seinen jungen Offizieren schweigend mit erhobenem Arm begrüßt. Nach seiner Rede verläßt der Führer die Halle unter den brausenden Sieg-Heil-Rufen seiner jungen Offiziere.« – Hitler betrat die Halle mit großem Gefolge. Er wurde schweigend mit erhobenem Arm gegrüßt. In seiner Rede stellte Hitler uns den Generalmajor Scherer als Vorbild hin, der während des Winters bis zum Entsatz drei Monate lang ausgeharrt hatte. Mir kam bei diesen Worten der Gedanke: Hitler, warum stellst du uns einen Verteidiger und keinen vorwärts stürmenden Angreifer als Vorbild hin? Glaubst du selbst nicht mehr an den Sieg? – Nach der Rede schritt Hitler mit seinem Gefolge zum Ausgang, doch trotz Befehls des Generals riefen wir kein Sieg-Heil. Wir blieben stumm. Erst kurz vor dem Verlassen der Halle hörte man drei oder vier Rufe, die schon peinlich wirkten. Vielleicht war die überwiegende Mehrzahl von uns durch den russischen Winter nüchtern und illusionslos geworden.

Institutsleiter, 1924

Im September 1942, als wir die Offiziersausbildung auf der Kriegsschule so gut wie beendet hatten, wurden wir alle im Sportpalast in Berlin zusammengefaßt, ungefähr 10 000 junge Fähnriche müssen das gewesen sein, damit wir den Segen der Partei kriegen konnten. Zuerst wurde uns gesagt: Also ordentlich »Heil!« schreien, wenn Hitler kommt. Das war etwas, was uns angehenden Offizieren eigentlich zuwiderlief, denn wir waren ja dazu erzogen, unsere Gefühle zu verbergen und uns zurückzuhalten. Aber als Hitler dann kam, haben wir tatsächlich »Heil!« gebrüllt, was wir wohl auch sollten, weil Hitler das so gewohnt war.

Zuerst redete wohl Göring oder Keitel, das war so eine richtige Lobhudelei, die ersten katastrophalen Rückschläge hatte es gegeben, in Rußland, und da behauptete Göring, Hitler selbst habe in vorderster Front mit der Pistole in der Hand die Verbände nach vorn geführt.
Von Hitlers Rede weiß ich kein einziges Wort mehr, ich saß wie in Trance.

Prokurist, 1916
Ja, bei der Vereidigung als junger Leutnant in Berlin. Ich schrieb hinterher in mein Tagebuch: »Ave Caesar, morituri te salutant.«

Tankwartsfrau, 1915
Der ist in Friedberg in Schlesien durchgefahren, welches Jahr? 1942 oder 1943. Da waren ja so viel Menschen, da ist er bloß durchgefahren, und man hat gewunken, und er hat auch gewunken, und weiter war nichts.
Der hat ja bald Geburtstag, der Hitler, am 20. April. Komisch, daß man das nicht vergessen tut. Jedesmal, wenn ich 'ne Tankquittung ausschreibe, denk' ich dran.

Kunstmaler, 1921
In der Nähe von Minsk, 1942, im »Gefrierfleischwinter«, wo wir die Kommißbrote mit dem Bajonett zerhackten, da hab' ich ihn gesehen. Er stieg aus dem Wagen, es war eisiger Frost, und er wollte uns wohl ermuntern und führte einen Tanz im Schnee auf, strahlte unechte Aktivität aus. Ich kann nur sagen, daß es um ein Haar zu einer Verhöhnung durch die Fronttruppe gekommen wär'. Jeder merkte die Unechtheit. Er wollte Sicherheit ausstrahlen: Ihr wißt ja, wenn ich komme, dann geht alles gut! Aushalten! Auf der einen Seite ausgemergelte Gestalten mit Maschinenpistolen, von Läusen zerfressen, auf der andern Seite die gesun-

den, wohlgenährten Offiziere, die mit ihm gekommen waren. Furchtbar.

Angestellter, 1906
Ich hab' ihn mal an der Ostfront gesehen, ziemlich von weitem. Aber da war man zu sehr mit was anderem beschäftigt.

Hotelportier, 1920
An der Ostfront, auf dem Rückzug. Wir waren General Henrici unterstellt, und der wieder Schörner. 1943 sind wir zurückmarschiert bis Charkow, und da hat er uns Verwundete besucht. Er war ganz normal, hat gefragt, wie's geht.
Ich kann über den Mann nicht klagen.

Kaufmann, 1917
In München, da waren wir als Soldaten zur Absperrung hinkommandiert. 1943. Er fuhr mit Mussolini durch die Stadt, im offnen Mercedes. Da haben wir untereinander Witze gemacht: Na? Wenn da nun in den Fenstern einer mit'm Gewehr ist, der kann ihn doch ohne weiteres umschießen! Aber nein, das würde ja nicht möglich sein, der würde ja gleich zerrissen werden von der wütenden Menge.
Mussolini grüßte nach rechts, Hitler nach links. Kurz darauf streckten die Italiener die Waffen.
Eine alte Frau, die ihren einzigen Sohn verloren hatte, ganz in Schwarz, soll auf ihn zugegangen sein und ihm die Worte ins Gesicht geschleudert haben: »Sie Teufel!« Man hat ihr aber nichts getan.

Offizier, 1913
Ich hab' ihn mal in Berchtesgaden erlebt, als Begleitoffizier, Schandbar, daß man die Waffen vorher abgeben mußte. Da gab's nur einen Befehl und weiter nichts. Vortrag in der Halle, 'n paar hingeworfene Bemerkungen, und dann konnte man wieder gehn.

Kunstmaler, 1921
In Paris 1943 [?]. Es war das Sehen von Hitler, das mich am wenigsten beeindruckt hat, weil ich ihn damals schon haßte.
Als er da mit dem Auto durch Paris fuhr, hatte man eher den Eindruck eines sich versteckenden, gehetzten Menschen, der aber doch, am Ende seines Lebens, immer noch Macht demonstriert. Ihn umgaben alerte Offiziere, Schützenpanzer und so was.
Er hinterließ alles andere als den Eindruck eines Mannes, der Europa beherrscht. Sauste da so durch.
Das war auch kein offizieller Besuch, sondern mehr so eine Art Kontrolle wohl.

Offizier, 1910
Ich habe viele Führergespräche mitgehört. Ich war Ordonnanzoffizier im Stab. Nachts Dienst, Anruf: »Bitte, Oberbefehlshaber wecken!« Führergespräch. Und da mußte man mithören. Und dann hab' ich ihn gehört und gehaßt. Die Art, wie er mit Generalfeldmarschällen verkehrte, so wie man einen Hund behandelt. Nur Sepp Diedrich hat sich gewehrt, als er Budapest verlor. Sie sollten die Armbinden ablegen. Und Sepp Diedrich hat Kontra gegeben. Da kam ein Tobsuchtsanfall. Ich hab ihn da als kranken Mann erlebt, der nur noch mit Wutanfällen reagierte.
Ich habe Generäle kennengelernt, die die ganze Nacht umhergingen, weil sie die Befehle nicht ausführen mochten.

Kunsthistoriker, 1917
In Rußland, da sah er die Kompanien, die nur noch aus 14 Soldaten bestanden, und er sah die Mauern von toten Soldaten, die man nicht begraben konnte, weil der Boden gefroren war. »Wie kommt das, daß hier so viele Leute fallen?« hat er gefragt. – »Ja, das kommt von der Vorderhangstellung.« »Warum werden denn keine Hinterhangstellungen gebaut?« – Das lag ja nur am Ehrgeiz der Offiziere, die wollten Orden kriegen und haben ihre Leute da verfeuert.
Und da schäumte Hitler und hat gerufen: »Warum bin ich so hintergangen worden?« Und stampfte und riß den Offizieren und Generälen runter, was runtergerissen werden konnte.
Ja, sicher, da bin ich dabeigewesen, das hab ich gesehn. Auf der Krim. 1943. Später kriegten wir dann Manstein, der war in Ordnung.
Hitler ruhte in sich selbst, der hatte selbst nie das Gefühl: Ich bin 'n Scharlatan.

Verleger, 1911
Da kamen immer diese blödsinnigen Führerbefehle, und unser Divisionskommandeur sagte: »Dem werd' ich mal die Meinung sagen!«
Ich seh' ihn noch in der Schlucht, wo die Omnibusse standen, in denen wir unsere Büros hatten. Und als er wiederkam, sagte er: »Der Führer hat doch recht.«

Oberstudiendirektor, 1911
Das Originellste war auf dem Flugplatz von Saporoschje, da mußte ich Benzin bewachen, mit einer MP, und da kam diese berühmte Condor-Maschine, mit Adolf. Die landete da.
Ein kleiner Zug mit dem Finger, und ich hätte Weltgeschichte gespielt. Das ist mir aber erst hinterher bewußt geworden. Nach Stalingrad war das, 1943.

Kaufmann, 1910
Zum letzten Mal und am eindrucksvollsten habe ich ihn 1944 gesehen. Und zwar kamen sämtliche Kriegsschulen zusammen in der Jahrhunderthalle in Breslau. Alle Fähnriche. Ich war damals Begleitoffizier, und da war damals die große Krise, es war aber noch vor dem Attentat, im Frühjahr 1944. Stalingrad war schon gewesen. Die neueste Nachricht, die er brachte, war, daß ein paar griechische Inseln zurückerobert waren.
Er selbst machte einen unglaublich kraftvollen, vitalen Eindruck. Die Fähnriche hätten ihr großes Vorbild im deutschen Landser, sagte er auch.

Oberst, 1896
Später sah ich ihn, dann nochmals. In der Wolfsschanze. Leider kam ich nicht bis in den innersten Kreis hinein, mein Auftrag wurde nicht für so wichtig befunden. Aber ich sah ihn spazierengehen. Er ging nun schon sehr gebückt und war ein gebrochener Mann. Sein Leibarzt, wie hieß er noch, der hatte ihm ja planmäßig Strichnin unter einer anderen Bezeichnung ins Essen gegeben. Wie alle fanatischen Menschen, wenn sie Widerstand finden, so wurde auch er hysterisch. Ja, und dieser Haß entlud sich dann gegen die Juden, die dann auf so bestialische Weise umgebracht wurden, leider. Das hat er sich ja nie angekuckt. Dazu war er zu weich, nein, das hätte er sich nicht ansehen können. Er kuckte sich auch nie eine zerbombte Stadt an. Das hätte ihn in seiner Entschlußkraft beeinträchtigt. Was nützte das, die Städte waren zerbombt, er hätte sie auch nicht wiederaufbauen können.

Ein Mann, 1928
Am 19. April 1944 gehörte ich zur Abordnung der Hitlerjugend, die den Trauermarsch für den Gauleiter Wagner mitmarschieren mußte. Die Trauerfeier war in München, und wir waren aufgereiht auf der Isarbrücke, und da schritt Hitler unsere Front ab. Er

hatte wie üblich die Mütze sehr tief in die Augen gedrückt, er hatte seinen grauen Wehrmachtsmantel an, den er sehr lang trug. Er schaute uns richtig schön an, marschierte da ganz langsam vorbei.

Bibliothekarin, 1939
Ich hab' echt Trauer gehabt um Hitler am 20. Juli, mit 5 Jahren, als das durchs Radio kam. Mein Vater war großer Nazi, der ist 41 schon gefallen. Und meine Mutter hat uns so erzogen: Man ist Nazi und weiter gibt es nichts.
Die Nachricht kam abends durch, das mit dem Attentat vom 20. Juli, und meine Mutter sagte: »Das ist eine ganz große Sünde!«

Landwirt, 1936
Jedes Jahr sind wir nach Goslar gefahren, der Hitler war ja Reichsbauernführer. Nur an einmal erinnere ich mich noch: Das war 1944, das war die größte Schweinerei, die sie mit mir gemacht haben; uns Pimpfe haben die noch an der Panzerfaust ausgebildet, mit acht Jahren! Aber als der Hitler auftrat, das war doch der Mann, guck dir doch nur mal die Reichsautobahnen an. Der hat sich doch durchgesetzt.

Schauspieler, 1929
Dem hab' ich die Hand gegeben, wie wir geschippt haben, 1944. Das war in Tilsit, Memel, an dem Fluß da, und mein Schulfreund stand neben mir, und wir wurden ihm vorgestellt. »Graf von der Pahlen«, sagte mein Nachbar, und da sagte Hitler: »Pahlen.«
Zehn wurden ihm vorgestellt von einem Riesenlager. Von Rastenburg aus waren sie gekommen, da hatten die ihr Quartier. Nervös war ich, ich hab nischt gesehen von ihm. Ich sehe nur noch einen Riesenstab um ihn.
Einen viel größeren Eindruck hat mir Pius XII. gemacht.

Ingenieur, 1916
Er hat auch Glück gehabt. Aber, wenn man eine Sache richtig durchplant, generalstabsmäßig, dann muß es ja hinkommen. Die Organisation Todt z. B. Diese Dinge liefen doch, nicht wahr? Wer weiß nun wirklich, wenn auch Tausende den Hitler gesehen haben, wer weiß, wer der wirkliche Hitler war? Wirklich beurteilen kann ich doch nur einen Menschen, wenn ich nahe mit ihm zusammenkomme. Gewisse Charakterzüge vielleicht ... Aber sonst doch nicht.

Verleger, 1916
Abgesehen von dem Faszinosen, was von ihm ausging, halte ich ihn für intelligent. Wir nannten das beim Kommiß: Selbstkocher. Hitler war ein Selbstkocher, der brachte sich selbst in Rage. Es gab tatsächlich Nationalsozialisten, die bis zur letzten Sekunde glaubten. Ich war in einer Division, die als sehr antinationalsozialistisch galt, unser Chef hatte das goldene Parteiabzeichen. Das waren alles sehr gute Soldaten, in der Gefahr konnte man sich auf sie verlassen. Und der Chef hat sich dann erschossen. Tatsächlich. Weil er keinen Ausweg mehr sah.
Es gab eben Idealisten, die verbohrt waren.

Professor, 1922
Ja, ich hab' ihn gesehen. Aber alles, was die Leute so reden, ich bin der festen Überzeugung, daß seine Bedeutung das Resultat der suggestiven Wirkung, die vom Inhaber der Macht ausgeht, war. Ein verfetteter Kleinbürger mit kurzen Beinen, dickem Bauch und gravitätischen Gesten.
Die Macht verschaffte ihm die Aura, sonst war es nichts. Wie hätte er sonst 10 oder noch mehr Jahre nötig haben müssen, um an die Macht zu gelangen? Das hätte doch viel schneller gehen müssen.

Taxifahrer, 1919
Der Mann war gut, als Übergangslösung. Spätestens 1938/39 hätte er weggemußt. Alles, was dann kam, hat uns zu sehr geschadet, Krieg usw. Das hat ja Hunderte von Milliarden gekostet.

Zahnarzt, 1927
Ich hab' damals Adolf Hitler in mein Gebet eingeschlossen. Und sogar 45 noch, obwohl ich unter der Bettdecke BBC hörte. Das war aus Angst, daß jetzt was auf einen zukommen würde, was man nicht meistern kann.

Hausfrau, 1902
Ja, also, wir haben den alle in'n Magen gekriegt, nicht wahr. Ja, und dann, als der Krieg zu Ende war, da haben wir gesagt, also daß wir den Krieg verloren haben, das ist das kleinere Übel. Wenn der Hitler sich weiter ausgebreitet hätte, dann wär' das ja so – also, es war ja schon sowieso wie Stalin; wenn da irgend jemand was sagte, der wurde abgeführt. Und ich hatte das »Pech«, möchte ich sagen, daß ich einen jüdischen Schwager hatte, meine Schwester war mit einem Juden verheiratet, da wußte ich ja alles, wie das so vor sich ging. Mein Schwager war Rechtsanwalt, der verlor sofort seine Stellung und mußte dann auswandern; da sind sie dann eben ausgewandert – zunächst nach England, dann nach Frankreich, und da wollte er mal sehen, ob er Fuß faßt, und schließlich mußte er nach Israel. Und da sind sie denn dahin gegangen, und da haben wir uns dann 13 Jahre nicht gesehen. Bis sie nachher wiedergekommen sind, aber dann, hier in diesem neuen Regime mit dem Ulbricht usw., da war das natürlich auch wieder schlimm, nicht wahr, d.h., wir haben ja hier im Westen gewohnt, aber die Leute, die alle dort wohnten – es war eine schreckliche Zeit.

Eine Frau
Mein Vater war den ganzen Krieg über da. Das war wichtig. Wir sind auch nicht ausgebombt. Man hat das wie ein wenig beteiligter Zuschauer betrachtet.
Hitler war ihm gleich zu power, um diese Machtstelle zu bekleiden. Auf der andern Seite, dies Großdeutschland, das war doch wieder sehr gewünscht. Es war bloß nicht der richtige Mann.

Eine Frau, 1889
Als mein Mann pensioniert wurde, hat er ein großes Hitlerbild geschenkt bekommen, da sitzt er so auf'm Stuhl. Das hing dann über dem Schreibtisch.

Lehrer, 1940
Ja, ich hab' gesehen, wie mein Vater den abgenommen hat, und meine Mutter, zack!, hinter die Kohlen damit.

Lehrerin, 1930 im Osten
Wir mußten auf dem Feld arbeiten, und neben mir ein schönes blondes Mädchen mit langen Zöpfen. Die war x-mal vergewaltigt worden. Und die sagte: »Eines Tages wird der Führer kommen, er wird auf dem Hügel stehen und sagen: Kommt her alle zu mir!«

Kunstprofessor, 1906
Hitler? Nein. Das hat mich nicht interessiert. Ich habe gleich nach dem Krieg ein Triptychon gemalt, und da war die Sache für mich erledigt.

Lehrerin, 1937
1947. – Ich fuhr allein in einem Zug und war ungefähr 10 Jahre alt, und da kam eine Frau mit ins Abteil, die war ganz resolut, und die setzte sich denn da hin, und da fragte sie mich, ob ich wüßte, wer Hitler war.
Das war das erste Mal, daß ich danach gefragt wurde, und ich wußte was, ich weiß nicht mehr was, aber ich wußte was, und ich hatte jetzt Angst .... Ich hatte wirklich den Eindruck, die fragt jetzt die Kinder aus, und das war mir 'n bißchen unheimlich, und ich hatte Angst, ich würde jetzt nicht das antworten, was sie erwartet. Und dann hab ich irgendwie gar nichts gesagt. Und da sagte sie: »Wehe, wehe! Die haben doch keine Ahnung heute!«

Sebastian Haffner
Die Deutschen und Hitler

Was auf den vorangehenden Seiten geboten worden ist, stellt gewiß keine fachgerechte, »wissenschaftliche« Meinungsumfrage dar. Erstens sind nur ein paar hundert Personen befragt worden, nicht zweitausend, wie es die Meinungsforschungsinstitute für nötig halten. Zweitens sind die Testpersonen nicht als repräsentativer Bevölkerungsdurchschnitt ausgesucht worden, sondern ihre Auswahl ist dem Zufall überlassen geblieben. Drittens sind sie gar nicht direkt nach dem gefragt worden, worauf es den Fragenden offenbar ankam und was die Antworten interessant macht – nämlich, was sie heute von Hitler halten und wie sie ihre heutige Haltung mit ihrer früheren unter einen Hut bringen –, sondern man hat ihnen nur eine scheinbar ganz harmlose und unverfängliche Sachfrage gestellt: »Haben Sie Hitler gesehen?« Dabei kam es natürlich nicht auf das Ja oder Nein an, sondern auf den Ton der Antworten, mehr noch auf die Unter- und Zwischentöne, das scheinbare Nebenher. Das ist mit Tonband und Stenographie festgehalten, genauso wie es herauskam, in seiner ganzen unkorrigierten Unschuld und Unbedachtheit, und das kann man jetzt nachschmecken.

Trotzdem, oder vielmehr gerade deswegen, scheint mir, daß sich aus dem Inhalt dieses Büchleins mehr über das große Thema »Die Deutschen und Hitler« erfahren läßt als aus jeder professionellen Meinungsumfrage. Natürlich, wenn man systematischer vorgegangen wäre und die Testpersonen nach dem üblichen Raster vorgesiebt hätte – Exnazis und Exantinazis, Männer und Frauen, Großstädter, Kleinstädter und Landbewohner, Katholiken und Protestanten, Selbständige, Angestellte und Arbeiter, Siebzig-, Sechzig- und Fünfzigjährige usw. –, wäre das Ergebnis noch hieb- und stichfester. Aber damit wäre weniger gewonnen gewesen als damit verloren wäre, wenn man ihnen Meinungen und Urteile abgefragt hätte, deren sie sich meistens kaum bewußt sind. Auch das bei Meinungsumfragen übliche Auswahlsortiment vorfabrizierter Antworten – »Welches Urteil über Hitler kommt Ihrer Meinung am nächsten?« – hätte nur schablonisierte Ergebnisse gebracht, und vielleicht nicht einmal immer ganz ehrliche. Denn wenn man die Leute auf den Kopf zu nach ihrer Meinung über Hitler fragt – der damaligen und der jetzigen –, wird wohl auch heute immer noch ziemlich viel geschwindelt. Kempowskis listige Indirektheit ist da viel ergiebiger.

Eine statistische Grenze ist durch die Art seiner Fragestellung immerhin mit aller wünschenswerten Schärfe gezogen worden, und die muß man erst einmal festhalten. Seine jüngsten Auskunftspersonen gehören den Jahrgängen 1936 oder 37 an, und ihre Antworten sind bereits ganz kurz, negativ und unbeteiligt. Hitler war von etwa 1942 an unsichtbar geworden, und wer heute jünger als 35 ist, kann ihn nicht mehr gesehen haben. Für Kempowskis Befragung fällt damit die jüngere – und bereits zahlreichere – Generation heute lebender Deutscher aus, und das ist, wie mir scheint, völlig in Ordnung. Denn die Frage nach Hitler ist in Deutschland eine Generationsfrage. Für die Jüngeren ist sie nicht die Frage ihres Verhältnisses zu Hitler, sondern höchstens eine Frage ihres Verhältnisses zu ihren Eltern; allenfalls die Frage: »Wie konntet ihr?« Niemals die Frage: »Wie konnte ich?«

Schuldgefühle kann man von diesen jüngeren Deutschen billigerweise nicht erwarten. Sie sind Hitler nie verfallen und nie von ihm abgefallen. Sie haben sich mit Hitler persönlich nicht auseinanderzusetzen, sie kennen ihn nicht, haben ihn nie gekannt und wollen ihn auch nicht kennen. Wenn man sie deswegen, weil sie ja doch nun einmal Deutsche sind, mit Hitler in irgendeine Verbindung bringt, blicken sie meist verständnislos und ein wenig beleidigt. Mit Recht, mit Recht; es stimmt ja, sie sind nicht schuld an Hitler; man kann sie nicht für ihn haftbar machen; selbstverständlich nicht. Es ist ja auch nur gut, daß sie es so haben wollen und daß es unter den jüngeren Deutschen so gar keine Hitlertradition oder Hitlerlegende gibt. Wir wären sehr beunruhigt, wenn es anders wäre.

Und doch ist es ein merkwürdiges Phänomen, und man täte vielleicht gut, sich einen Augenblick darüber zu wundern. So selbstverständlich, wie die jungen Deutschen denken, ist es nämlich nicht. Als Napoleon (der ja auch gescheitert war) ungefähr so lange tot war wie Hitler jetzt, war in Frankreich die Napoleonrenaissance in vollem Gange; auch und gerade bei der jüngeren Generation, die ihn nicht mehr miterlebt hatte; gerade hatte man seinen Leichnam zurückgeholt und mit Pomp und Gloria im Invalidendom beigesetzt, und ein paar Jahre später regierte in Frankreich wieder ein Napoleon. Nun gut, Napoleon hatte kein Auschwitz an seinem Namen kleben, und er hatte auch Frankreich nicht in ganz so ruiniertem und desolatem Zustand hinterlassen wie Hitler Deutschland. Aber wenn man schon aus Hitlers schauderhafter moralischer und faktischer Hinterlassenschaft erklären kann, daß es keine Pro-Hitler-Tradition gibt – wie erklärt man das ebenso unleugbare Fehlen einer Anti-Hitler-Tradition?

Natürlich, wir wissen es, nach 1945 wollte niemand ein Nazi gewesen sein. Aber auch ein Antinazi – einige hatte es ja immerhin gegeben – wollte so recht niemand mehr gewesen sein, von den Emigranten sind wenige zurückgekehrt, und die deutsche Exilliteratur hat ebensowenig Tradition gemacht wie die Naziliteratur. Es ist schon so: Die Generation, die Hitler erlebt hat – ganz egal, *wie* sie ihn erlebt hat –, hat nachher von diesem Erlebnis nicht mehr sprechen mögen. Sie hat nichts davon an ihre Kinder weitergegeben, und insofern ist die blanke Ignoranz und Uninteressiertheit der Jüngeren das Werk der Älteren. Die deutsche Generation, die Hitler aufgesessen war, hat dafür gesorgt, daß die Erinnerung daran – und also auch die Erinnerung an ihn – abgestorben ist. Sie hat vergessen und vergessen machen wollen. Und die Folge ist, daß die ganze Epoche ausgeklammert und gewissermaßen abgestorben bleibt; man spricht nicht mehr von ihr; man mag nicht mehr an sie denken. Hitler selbst wird nicht mehr studiert und diskutiert. Sein bloßer Name ist eine Art Leerformel geworden, ein Kinderschreck und Popanz.

Das ist ja soweit ganz schön und gut. Besser, als wenn man ihn heroisierte und glorifizierte und nur daran dächte, wie man wieder an ihn anknüpfen könnte, ist es allemal. Ehe man auf die Deutschen nun wieder einprügelt wegen ihrer »Unfähigkeit zu trauern« – um Hitler zu trauern –, sollte man froh sein, daß sie sich in aller Stille so vollständig von ihm abgesetzt – meinetwegen: ihn verleugnet oder »verdrängt« – haben. Aber wundern darf man sich schon darüber. Mindestens macht es neugierig, was da eigentlich in den Deutschen der Hitlergeneration vorgegangen ist. Denn vorgegangen muß doch irgend etwas sein. Es passiert doch nicht alle Tage, daß ein Volk sich so rückhaltlos einem Mann in die Arme wirft und dann hinterher so entschlossen nichts mehr von ihm wissen will – in beiden Bedeutungen dieses Ausdrucks. Was ist da passiert, wie ist das zugegangen? Die Deutschen und Hitler – dieses »und« enthält immer noch ein ungelöstes Rätsel. Wenn man es lösen will, muß man es, scheint mir, vom Ende her aufdröseln, also von der heutigen Abkehr und Ablehnung her. Denn die wirft ein Licht zurück auch auf die Qualität der einstigen Verfallenheit und Begeisterung, während sich vom Damaligen das Heutige schwer erklären läßt. Und da scheint mir Kempowskis Methode ein Treffer zu sein. Denn sie zwingt die Leute, auf zwei Zeitebenen zu reden: Sie erzählen vom Damals, aber im Ton des Heute.

Dabei fällt zweierlei auf. Das erste ist, daß sich die ehemaligen Nazis und die ehemaligen Nazigegner heute kaum unterscheiden. Sie sprechen alle mit derselben sozusagen kopfschüttelnden Geste – ungefähr wie man einen Traum erzählt. »Gottes willen, daß man das alles so vergißt.« »Das glaubt ja heute kein Mensch mehr.« »Na ja, mein Gott, man hat uns das so vorgemacht.« Sind das Nazis oder Antinazis, die da sprechen? Man kann es nicht mehr so recht unterscheiden. Einer fällt im Erinnern noch wie von selbst in die alte Sprechweise zurück, man denkt: Endlich ein richtiger Nazi, einer, der es geblieben ist. Und dann kommt plötzlich: »Pipapo.« Bei denen, die mitgemacht haben: keine Trauer, keine Reue, auch kein Stolz, kein Trotz; bei denen, die dagegen waren: keine Entrüstung, kein Zorn, kein Eifern mehr, keine Genugtuung. Das ist alles wie weggestorben, und die Generationsgenossenschaft verbindet heute mehr, als die einstige Feindschaft noch trennt. Wir haben, wir Älteren, schließlich alle Hitler irgendwie in unserm Leben gehabt – die Antis vielleicht noch stärker, noch schärfer als die Pros –, er war für uns ein Erlebnis, und zwar ein Jugenderlebnis. Die Nazizeit, das vergißt man so leicht, war nicht nur die Nazizeit; sie war auch unsere Jugend, und an seine Jugend denkt nun einmal jeder mit einer gewissen Wehmut – auch mit Bedauern, auch mit Kopfschütteln: Gott, war man damals dumm; aber auch: Gott, war das Leben damals schön und aufregend; und: Na ja, das kommt nicht wieder … So werden die heutigen jungen Linken (und die Minderheit der Jungen, die nicht mitmacht) eines Tages an ihre Jugend denken, wenn es alles nicht mehr wahr ist.

Das zweite, was bei den persönlichen Erinnerungen an Hitler ins Auge springt, ist noch wichtiger. Es ist dies, daß Hitlers Auftritte ja für alle, die nicht zu seiner engsten Umgebung gehörten, Episoden waren – unvergeßliche Episoden, aber eben doch nur Episoden. Und so der ganze Hitler: Jeder hatte ihn damals irgendwie in seinem Leben, aber er war natürlich nicht das ganze Leben. Man dachte nicht die ganze Zeit an ihn, sei es nun in Begeisterung oder in Haß – weit gefehlt. Die meiste Zeit hatte man an ganz anderes zu denken, und das Private war auch damals wie zu jeder Zeit für die meisten Menschen weit wichtiger und weit realer als das Öffentliche. Das ist eigentlich selbstverständlich, und es überhaupt auszusprechen scheint banal. Es wird aber so sehr leicht vergessen. Man hat unwillkürlich immer ein Bild vor Augen, als sei zwölf Jahre lang das ganze Volk in nie endendem Massenrausch ekstatisch um seinen Führer geschart gewesen – ein Bild übrigens, das Hitler selbst, großer Massenregisseur, der er war, mit Eifer und Vorbedacht komponiert hat.

Es ist aber ein trügerisches Bild, und das nicht nur, weil es immer auch ein paar Millionen gab, die nicht jubelten, sondern sich fernhielten, litten und haßten. Auch die Jubler jubelten nicht die ganze Zeit, sondern vielleicht ein-, zweimal im Jahr, oder auch nur alle paar Jahre. Dazwischen hatten sie anderes zu tun. Die Nazis waren nicht die ganze Zeit damit beschäftigt, Nazis zu sein; und die Antinazis nicht die ganze Zeit damit, Hitler zu hassen. Politik war auch damals nur ein verhältnismäßig kleiner Teil des wirklichen Lebens der Menschen, und der Nazismus saß viel lockerer und oberflächlicher im Erdreich der deutschen Wirklichkeit, als er wahrhaben wollte; auch die Gesinnungen waren differenzierter, schwankender und beweglicher, als öffentlich zum Ausdruck kam. Darüber wird noch zu reden sein. Die großen öffentlichen Auftritte Hitlers, die sorgfältig inszenierten Massenversammlungen, Aufmärsche und Jubelszenen waren teilweise gerade dazu bestimmt, das nicht ins Bewußtsein treten zu lassen. Die Massenmobilisierung diente nicht zuletzt der Massensuggestion. Sie suggerierte eine Vorstellung unwiderstehlicher begeisterter Dauereinigkeit, *sollte* sie suggerieren – und hatte Erfolg damit. Die Suggestion hält heute noch vor. Auf praktisch all den alten Filmsequenzen, auf die das Fernsehen heute noch in historischen Sendungen zurückgreift – es gibt ja keine anderen –, sieht man Hitler umgeben von unabsehbaren begeisterten Massen, und ihr Jubelschrei begleitet ihn, wo immer er sich zeigt, wie ein Wagnerisches Leitmotiv. Wer kann da zweifeln, daß das ganze Volk die ganze Zeit wie ein Mann hinter seinem Führer stand?

Gerade über diese Massen- und Jubelszenen erfahren wir nun aus Kempowskis Umfrage viel ernüchternd Komisch-Wirkliches. Die meisten, die Hitler gesehen haben, sahen ihn ja als Statisten bei einem dieser immer wiederholten grandiosen Weihefestspiele, die in dem Auftritt des Führers gipfelten. Oft waren sie einfach hinkommandiert, ganze Hitlerjugend- oder Arbeitsdienstabteilungen, auch Schulen oder Betriebe, und das Erlebnis im ganzen hat, auch in der Erinnerung für die Beteiligten, oft wenig Erhebendes – die langen Anmärsche, die langen Wartezeiten, die fehlenden Toiletten, die Langeweile, die man bekämpfte, indem man schon vorher vorwitzig-unzeitigen Jubel probte – etwa für einen vorbeikommenden Radfahrer –, auch die gewisse Leere und Enttäuschung, wenn nachher der große Augenblick so schnell vorbei – und eigentlich nichts gewesen – war: Hier kommt das alles in all seinen Abtönungen wieder herauf, und man erkennt es wieder, natürlich, so war das, so ist so etwas. Aber gejubelt wurde natürlich doch, und kräftig, wenn es soweit war, dazu war man ja gekommen, und nun wollte man doch auch etwas getan und etwas davon gehabt haben. So entstand dann das Bild, das heute noch vorhält. Am bezeichnendsten finde ich die Geschichte der heute fünfzigjährigen Dozentin aus der Antinazifamilie, die als Kind auf die Straße ging, als es hieß, Hitler komme vorbei (»Man muß ihn doch mal sehen«), und die dann, weil zufällig verhältnismäßig wenige Menschen da waren und die Heilrufe so dünn klangen, unwillkürlich fühlte, sie müßte nun doch mitschreien, um etwas zum Gelingen der Szene beizutragen, und sich dann wieder sagte: »Aber das kannst du doch nicht, wir sind ja nicht für Hitler.« Sie sagt nicht, ob sie schließlich »Heil« geschrien hat oder nicht, vielleicht weiß sie's selbst nicht mehr genau. »Vielleicht fand ich's doch ein bißchen faszinierend damals, das ist schwer zu sagen.« Köstlich – und so wahr! Natürlich, die meisten Leute hatten weniger Hemmungen. Die meisten Leute waren in den mittleren dreißiger Jahren zweifellos »für Hitler« – was immer das nun genau bedeuten mochte.

Richtige Nazis waren sie deswegen noch lange nicht. Die waren, genau wie die wirklichen Antinazis, immer eine Minderheit, und in den Jahren, als die meisten Leute »für Hitler« waren, waren gerade von den eigentlichen Nazis gar nicht so wenige schon wieder aus irgendwelchen Gründen »gegen Hitler« – verkracht, enttäuscht oder sogar, auch das gab es, bekehrt. Die Urnazis, die »alten Kämpfer«, spielten ja in den Jahren der Macht und der Popularität eine eher bemitleidenswerte Rolle; die wenigsten hatten es zu etwas gebracht, viele hatten sich alles ganz anders vorgestellt, und es gab unter ihnen sogar schließlich eine Art Fronde, die freilich im Effekt ebenso frustriert und ergebnislos blieb wie die meisten anderen Widerstandsansätze. Es ist eine Tatsache, daß die Qualität der Hitlerbegeisterung schon wieder im Absinken war, als ihre Quantität den höchsten Pegelstand erreicht hatte – also etwa im Jahre 1938. Man darf auch nicht glauben, daß die breite Begeisterung für Hitler Begeisterung für die Nazis gewesen wäre. Die Nazis waren und blieben eigentlich immer unpopulär – die Rabauken der Frühzeit genauso wie die »Goldfasane« der Machtjahre. »Wenn das der Führer wüßte« war in den dreißiger Jahren ein geflügeltes Wort, und einiges davon schwingt noch in den Aussagen dieses Buches nach. Hitlers Erfolg bei den deutschen Massen war sein persönlicher Erfolg; nicht der seiner Partei, seines Programms oder seiner »Weltanschauung«. Das erklärt zum Teil, warum dieser Erfolg so wenig vorgehalten hat; nachdem Hitler gescheitert und tot war, war nichts mehr da, woran sich die Gefühle, die er entfesselt hatte, halten konnten. Aber daß diese Gefühle nicht einmal als Erinnerung das geblieben sind, was sie einmal waren, daß den Entzauberten nachträglich alles so unwirklich und unbegreiflich geworden ist, das verlangt doch noch eine andere Erklärung. Dazu ist es notwendig, sich diese Gefühle selbst etwas genauer anzusehen.

Sie waren nämlich nicht die gleichen bei allen Anhängergruppen und nicht die gleichen zu allen Zeiten. Die »alten Kämpfer«, die in den zwanziger Jahren zu Hitler stießen, waren andere Typen und hatten andere Motive als die kleinbürgerlichen Massen, die ihm zwischen 1930 und 1932 zufielen. Diese wieder verwahrten sich mit Recht dagegen, mit den »Märzgefallenen« von 1933 in einen Topf geworfen zu werden. Und auch zwischen diesen Opportunisten und den noch späteren Hitleranhängern muß man unterscheiden – den Spät- und Halbbekehrten der dreißiger Jahre, die das Bild eines einigen Volkes von Hitler-Deutschen erst vollständig machten. Und daß dieses Bild dann auch die Kriegsjahre hindurch nur wenig angekratzt erschien, hatte wieder andere Gründe. Es lohnt sich, das alles ein bißchen auseinanderzusortieren; es hilft vielleicht, den noch so gut wie gar nicht analysierten Umkehrungsprozeß zu erklären – den unerwarteten totalen Zerfall des Hitlermythos nach 1945, der ja auch nicht mit einem Schlage, sondern in mehreren Sehüben erfolgte. Ein paar statistische Daten zunächst, die den heute Jüngeren kaum mehr geläufig, aber immer noch staunenswert sind. Bekanntlich hat Hitler bei freien Wahlen nie eine Mehrheit der Stimmen bekommen. Selbst am 5. März 1933, als er schon Reichskanzler und der Wahlkampf seiner Gegner schon terroristisch behindert war, reichte es nur zu 43,9 Prozent für die NSDAP – ein Ergebnis, das seither in der Bundesrepublik sowohl von der CDU wie von der SPD mehrfach übertroffen worden ist. Immerhin hatte Hitler in nur drei Jahren, von 1930 bis 33, seine Anhängerzahl verzehnfacht: Vorher, in den zwanziger Jahren, als es ihn ja auch schon gab, war er nie auch nur an fünf Prozent herangekommen. Und kein Zweifel ist, daß sich nach 1933, in den Jahren der Macht, die Zahl der Anhänger mindestens noch einmal verdoppelt hat, auch wenn man die 99-Prozent-Plebiszite der Jahre 1936 bis 1938 nicht für bare Münze nimmt. Nach 1945 gab es dann plötzlich so gut wie keine Hitleranhänger mehr – wenn man von der kleinen NPD-Welle in den späten sechziger Jahren absieht, die ja immerhin bei den Bundestagswahlen von 1969 auf 4,5 Prozent kam und bei manchen Landtagswahlen noch höher, also wieder ungefähr den Hitleranhang der zwanziger Jahre reproduzierte.

Diese Fieberkurve ist zweifellos anomal und will erklärt sein. Dabei ist es leicht, in den rund fünf Prozent NPD-Wählern der sechziger Jahre die rund fünf Prozent Hitler-Wähler der zwanziger Jahre wiederzuerkennen. Sie stellen einfach das faschistische Dauerpotential dar, das, manchmal offener, manchmal mehr latent, zu allen Zeiten vorhanden ist, übrigens nicht nur in Deutschland, sondern ebenso in den meisten anderen Ländern. Zeitweise, zum Beispiel bei den Bundestagswahlen von 1972 oder auch bei den Reichstagswahlen von 1928, wird es von anderen, größeren Rechtsparteien gebunden und tritt kaum in Erscheinung! Zu anderen Zeiten, etwa bei den Bundestagswahlen von 1969 oder den Reichstagswahlen vom Mai 1924, tritt es offener zutage. So oder so ist es ein Dauerbestandteil des öffentlichen Lebens, aber normalerweise bleibt es eine Randerscheinung.

Die sechs Millionen plötzliche Hitlerwähler von 1930, die 13 Millionen von 1932 und die 17 Millionen vom März 1933 waren natürlich keine Randerscheinung – sie repräsentierten ganze Gesellschaftsgruppen, die man normalerweise nicht als faschistisches Potential bezeichnen kann: die Bauern vor allen Dingen, die 1932 bereits fast wie ein Mann Hitler wählten, aber auch große Teile der städtischen oder gewerblichen Mittelschichten, der Angestellten, der Studenten und des damals zahlreichen akademischen Proletariats. Etwas pauschal kann man sagen, daß damals ein bedrohtes und verängstigtes, wirtschaftlich ruiniertes mittleres Bürgertum Hitler zulief. Noch nicht die Arbeiterschaft: Sie wählte in diesen drei Jahren noch geschlossen SPD oder KPD, mit einer leichten ständigen Linksverschiebung. Noch nicht auch das etablierte höhere Bildungsbürgertum, dem Hitler damals noch stank. Auch noch nicht, obwohl es dauernd behauptet wird, das Großkapital, dem Hitler damals noch sozialismusverdächtig war. Hitler hatte von 1933 ein paar einzelne reiche Patrone, besonders Frauen – die Frau des Klavierfabrikanten Bechstein zum Beispiel und des Kunsthändlers Bruckmann –, auch einen wirklichen Großkapitalisten, Fritz Thyssen, der es später bitter bereute, Hitler finanziert zu haben. Aber das Großkapital als Ganzes hat Hitler nicht »gemacht«; es schritt erst 1933 »zur Kasse«, als er an der Macht war. Auch der Großgrundbesitz und der politische Katholizismus mit ihren Anhängern hatten vor 1933 vor Hitler noch nicht kapituliert, obwohl sie heftig mit ihm flirteten. Aber es war noch ein Flirt von Macht zu Macht, nach der Devise: Koalieren ja, kapitulieren nein. Man kann es an den Wahlergebnissen der Jahre 30 bis 33 ganz deutlich ablesen: Vier Parteien hielten sich in der steigenden Hitlerflut, die Trutzburgen der SPD und KPD, der katholische Zentrumsturm und das konservative Raubritterschloß der Deutschnationalen. Was wegschmolz, waren die bürgerlichen Mittelparteien, was zu Hitler überlief, waren die bürgerlichen Mittelschichten. Ausgerechnet die Mitte! Und warum?

Ganz einfach: aus Not, aus Angst, wenn man will: aus Verzweiflung. Die Jahre von 1930 bis 1933 waren die Jahre der großen Depression, der Bankrotte in der Stadt, der Zwangsversteigerungen auf dem Lande, der Massenentlassungen, des allgemeinen Ruins und der wirtschaftlichen Hoffnungslosigkeit. Und die Regierungen jener Jahre taten nichts dagegen; die Regierung Brüning (1930 bis 1932) tat sogar alles, um die Not noch zu verschlimmern (Brüning wollte der Welt Deutschlands Zahlungsunfähigkeit als Reparationsschuldner beweisen). Der einzige, der versprach, die Wirtschaft wieder in Gang zu bringen, war Hitler – ein Versprechen, das er übrigens gehalten hat. Die Arbeiter und auch die Kapitalisten glaubten damals noch nicht, daß er es halten könnte; vielleicht glaubten es auch die Mittelstandsbürger nicht wirklich, wenn sie darüber nachdachten, aber sie waren damals nicht in der Verfassung, viel nachzudenken, und wenn sie schon nicht glaubten, hofften sie jedenfalls. Sie waren in Panik, und Hitler war ihre einzige Hoffnung. Der Ertrinkende klammert sich an einen Strohhalm. Für den ertrinkenden deutschen Mittelstand der Depressionsjahre war Hitler ganz einfach der Strohhalm, an den er sich klammerte.

Das erklärt die 18 Prozent Hitlerwähler von 1930, die 37 Prozent von 1932 und die 44 Prozent von 1933. Entschuldigt es sie auch? Ankläger der Deutschen haben oft darauf hingewiesen, daß die Wirtschaftsdepression weltweit war, aber in anderen Ländern keinen Hitler an die Macht brachte. In Amerika wählten die Leute Roosevelt und seinen New Deal; in England und Frankreich gab es große Koalitionen der hergebrachten Parteien, auch mit Rechtsdrall, aber ohne Aufhebung der demokratischen Freiheiten. Man erklärt das im allgemeinen damit, daß Amerika, England und Frankreich eben ältere und gefestigtere Demokratien waren als das Weimarer Deutschland, daß dort die instinktiven Widerstände gegen eine Ein-Mann-Diktatur stärker und solider waren, und daran ist natürlich etwas Wahres. Aber die ganze Wahrheit ist es, glaube ich, nicht, und nicht einmal der entscheidende Unterschied ist damit ausgesprochen. Der entscheidende Unterschied zwischen den Westländern und Deutschland war nicht, daß dort die Demokratie fester verwurzelt war (obwohl das zutrifft), sondern daß es dort demokratische Politiker gab, die ein Rezept gegen die Depression hatten oder wenigstens anboten, die die Not zu wenden versprachen. In Deutschland gab es keinen solchen demokratischen Politiker. Von den Sozialdemokraten bis zu den Deutschnationalen gab es nur hilfloses Achselzucken und phrasenhafte Durchhalteparolen. Hoffnung gab es hier nur bei Hitler – und, auf andere Art, bei den Kommunisten, die unter den Arbeitern und Arbeitslosen ja auch kräftig Boden gewannen in diesen Jahren. Aber für die Bürger waren die Kommunisten natürlich tabu. Für die gab es damals eben nur Hitler – oder nichts. Ob man das nun als Entschuldigung gelten lassen will oder nicht – die wahre Erklärung für den Massenzustrom, der ihn zur Macht trug, ist es jedenfalls.

Und was erklärt den weiteren Massenzustrom, der bis 1938 die Zustimmung und Selbstunterwerfung bis zu 90 Prozent und darüber hinaus trieb? Wenn Hitler in den Jahren 30 bis 33 sich hauptsächlich als Retter in der Not dargestellt und mit seinen böseren Absichten eher hinter dem Berge gehalten hatte – einmal an der Macht, zeigte er ja sofort die Krallen: Verbot aller konkurrierenden Parteien, Verfolgung politischer Gegner, Judenverfolgung, Kirchenkampf, Pressegleichschaltung, Kulturknebelung, Rechtsbeugung, Konzentrationslager, in denen gefoltert wurde, ungesühnte Mordtaten –, wie konnte das alles ignoriert, verziehen oder sogar gebilligt werden, wie kann man erklären, daß es keine Gegenbewegung und keinen wirksamen Widerstand erzeugte, sondern daß im Gegenteil Hitler als Machthaber auch die ehemaligen Gegner und die ehemals Zweifelnden fast vollzählig zu sich herüberzog?

Merkwürdigerweise finde ich es in der Rückschau erklärlicher, als ich es damals fand. Damals sah ich es mit fassungsloser Empörung mit an, mit Grauen und Ekel, bis ich schließlich wegging. Übrigens denn doch nicht ich allein. Die »innere Emigration« – man mag darüber denken, wie man will, aber es gab sie.

Ich habe bis 1938 in Berlin gelebt, und ich lebte damals in einem verhältnismäßig großen Freundes- und Bekanntenkreis, der ausschließlich aus Hitlerfeinden bestand. Das war gar nicht besonders schwierig oder unbequem; im Gegenteil, wie leicht bildeten sich damals Freundschaften auf der bloßen Grundlage gemeinsamen »Dagegenseins«! Manchmal konnte man fast der Täuschung verfallen, daß die meisten Leute im Grunde immer noch »dagegen« seien. Natürlich war das eine Täuschung. Und natürlich half alles Dagegen*sein* nichts, da es nichts gab, was man effektiv dagegen *tun* konnte, und da man mit allem, was man tat, auch dem Harmlosesten, ja doch irgendwie dem diente, was man so erbittert ablehnte. Aber ich komme ab. Ich will ja hier nicht die Psychologie der Hitlergegner erklären, sondern die der späteren Hitleranhänger. Und wie gesagt, die Erklärung fällt mir heute leichter als damals.

Sie ist nicht in allen Fällen besonders schmeichelhaft, auch heute noch nicht. In manchen ist es allzumenschlich. Zum Beispiel darf man den Faktor Angst nicht ganz übersehen. Nach 1933 war es ja nicht mehr ungefährlich, in Deutschland ein offener Hitlergegner zu sein. Es gab Konzentrationslager, und es gab Denunzianten. Viele Leute nahmen Schutzfarbe an. Und Schutzfarbe hat oft die unangenehme Eigenschaft, auf die Dauer auch nach innen abzufärben.

Es gab noch etwas anderes, noch weniger Attraktives als Angst: den verbreiteten Wunsch, sich dem Triumphzug des Siegers einzureihen, dabeizusein, mitzumachen. Auch das ist ein ewiger, menschlich-allzumenschlicher Zug. Er ist heute so wirksam wie eh und je. Bei den Wahlen vom 19. November 1972 zum Beispiel bekam bekanntlich die SPD knapp 46, die CDU knapp 45 und die FDP gut 8 Prozent der Stimmen. Bei einer Meinungsbefragung vier Wochen später war das Ergebnis: SPD 52 Prozent, CDU 29 Prozent, FDP 16 Prozent. Ich sympathisiere mit der SPD und FDP mehr als mit der CDU, aber ich kann mir nicht helfen, als ich dies Umfrageergebnis las, fiel mir der Frühling und Sommer 1933 wieder ein – die unwürdige Hast, mit der viele, die im

März noch gegen Hitler gestimmt hatten, jetzt auf seinen Siegeswagen kletterten. Die »Märzgefallenen« von 1933 scheinen mir auch heute noch die Verächtlichsten unter allen späteren Gefolgsleuten Hitlers.

Aber nicht alle diese Spätbekehrten waren verächtlich, und nicht alle handelten nur aus Angst oder aus Opportunismus. Was die Zweifler bekehrte und die Gegner unsicher machte, was die Empörung über die Konzentrationslager übertönte und die Kritik an Rassegesetzen, Kultur- und Kirchenfeindschaft zum bloßen »Meckern« abwertete, war zweierlei: das Hitlersche Wirtschaftswunder und die unglaublichen, ebenfalls an Wunder grenzenden Erfolge Hitlers in der Außenpolitik. Dem war in der Tat schwer zu widerstehen.

Von Hitlers Wirtschaftswunder spricht heute keiner mehr. Es hat's aber gegeben, und es war für die Mitlebenden ein größeres Wunder als später die Erhardsche Wiederaufbaukonjunktur. 1933 gab es in Deutschland sechs Millionen Arbeitslose; 1936 herrschte Vollbeschäftigung. Was alle die Brünings und Brauns für unmöglich erklärt hatten – Hitler hatte es geschafft, in kurzen drei Jahren. Sein Versprechen, die Wirtschaft wieder in Gang zu bringen, von allen Fachleuten als wilde Demagogie in den Wind geschlagen – er hatte es wahrgemacht. Dagegen war schwer aufzukommen. Für die meisten Menschen war es nun einmal wichtiger, daß es ihnen gutging, als daß Hitler den Juden Unrecht tat oder sich mit den Kirchen herumzankte oder die Künstler schikanierte. »Der Mann mag seine Fehler haben, aber er hat uns wieder Arbeit und Brot verschafft.« Ich höre es heute noch, und immer noch fällt mir keine rechte Antwort ein. Besonders die Arbeiterschaft, die noch 1933 geschlossen und erbittert gegen Hitler gestimmt hatte, war damit – wenn nicht gewonnen, so doch mindestens neutralisiert. Ein Restbestand von Mißtrauen und Zweifel ist unter den Arbeitern vielleicht nie ganz ausgestorben; aber mehr als ein Restbestand war es nach der Mitte der dreißiger Jahre bei den meisten kaum mehr. Die verblüffte Dankbarkeit war stärker. Alles in allem akzeptierten sie Hitler jetzt. Wenn es verlangt wurde, bei Betriebsbesuchen und Maiaufmärschen, leisteten sie auch ihr Jubelsoll. Und kann man es ihnen eigentlich übelnehmen?

Das Wirtschaftswunder hatte keiner Hitler so recht zugetraut; noch weniger das außenpolitische Wunder. »Die Ketten von Versailles abschütteln« – ja, das schien leichter gesagt als getan. Aber dann gelang es Hitler wirklich, gelang scheinbar spielend, und die Skeptiker standen blamiert und beschämt da, auch vor sich selber. Die Wehrpflicht, die Rheinlandbesetzung – es ging ja alles wie geschmiert. Und es brachte nicht einmal neue Spannungen und Ängste, im Gegenteil, die englischen und französischen Minister und Politiker, noch gestern auf so hohem Roß, schienen plötzlich wie ausgewechselt. Bei den Olympischen Spielen in Berlin gab sich die Welt ein Stelldichein, bei den Parteitagen in Nürnberg fehlte es nie an ausländischen Ehrengästen, der alte sagenhafte Lloyd George, einst Deutschlands grimmiger Feind, der Sieger im Ersten Weltkrieg – jetzt kam er zu Hitler nach Berchtesgaden und sprach nachher entzückt und begeistert von seinem Gastgeber. Und dann der Anschluß Österreichs, und dann München, wo Chamberlain und Daladier Hitler das Sudetenland auf dem Präsentierteller darbrachten! Ja, um Gottes willen, was sollte unsereiner denn da noch kritisieren?

Das Wirtschaftswunder hatte die Arbeiter überzeugt, das außenpolitische Wunder überzeugte die patriotischen Großbürger. »Man kann gegen den Mann sagen, was man will, aber er hat Deutschland wieder groß und angesehen gemacht.« »Schön, das mit den Juden gefällt mir auch nicht, aber man kann doch jetzt als Deutscher wieder den Kopf in der Welt hochtragen.« Schwer, dagegen anzureden. Natürlich hatte die Art von Patriotismus, die sich da ausdrückte, etwas Eitles und Falsches, nach der äußeren Wirkung Schielendes; der rechte Patriotismus, der das eigene Land im Innern so anständig und menschlich gestalten will, wie es nur irgend geht, war es nicht. Aber es war derselbe Patriotismus, der überall gang und gäbe war und vielfach noch ist – »Vive la France!« »America first!« »Rule, Britannia!« Ein speziell deutsches Laster war es nicht. Außenpolitische Erfolge machen überall populär. Und man mußte lange suchen, um solche außenpolitischen Erfolge zu entdecken, wie sie Hitler in ununterbrochener Folge Jahr für Jahr einheimste.

Es war übrigens noch etwas anderes und Tieferes als bloße patriotische Genugtuung und bloße Dankbarkeit für wiederhergestelltes materielles Wohlbefinden, was bei alldem mitschwang, nämlich ein gewisses, nicht einmal unsympathisches, bescheidenes Mißtrauen gegen das eigene Urteilsvermögen. Man muß sich darüber klar sein, daß die meisten Leute, die 1933 noch gegen Hitler gestimmt hatten und erst nachher ihren inneren Widerstand aufgaben – und das war immer noch die Mehrheit der Deutschen –, für die abstoßenden und erschreckenden Züge dieses Mannes und seiner »Weltanschauung« durchaus nicht blind waren. Sie hatten ihn ja nicht gewollt, er hatte sie eher abgestoßen, auch jetzt fanden sie ihn mitunter immer wieder einmal schwer erträglich: der Bombast, das ewige Geschrei, die Unbescheidenheit, das Über-alles-Bescheid-wissen-Wollen, die Grausamkeit, die Humorlosigkeit, die hysterische Maßlosigkeit – furchtbar! Und das »nationalsozialistische Gedankengut«, dieses Flickwerk von dogmatisierten Feuilletonismen – unmöglich ernst zu nehmen! Und doch, und doch. Was alte Hitlergegner, gebildete und geschmackvolle Bürger und sozialdemokratisch geschulte Arbeiter, selbst gläubige Christen oder Marxisten, sich angesichts von Hitlers nicht abreißenden Erfolgen und Wundertaten immer wieder fragten – fragen mußten –, war: Könnte es sein, daß meine eigenen Maßstäbe falsch sind? Stimmt vielleicht alles nicht, was ich gelernt und woran ich geglaubt habe? Bin ich nicht durch das, was hier unleugbar vor meinen Augen geschieht, widerlegt? Wenn die Welt – die wirtschaftliche Welt, die politische Welt, die moralische Welt – wirklich so wäre, wie ich es immer geglaubt habe, dann müßte doch ein solcher Mann auf die schleunigste und lächerlichste Weise Schiffbruch machen, ja er könnte doch überhaupt nie so weit gekommen sein, wie er gekommen ist! Er ist aber in weniger als zwanzig Jahren aus dem völligen Nichts zur Zentralfigur der Welt geworden, und alles gelingt ihm, auch das

scheinbar Unmögliche, alles, alles! Beweist das nichts? Zwingt mich das nicht zu einer Generalrevision aller meiner Begriffe, auch der ästhetischen, auch der moralischen?
Wie gesagt, eigentlich ein durchaus sympathischer Selbstzweifel, und weit verbreitet auch heute noch, in einer Zeit ständigen Weltwandels und einer grundsätzlichen Skepsis, die sich nur noch durch das Experiment überzeugen läßt. Aber von dort bis zum ersten, noch halb widerwilligen »Heil Hitler« war es nicht weit. Das Experiment Hitler schien eben gelungen – und beweiskräftig. Nein, Gott sei Dank, nun mißlang es doch – nun hatte er sich doch verrechnet, nun gab es Krieg! Man hatte es ja immer kommen sehen! Der Kriegsausbruch war der stärkste Knick in der schon fast vollständig gewordenen Hitlergläubigkeit der Deutschen, der Krieg war unpopulär, und er bewies auch, daß Hitler eben doch nicht unfehlbar war. Jetzt fielen viele innerlich ab, einige Generäle und Politiker spielten sogar mit Umsturzplänen. Und dann – wieder nichts! Der Mann blieb auch im Krieg ein Wundertäter. Polen in drei Wochen erledigt, Frankreich in sechs Wochen – jetzt war kein Zweifel mehr, Hitler hatte übernatürliche Kräfte. Als er dann auch Rußland und Amerika annahm, folgten ihm alle bedenkenlos.
Und dann? Ja, dann wurde es eben ernst. Der Wunderglaube an Hitler starb nach Moskau und Stalingrad. Auch wohl die Hitlerbegeisterung von einst. Hitler selbst wurde unsichtbar, das magische Band zwischen ihm und den Deutschen ließ er abreißen. Die Schreckenstaten, die den Krieg begleiteten, verheimlichte er vor den Deutschen, so gut es ging, und sie wollten ja auch lieber gar nichts davon wissen – immer noch, wenn man will, eine Art stummes Einverständnis, eine Verschwörung des Schweigens. Denn jetzt wurde das allbeherrschende Gefühl einfach: »Mitgegangen, mitgehangen.« Für eine innere Auseinandersetzung mit Hitler war es jetzt zu spät. Auch für diese letzte Phase gibt es eine Aussage von brutaler Aufrichtigkeit in Kempowskis Zitatensammlung: die von dem jetzt 45jährigen Zahnarzt, der 1945 Adolf Hitler in sein Gebet einschloß, während er unter der Bettdecke

BBC hörte: Das könnte man fast als Symbol für den allgemeinen deutschen Seelenzustand in der späteren Kriegsphase bezeichnen. »Ich hatte Angst vor dem, was jetzt kommen würde.« Die letzte Klammer zwischen Hitler und den Deutschen war Angst. Das war denn auch das einzige, was die Alliierten in Deutschland vorfanden, als sie das besiegte und zerstörte Land 1945 übernahmen. »Angst, aber keine Besserung«, konstatierten sie enttäuscht. Es gab keine Revolution wie 1918. Auch keine sichtbare Umkehr, auch keine Reue. Schuldbekenntnisse gaben nur die Unschuldigsten ab – die Bekennende Kirche zum Beispiel. Im übrigen waren die Deutschen ja freilich auch vollauf mit Überleben beschäftigt. Die Selbstmorde Hitlers und der anderen Nazigrößen 1945, die Hinrichtung der zweiten Garnitur in Nürnberg 1946 fanden kaum ein Echo. Auch die Anfänge eines neuen öffentlichen Lebens, die Ländergründungen, der Frankfurter Wirtschaftsrat – alles kaum wahrgenommen; selbst die Staatsgründungen von 1949 blieben matt. Fremde Beobachter gaben der neuen Bonner Demokratie kein langes Leben. »Die Deutschen sind über Hitler nicht hinweggekommen«, war das allgemeine Urteil. Und von der »unbewältigten Vergangenheit« redeten ja auch die Deutschen selbst noch jahrelang, bis sie des Schlagworts allmählich müde wurden und merkten, daß an dieser Vergangenheit nichts mehr zu bewältigen war. Sie hatte sich erledigt.

Die Art, wie sie sich erledigt hat, das beinah stumme Zu-den-Akten-Legen und Darüber-Hinweggehen, hat viel Kopfschütteln erregt. Man hatte eine Auseinandersetzung mit den Nazis erwartet, so etwas wie einen Kampf und nachträglichen Sieg der Gegner Hitlers über seine Anhänger – und dabei übersehen, daß das gar nicht möglich war, weil sie dieselben Leute waren. 1938 oder 1940 hatte es kaum mehr Hitlergegner gegeben, und jetzt gab es kaum mehr Hitleranhänger. Nicht davon zu reden, daß wohl fast jeder immer ein Stückchen Anhänger und ein Stückchen Gegner in sich gehabt hatte. Natürlich gab es die Erz- und Urnazis, die alten Kämpfertypen, und die sind auch nachgewachsen (die ursprünglichen sind jetzt wohl meistens tot) und haben immer wieder einmal ein bißchen von sich reden gemacht. Wie ich schon sagte, sie sind das faschistische Potential, das es als Randgruppe in allen Ländern und zu allen Zeiten gibt. Man lebt mit ihnen wie mit den Viren und Bakterien, die man ständig mit sich herumträgt, ohne an ihnen zu erkranken.

Die große Kollektivkrankheit, das Hitlerfieber, das die Deutschen um 1930 befiel und sie dann fünfzehn Jahre durchschüttelte, hatte mit ihnen kaum etwas zu tun. Woher das kam, das habe ich zu erklären versucht, und wer dieser Erklärung folgt, wird leicht verstehen, warum es nicht zurückgekehrt ist. Der Wunderglaube an Hitler war schon in der zweiten Kriegshälfte gestorben. Die Kollektivangst, die er hinterlassen hatte, legte sich in der zweiten Hälfte der vierziger Jahre. Die Wirtschaftskrise, die Hitler seine große Chance gegeben hatte, ist nicht wiedergekommen. Das Wirtschaftswunder und die außenpolitischen Erfolge, die ihn zu bestätigen schienen, hat inzwischen auch die Demokratie zustande gebracht – sogar ein besseres Wirtschaftswunder und gesündere außenpolitische Erfolge, auch wenn sie heute Alltagskost geworden sind. Die Chancen für einen neuen Hitler, wenn es ihn gäbe, sind heute in Deutschland denkbar schlecht. Die Deutschen warten auf keinen Messias mehr. Der eine, falsche, auf den sie hereingefallen sind, war ihnen genug.

Überstandene Krankheiten, sagt man, geben Immunität. Man bekommt die Masern nicht zweimal. Man denkt an die überstandenen Masern auch nicht viel zurück. Hitler ist heute in Deutschland kein Gesprächsthema. Die Älteren erinnern sich an ihn, o ja, zweifellos. Wenn man sie fragt, antworten sie: »Dann hat er die Front abgeschritten, und es sind mir heilige Schauer durch den Körper gegangen.« »Mir ist heute noch rätselhaft, wie ein Mann einen so mitreißen konnte.« So wie man eben von überstandenen Krankheiten spricht. Ich finde das gesund.

Nur im Generationskampf ist Hitler immer noch eine Waffe. Ältere Professoren und Journalisten bekommen periodisch Zitate aus Büchern und Artikeln an den Kopf geworfen, die sie zwischen 1933 und 1945 geschrieben haben. Meist werden sie

dadurch in peinliche Verwirrung versetzt. Mir tun sie eher leid, und ich frage mich, was ihre jungen Verfolger wohl damals geschrieben hätten, wenn sie hätten schreiben können – denn von Symptomen milden Kollektivfiebers sind auch sie nicht immer frei; jede Zeit entwickelt ja ihr eigenes. Was aber Hitler und die Deutschen betrifft, so ist der heutige Stand der Dinge unübertrefflich in dem kurzen Dialog aus Marlowes *Juden von Malta* zusammengefaßt, der einen Hemingwayroman als Motto ziert:
»Aber du hast Hurerei getrieben.«
»Ja. Aber das war in einem anderen Land. Und außerdem ist die Hure tot.«

(1973)

Walter Kempowski

Haben Sie davon gewußt?

Deutsche Antworten

Mit einem Nachwort von Eugen Kogon

Die Jahreszahlen verweisen auf das Geburtsjahr der jeweiligen befragten Person.

Editorische Notiz

»Das haben wir nicht gewußt« – diese Antwort kriegten viele Ausländer nach dem Krieg in Deutschland zu hören. Sie wurde typisch für die Ohne-mich-Einstellung, mit der man sich 1945 der Verantwortung für die Naziverbrechen zu entziehen suchte: Mich hat immer interessiert, ob die Deutschen tatsächlich so unbegreiflich uninformiert gewesen sind oder ob diese Antwort eher als eine trotzige Abwehr zu verstehen ist, mit der meine Landsleute ihre Betroffenheit verbargen.

Ich habe dann also, um Genaueres zu erfahren, vielen Menschen diese Schlüsselfrage gestellt: »Haben Sie davon gewußt?«, und ich war überrascht von der Freimütigkeit, mit der die Frage bejaht wurde. Vielleicht lag es an der uninquisitorischen Art, in der ich fragte, vielleicht haben die Deutschen aber auch inzwischen den Ungeheuerlichkeiten gegenüber zu einer anderen Einstellung gefunden. Ich habe die sprichwörtlich gewordene Antwort »Davon haben wir nichts gewußt« jedenfalls äußerst selten zu hören bekommen. Fast jeder Befragte sagte allerdings gleich erst einmal: »Nein!« Und dieses »Nein!« sollte wohl bedeuten: Ich will nichts damit zu tun haben. Nach diesem ersten schroffen Nein gab man mir dann aber freimütig das preis, was man sich in einer immer wieder notwendig vollbrachten Denkarbeit zum Abruf zurechtgelegt hatte.

Es stimmt schon, wir wissen heute alles über die KZs der Nazis, die Literatur ist unübersehbar. Wenn ich mich dennoch entschloß, die Aussagen zu veröffentlichen, so tat ich es einerseits, um die Erinnerungen an meine eigene achtjährige Zuchthauszeit in Bautzen – beschrieben in den Büchern *Im Block* und *Ein Kapitel für sich* – gebührend zu relativieren. Andererseits dachte ich mir, wenn diese Bilder, die unsere Mitmenschen noch immer mit sich herumtragen, diese schattenhaften Eindrücke, nicht aufgeschrieben und aufgehoben werden, dann ist das Leiden all der vielen Opfer noch sinnloser, als es ohnehin schon war. Aufgeschrieben und nach Hause getragen, kann wenigstens noch das Echo der Schrecken vernommen werden, es kann zur Schärfung unseres Gewissens dienen.

Der Leser sollte von der Lektüre dieser etwa 300 Antworten, die übrigens nur eine Auswahl aus meinen Aufzeichnungen sind, kein demoskopisch exaktes, repräsentatives Ergebnis erwarten. Ähnlich wie in meinem Buch *Haben Sie Hitler gesehen?* – das in gewisser Weise als ein Pendant zu dieser Sammlung gelten kann – hat er aber die Möglichkeit, mit einer Sonde sich Zugang zu verschaffen zum gegenwärtigen Bewußtseinsstand unseres Volkes. Dem Leser meiner Romane, dieser »deutschen Chronik«, wird durch die »Befragungsbücher«, wie man sie nennen könnte, eine allgemeinere, ja chorische Begleitung und Erklärung an die Hand gegeben. Mag er die Romane für zu privat oder die »Befragungsbücher« für zu allgemein halten: In der Gegenüberstellung beider liegt die Wahrheit verborgen, ist die Antwort zu suchen auf die Frage: Wie konnte es geschehen?

Zum Schluß noch eine Bemerkung. Mir widerstrebte es, bei der Anordnung der vielen Antworten dramatische Prinzipien walten zu lassen. Ich wollte diese meistens in tiefem Ernst abgegebenen Antworten nicht durch eine zyklische Struktur künstlich zurichten. Am angemessensten erschien es mir, die Antworten chronologisch zu reihen, also nach dem Datum, das die Befragten für die jeweilige Erinnerung annahmen oder angaben, wobei sie sich allerdings zuweilen irrten. Ganz von selbst ergab es sich freilich, daß ich, ohne dieses Prinzip zu verlassen, Zusammengehöriges zusammenstellte.

Walter Kempowski

1

Bäcker, 1917
Nein, ich nicht; nee.

Bäcker, 1917
Ob ich von KZ gehört hab'? Eigentlich weniger.

Hausfrau, 1898
Ich bin in einer Kleinstadt groß geworden. Ich kannte keine Juden. Wir haben mal eine Jüdin hier am Haus gehabt, die war aber lange tot, als das mit den Juden losging, das war 'ne alte Frau. Und sonst haben wir Umgang mit Juden gar nicht gehabt.

Hausfrau, 1896
Nein. Selbst durch Mundpropaganda nicht, ehrlich nicht. Da war ja jeder vorsichtig. Wenn's wirklich jemand erfahren hätte, der hätte sich gehütet, das weiterzuerzählen.

Ein Mann, 1897
Gehört kaum. Bei uns in Wilhelmshaven gab's kaum Juden, die waren ganz schnell verschwunden. Von KZ hab' ich auf Ehre nichts gewußt.

Eine Frau, 1931
Das Wort »Konzentrationslager« ist mir nur im Geschichtsunterricht begegnet, und zwar im Zusammenhang mit den Buren.

Vertreter, 1921
Was die Russen gemacht haben? – Die Nazis? – Nein. Ich bin bei der Marine gewesen, ich hab' davon nix gemerkt und erfahren.

Lebensmittelhändler, 1912
Ich nehme es den Leuten ab, die in Kleinstädten gewohnt haben, den Krieg über, daß sie nichts gewußt haben; den Nazis sowieso, weil die nichts wissen wollten.

Fahrer
Wollen Sie auch die Behauptung von Kiesinger hören, daß er nichts gewußt hat?

Dozent, 1931
Merkwürdig, daß uns das Ausland das nicht abnehmen will, daß wir nichts von den Vergasungen gewußt haben. Wahrscheinlich ist es in Rußland jetzt genauso oder doch so ähnlich. Jede Diktatur hat das wohl als Staatsgeheimnis, daß da Leute eingesperrt werden.

Landwirt
Mir ist es unverständlich, daß die ältere Generation heute immer wieder sagt, sie hätte von all diesen Geschehnissen nichts gewußt. Jeder Bürger wußte zumindest während des Krieges: wenn einer nicht spurte im Sinne der Partei, dann mußte er verschwinden, und wohin, das war bestimmt jedem bekannt.

Hausfrau, 1905
Nö, hab' ich nichts von gewußt. Kann ich mir auch gar nicht vorstellen, daß ein Mensch wie Hitler, der doch wirklich kinderlieb war, der sich so mit der Jugend abgegeben hat, daß das so gewesen sein soll, kann ich mir einfach nicht vorstellen, das ist ein Ding der Unmöglichkeit.

Kaufmann, 1931
Schon, daß man sich vor dem bösen Nachbarn fürchtete, vor den Leuten, die einem nicht grün waren, daß man also die Klappe gehalten hat, wenn einer mit'm Ochsenauge in die Nähe kam, das spricht doch dafür, daß man etwas von der Ungesetzlichkeit geahnt hat.

Lagerist, 1918
»Der bespitzelte Spitzel bespitzelt den bespitzelten Spitzel«, so sagt man heute in der DDR, und das gilt natürlich genauso für die Nazizeit.

Internist, 1920
Ich war als angehender Mediziner in einer Studentenkompanie, und diese Leute galten damals als leicht unzuverlässig, weil sie immer ein bißchen kontra waren. Wir haben uns in kleinem Kreis zusammengefunden, weil wir kontra waren, aber auf KZ ist nie das Gespräch gekommen. Von KZ haben wir nie etwas gehört.

Redakteur, 1921
Ich muß Ihnen wirklich sagen, die Bilder verschieben sich. Man hat nach dem Krieg so viel gehört und gesehen, daß ich wirklich nicht mehr weiß: Was hast du nun selbst gesehen, mit eigenen Augen?

Bauer, 1926
Ich hab' erst in der Gefangenschaft davon gehört. Sonst nur Anfang des Krieges. Eine Bekannte meiner Mutter war Jüdin, die hatte große Angst, daß sie »verlegt« werden würde.

Ingenieur, 1924
Man wußte, daß die Juden weg sind, aber daß es so etwas wie Vernichtungslager gegeben hat – nein.
In der Gefangenschaft hat man's dann zum erstenmal gehört!

Steuerberater, 1930
Nie. Ich wußte nur, daß ein Onkel von uns dort gestorben ist. Am Ende des Krieges hab' ich das erfahren.

Hotelier, 1918
Konzentrationslager? Wissen Sie, mein Schwiegervater war Jurist. Ich hatte ein ganz anderes Koordinatensystem.

Physiker, 1926
Ich würde sagen: Alle haben was gewußt. Aber was sich tatsächlich abgespielt hat, das hab' ich bis nach Kriegsschluß nicht für möglich gehalten.

Hausfrau, 1923
Wir wußten davon, aber nicht speziell, was und wo.

Technischer Zeichner, 1922
Man hat gedacht, da werden irgendwo Menschen gefangengehalten, zu Unrecht gefangengehalten, aber was Genaueres hat man nicht gewußt.

Polizeibeamter, 1924
Daß sie in Arbeitslager kamen, das hat man gewußt, aber daß sie getötet wurden, hat man nicht gewußt. Das war ja ein Schock, als man das das erste Mal hörte. Viele haben's wohl auch gar nicht wissen wollen. Haben's weggeschoben von sich.

Postbeamtin, 1894
Nee. An so was Schreckliches habe ich überhaupt nie geglaubt. So was Schreckliches mag ich gar nicht im Gedächtnis behalten.

Verwaltungsangestellte, 1926
Nein. – Im Betrieb gab es Andeutungen, daß da Leute aus dem KZ sind. Flugzeugindustrie. Aber realisiert habe ich das nicht.

Bankbeamter, 1910
Mir war vieles – ich kann nicht sagen »klar«, aber daß vieles schlimm war, das hab' ich geahnt.

Chemiker, 1897
Im Krieg wurde von der Judenvernichtung gesprochen, worauf man sich sagte: Gott, erzählen können sie einem viel. – Im Ersten Weltkrieg wurde uns ja auch vorgeworfen, wir würden die Toten in die Seifenfabrik tun und irgend so etwas ... Die Engländer haben ja in dieser Beziehung damals enorm viel Dinge in die Welt gesetzt. Wir konnten in der Gefangenschaft Zeitung lesen (1917), und was da in der *Daily Mail* drin stand, das war haarsträubend. Die behämmerten ihre Leser fortlaufend mit solchen Greuelgeschichten, und wir wußten ja nun aus eigener Erfahrung, daß das alles nicht stimmte. Und diese Erfahrung führte dazu, daß man im Zweiten Weltkrieg sagte: »Na ja, Gott, behaupten können die viel ... das haben die aus ausländischen

Sendern, da wird ja nicht viel dran sein.« So ungefähr hat man sich selbst beruhigt.

Kapitän, 1894
Daß Leute vergast wurden, das hörte man, aber das hielt ich für Feindpropaganda, so wie im Ersten Weltkrieg die abgehackten Hände.

Jurist, 1930
»To whom it may concern«, nicht wahr?

Kaufmann, 1923
Ich schäme mich heute noch für meine politische Dummheit damals.

Klempnermeister, 1924
Als Soldaten sagten wir: »Laßt uns erst mal siegen, dann werden wir schon damit fertig werden.«

Zoologe, 1921
»Ihr Deutschen seid doch Masochisten«, hat ein tschechischer Professor gesagt, »… daß sich die Deutschen immer noch an die Brust schlagen …«

Jurist, 1927
Ich habe einen Vortrag gehalten vor Amerikanern, die Deutschland kennenlernen wollten, und da bin ich auf die KZ-Lager zu sprechen gekommen, und da haben die gesagt, davon wollen wir nun nichts mehr hören.

2

Komparse, 1903
Es fing damit an, wie's in jeder Diktatur ist, daß Andersdenkende aus dem Verkehr gezogen werden. Das ging gleich 1933 los.

Ingenieur, 1921
Obgleich ich am 30. Januar 1933 erst 12 Jahre alt war, habe ich diese Ereignisse noch sehr gut in Erinnerung, da ich als Kind einer politischen Jugendgruppe (Rote Falken) angehörte. Ich sehe noch heute vor meinen Augen, wie einen Tag danach die SA-Führer in unserm Dorf Jagd auf Kommunisten und Reichsbannerführer machten. Die Personen, die in den SA-Wagen mit Karabinern bewaffnet saßen, leben zum Teil heute noch in unserem Dorf und tun so, als wären sie die treuesten Demokraten gewesen. Die mir bekannten Männer, die in diesen Tagen abgeholt wurden, kamen teils nach Ahrensbök in die Flachsröste, wo die SA ein behelfsmäßiges Lager errichtet hatte, oder teilweise nach Bad Schwartau in das damals noch vorhandene Gerichtsgefängnis. Die meisten kamen nach einigen Monaten wieder zu ihren Familien. Einer ist jedoch nie wiedergekommen.

Hausfrau, 1919
1933. Ich erinnere mich noch daran, wie die Kommunisten und Nazis zum erstenmal nach der »Machtübernahme« zusammenstießen, direkt vor unserm Haus. Die Kommunisten wurden dann mit einem Lastwagen abtransportiert, auf dem waren so Gitter drauf.

Kaufmann, 1898

Schon vom ersten Tage an hatte man in Hamburg einen Keller, in den man die Leute eingesperrt hat, im Stadthaus war das, was da heute drin ist, weiß ich nicht. Die Leute wurden dort furchtbar zusammengeschlagen. Ich weiß das von einem Nachbarn, der hatte einen Kolonialwarenladen, der war Sozialist und wurde sehr verfolgt, weil er das Dritte Reich entsprechend bekämpft hatte. Dieser Nachbar war auch abtransportiert worden und kam völlig zerschlagen wieder. Der fürchtete dauernd, daß er noch einmal abgeholt werden würde, denn er wurde oft des Nachts angerufen, ist aber nie ans Telefon gegangen. Der lebte in einer ständigen Furcht.

Ein Mann, 1909

Genauso wie man gewußt hat, daß es Haftanstalten oder Zuchthäuser gibt, so hat man auch von den KZ gewußt. Daß es politisch Andersdenkende waren, die man da hinbrachte und angeblich zu anständig denkenden Menschen erziehen wollte, das wurde gesagt. Als der Umsturz kam, haben die SPD-Leute für ihre Freunde, die im KZ saßen, gesammelt. Und wenn das herauskam, kamen die Betreffenden auch hinter Schloß und Riegel. Und so ist es einem Nachbarssohn ergangen, der war bei den Gaswerken beschäftigt, und der ist grausam geschlagen worden. – Diese Leute mußten nachher einen Revers unterschreiben, daß ihnen nichts geschehen ist und daß man sie anständig behandelt hätte.

Drucker, 1893

Wir hatten einen Setzer in unserer Druckerei, der war Sozialist und hatte sich vor der Machtergreifung öfter mit den Nazis gekeilt.

Nun waren die Nazis ja an der Macht, und da haben sie dem Mann dauernd gedroht, und unserm Chef haben sie auch gedroht: »Haben Sie den noch immer nicht entlassen? Es könnte Ihnen schlecht bekommen, wenn Sie den nicht entlassen ...« Leider ist es ja so, daß viele Landsleute allzu übereifrig waren. Mancher hatte auch Angst vor dem, was kommen würde, und gab eben schnell klein bei.

Kaufmann, 1922
Ein Klempner, der bei uns ins Haus kam, wurde verhaftet. Das war furchtbar aufregend, KPD, Kleinstadt. Unheimlich war das.

Ingenieur, 1905
Ich war auf einer Werft beschäftigt. An der Kaje, dicht vorm Tor, lag ein ausgedientes Minensuchboot. Es diente nun als Heim einer SA-Gruppe. Oft hielt dort der Polizeigefangenenwagen, er brachte politisch Verdächtige, die damals aufgrund eines Göring-Erlasses vor ihrer polizeilichen »Einvernahme« kurzfristig der SA zur Sonderbehandlung dort vorzuführen waren. (Ich habe den Erlaß damals in der Zeitung gelesen.) Man hat manchmal das Schreien der Gefolterten hören können.
Das Boot hieß hinter vorgehaltener Hand nur das »Geisterschiff«.

Konditor, 1925
Nein, aber ich wußte vor dem Krieg schon etwas vom KZ. Daß man in Oranienburg Leute einsperrte und nicht sehr gut behandelte.
Wir selbst haben 1934 Leute vorübergehend zu uns genommen, weil wir uns denken konnten, was mit denen passiert wäre, wenn man sie gekriegt hätte.

Psychiater, 1921
Ja, ich hab' das gewußt. Ich hatte einen Stiefvater, der war Pressechef, er brachte alle möglichen Dinge mit nach Hause …
Zu Anfang der Nazizeit habe ich einmal einen Blumenstrauß wegbringen müssen, da war ich dreizehn, der Autor von »Revolte im Erziehungsheim« war verhört worden, zu dem mußte ich gehen und Blumen hinbringen.

Arzt, 1921
Einmal gingen wir spazieren, mein Vater ging voraus mit einem Mann, der war aus Oranienburg gekommen und war da geschlagen worden. Die dachten nicht, daß ich das höre.

Elektriker, 1929
Mein Bruder war fünf, da ist er mit meinem Vater und einem Pastor am See spazierengegangen, und die haben sich da was übers KZ erzählt und dachten nicht, daß mein Bruder das alles mitkriegt. Der hat mir das dann erzählt, daß da Leute eingesperrt und geschlagen werden.

Studienrat, 1929
Ich wohnte in einer Villengegend von Babelsberg – schräg gegenüber wohnte ein SS-Offizier. Und meine Tante erwähnte, sie hätte mit dessen Frau gesprochen, und die hätte angedeutet, daß es KZs gäbe. Und ich weiß noch, wie ich als Junge aufhorchte, das war so was wie ein kleiner Schock, daß doch nicht alles so war, wie es hätte sein sollen.

Ingenieur, 1905
Von einem Kripobeamten weiß ich, der dienstlich im KZ Börgermoor (Emsland) gewesen ist. An der Toreinfahrt sei eine Hunde-

hütte gewesen, und aus dieser Hundehütte sei, wenn jemand das Tor passiert hätte, ein Sträfling auf allen vieren gekrochen und hätte bellen müssen. Und dieser Sträfling sei der frühere hamburgische Polizeihauptmann Georges gewesen, ein sehr aktiver Reichsbannerredner.

Kaufmann, 1926
Nein. Aber mein Vater ist mal auf die Gestapo bestellt worden, und da hat er sich sofort Sachen eingepackt, er dachte, er käm' nicht wieder.

Buchhalter, 1928
Das sind Mißstände, hat man gesagt, der Führer weiß das nicht. Ich war manchmal sehr nahe dran, ihm zu schreiben. Aber er war ja so jenseitig wie der liebe Gott.

Zahnarzt, 1914
Man hat das als Einzelaktionen genommen, als Übergriffe. Das Gesamte hat man erst nach dem Krieg erfahren.

Hausfrau, 1918
Vorher hatten wir schon mal gehört, meine Eltern und ich, von einem Bekannten, daß er auch plötzlich abgeholt wurde und in ein KZ kam, und das muß ungefähr 1934 gewesen sein. Der hatte eine jüdische Mutter. Aber da hat man damals gar nicht drüber nachgedacht, weil das war alles irgendwie so im Anfang, und jeder hat gedacht, das sind so Ausschreitungen, die vielleicht nicht gerade zu solch fürchterlichem Ende kommen würden.

Fuhrunternehmer, 1913
Also, ich hatte sowieso schon etwas Abstand von der Partei gewonnen. Im ersten Lehrjahr 1933/34 waren wir natürlich SA-Leute, unser Chef war in der Partei und Bürgermeister usw., und das war selbstverständlich, daß wir in der SA mitmachten.
Und dann haben wir auch Saalschlachten gemacht, uns mit Kommunisten geschlagen. Und dann sollte die Arbeitslosigkeit beseitigt werden, und da hat der Chef Arbeitslose eingestellt, die mußten Karpfenteiche ausmoddern, und wir als Lehrlinge fuhren immer die Loren mit einem Pferd weg, und diese Arbeitslosen, das waren Kommunisten.
Und dann mit'm mal beim SA-Dienst am Sonntagmorgen standen sie in Reih und Glied neben uns. Da hab' ich gesagt, so was machte ich nicht mit, daß die Leute, die ich tags zuvor bekämpft hätte, mit'm Mal neben mir ständen, und da hab' ich denn auch noch gesagt: »Nun ist der Alte tot, nun wird es ganz verrückt!« (Damit meinte ich Hindenburg.) Und das wurde auch an höhere Stelle gebracht. Und da hatte sich der Chef nachher für mich noch eingesetzt, sonst wären sie mit mir abgegangen. Und dann kriegte ich nachher ein Schreiben von der SA-Standarte: »Wegen Verringerung der SA aus der SA entlassen.«
Das war interessant, daß das nachher, 1947 in Jugoslawien in der Kriegsgefangenschaft, daß das bei der Vernehmung wegen Kriegsverbrechen bei den Partisanen genau bekannt war. Daß ich aus der SA entlassen war, das kam mir nachher zugute.

Hausfrau, 1925
Schon vor dem Krieg. Ein Mechaniker hat uns ein Radio gebaut, das konnte man sich damals bauen lassen, ein findiger Mensch, klein und unscheinbar war der, der war Kommunist und kam ins KZ und durfte nichts davon erzählen.

Optiker, 1918
Man kann sich das heute so schwer vorstellen, daß man damals geschwiegen hat. Es war eben Gefahr für Leib und Seele dabeigewesen.

Ingenieur, 1916
Nein, aber in dem Ort, wo ich wohnte, war jemand, der mal im KZ gewesen war. Der hatte anscheinend Redeverbot, infolgedessen erfuhr man nichts. Das war ein Mann, der sich politisch betätigt hatte, sehr links stehend.

Verleger, 1913
Ich weiß eine bezeichnende Geschichte. Dachau und Oranienburg waren ja die ersten KZs. Als ich 1934 in München war, gab es noch viele Bettler, es läutete dauernd. Auf dem Flur stand deshalb immer ein kleiner Blechteller mit Münzen.
Ein Standardbettler kam fast jeden Tag, der bekam immer einen Teller Suppe, den aß er im Treppenhaus. Damit war er zufrieden, ein ordentlicher Mann.
Eines Tages kam er nicht mehr, er blieb ein paar Wochen aus. Und dann sagte meine Mutter: »Heute ist er wieder dagewesen, unser alter Suppenfreund.« Sie hatte ihn gefragt: »Wo waren Sie denn die ganze Zeit?«
»Ich war in Dachau.«
»Wieso?«
»Ich habe mich ungünstig über das neue Regime geäußert. Aber sagen Sie das um Gottes willen nicht weiter.«

Rentner, 1920
Ich bin in Oranienburg aufgewachsen und habe nichts davon mitgekriegt.

Tischler, 1911
Ja. Hier in Ulm war eins. Das war nur ein Jahr, dann haben sie es aufgehoben. Ein düsteres Festungswerk ist das; heut haben sie da eine Tafel angebracht.

Schriftsteller, 1922
In der Nähe von uns gab's ein kleines KZ. Die hat man arbeiten sehen. Da standen sie auf den Äckern und hackten. Aber da wußte man nicht, sind das Politische oder Verbrecher.

Kaufmännischer Angestellter, 1927
Scheren Sie einem Menschen den Kopf, kleiden sie ihn in Anstaltskleidung, der normale Mensch zieht dann den Schluß: Mit dem ist was nicht in Ordnung.

Vertreter, 1905
Man wußte schon vor dem Krieg, daß es Konzentrationslager gab, und man sagte: »Konzertlager« und verband damit die Vorstellung von Prügel und Schreien. Man nahm an, daß da Asoziale hinkommen, die dort zur Arbeit angetrieben werden.

Arzt, 1898
Ein Kommunist in unserer Gemeinde, der war Quartalssäufer, und wenn er gesoffen hatte, dann konnte er sein Maul nicht halten. Der kam dann ins KZ. Ein Vierteljahr später bekam seine Frau einen vorgedruckten Brief, da war nur der Name eingesetzt und: »Gestorben an Herzversagen«. Die Frau hat laut gebrüllt: »Der hat doch nie was am Herzen gehabt! Der ist doch umgebracht worden.« – »Seine Asche können Sie sich kommen lassen«, stand da drunter.

Beamter, 1919
Nein, nur als Drohung. Wenn du nicht, dann ... Wir hatten auch einen Nachbarn, der Kommunist war und dann ganz offensichtlich abgeholt wurde und in einem KZ verschwand, aber nach einiger Zeit wieder auftauchte.

Tischler, 1920
Das hat man mehr als so eine Art Gefängnis angesehen, aber daß die da umkamen, hat man nicht gedacht. Ein Malermeister aus der Nachbarschaft, ein Zeuge Jehovas, der war im KZ und ist wiedergekommen. Der hat gesagt: »Fragt mich bloß nichts ...«

Kaufmann, 1924
Als Schüler haben wir mal in »Wallensteins Lager« mitgewirkt, als Statisten. Und da haben wir dem Inspizienten die Trompete verstopft. Und als es hieß: »Blast, Trompeten, blast!«, kam natürlich nichts.
Daraufhin hat der Hausmeister, der als einziger in Uniform im Theater herumlief, als Drohung ausgestoßen: »Ich bring euch ins KZ!«

Kaufmann, 1923
Als ich zum erstenmal den Ausdruck »Konzentrationslager« hörte, konnte ich mir gar nichts darunter vorstellen, das ist ja auch ein sehr verschwommener Begriff. Später tauchten dann Wörter auf wie: »Oranienburg« oder »Dachau«. Aber Näheres? Nein.

Modezeichner, 1922
Es wurde ja auch darüber geschrieben, in der Zeitung, man konnte es ja lesen. Das heißt, in der Zeitung stand, daß es Konzentrationslager gibt.

Ingenieur, 1928
Die Ortsfrauen sagten oft, wenn man 'ne Fensterscheibe eingeschmissen hatte, als Junge: »Paß auf, du kommst nach Dachau!«

Ofensetzer, 1915
KZ? Beobachtet nicht, aber erfahren. Eigentlich wußte jeder: Wer's Maul aufmacht, kommt nach Dachau. Das fand man allgemein in Ordnung. »Der soll eben nicht das Maul aufmachen!« sagte man. »Die arbeiten da, und das ist doch in Ordnung.« Nur daß die alles im Laufschritt tun mußten, diese Vorstellung kam uns sehr komisch vor. Schaufeln im Laufschritt! Aber sonst war das in Ordnung.

Kaufmann, 1917
Ich war nie in einem drin. Ich wußte natürlich, daß Niemöller im KZ war. Wir haben Bittgottesdienste gehalten. Hinter der Hand hörten wir, daß er im ganzen anständig behandelt wird.

Hausfrau, 1916
Von der Kirche her, weil man ahnte: Der Hitler hat nichts Gutes mit der Kirche vor. Da waren gewisse Vorbehalte.

Hausfrau, 1902
Nein. Wir wußten natürlich, daß es Dachau gab. Da dachte man, daß da die hinkommen, die prinzipiell dagegen sind oder irgendwas sabotieren. Aber sonst, gewußt? Nein.

Buchhalterin, 1922
Es wurde davon erzählt. Die Bayern beteten immer:
  Lieber Gott, mach mich stumm,
  daß ich nicht nach Dachau kumm.
Also von daher – eine Ahnung schon, nicht?

Lektor, 1916
Man hat davon gemunkelt; und da ich persönlich sogenannte »Miesmacher« und »Meckerer« kannte, hab' ich immer wieder davon gehört.
Ganz allgemein wußte man, daß in Dachau ein KZ ist. 1933 kamen Leute da hin, und es kamen auch welche zurück. Wegen der Ungesetzlichkeit wurde darüber gesprochen. Man war darüber empört, daß Leute ohne Urteil in sogenannte »Schutzhaft« genommen wurden.

Regisseur, 1923
Meine Mutter hatte eine Strickmaschine, das ratschte so, das ging durchs ganze Haus und störte die Leute. Und einmal, als die Nachbarin mir deshalb nachkeifte, da habe ich mit 12 Jahren gesagt: »Warten Sie mal, Sie kommen auch nach Dachau!« Da war die furchtbar erschrocken und rannte zur Polizei, und die Polizei kam zu uns und fragte, was wir vorzubringen hätten. Und ich kriegte die Hosen strammgezogen.
Allein an dem Schrecken konnte man ablesen, was Dachau bedeutete.

Maurermeister, 1908
Nichts Konkretes, nur als Drohung. Es ist halt passiert, was soll man machen?

Hausfrau
... Sonst kommst du ins KZ – das kam einem immer vor als ob: »Der böse Mann kommt!«

Pastor, 1928
Durch Gespräche hab' ich das mitgekriegt. Als Göring die KZs mal auflöste, da arbeitete ein entlassener Häftling bei uns, der renovierte unsere Wohnung. Der erzählte meinem Vater davon. Natürlich sollte es ganz geheim bleiben.
Das muß 1935 gewesen sein.

Ladenbesitzerin, 1909
Nein, überhaupt nichts habe ich gewußt, das sag' ich ganz ehrlich. In der Nachbarschaft war eine Familie, wo der Mann in der KPD war, und der kam ins KZ. Zuerst ist das gar nicht aufgefallen, aber als er dann wieder zu Hause war, wurde davon erzählt. Wir hatten das Gefühl, daß er diese Strafe verdient hätte. Es hat keiner gesagt: »Das ist ja unerhört«, sondern jeder sagte: »Man kann ja auch seinen Mund halten und muß ja nicht gerade mit seiner kommunistischen Weltanschauung zerstören, was jetzt der Nationalsozialismus aufbauen will.«
Er ist auch gefragt worden, wie's denn da gewesen ist, und da hat er nur die Auskunft gegeben, daß er nicht darüber sprechen dürfe.
Meine Mutter hatte einen Lebensmittelladen, von daher kannten wir den Mann. Wir haben denn auch nicht weiter gefragt. Wir haben überhaupt im Laden wenig über Politik gesprochen.

Physiker, 1920
Nein. Ich weiß nur eine einzige Geschichte. In Jena wurde erzählt, daß die Nazis Wäsche zum Reinigen gebracht hätten, da wär' Blut drangewesen. 1935/36 war das. Aber das hat man mehr

gemeint als gewußt, und man hat sich auch nicht veranlaßt gefühlt, das aufzudecken.

Chemiker, 1925
Ich habe! Und zwar ein Drogist in Parchim, ein fetter SS-Mann – die Bäuche in Uniform waren ja am schlimmsten –, der Bursche hat sich damit gebrüstet, im Suff, daß er mal einen totgetrampelt hat, in den 30er Jahren.
Das hat mein Vater mir damals erzählt, in der Nazizeit.

Pastor, 1928
Im Gespräch habe ich sehr häufig davon erfahren. Die Schilderungen waren sehr plastisch. Noch heute haftet ein Bild in mir, wie Häftlinge an der Wand stehen, mit erhobenen Händen, das Horst-Wessel-Lied singen müssen und dabei ausgepeitscht werden. Das Bild habe ich immer im Gedächtnis. Das hat einer erzählt. Sieben Jahre war er da.

Hausfrau, 1912
Gesehen. Das ist 'ne dolle Geschichte. Das war 1934, da war einer abgeholt worden, der ist vier Wochen weggewesen, dann ist er wiedergekommen, und der hat seine sämtlichen Hosen zum Schneider bringen müssen. Da sind weder Knie noch Hosenboden dringewesen. Der hat gesagt: Ich darf nichts sagen, ihr seht es ja.

Molkereimeister, 1923
Es gingen Gerüchte um, daß da was im Busche war. Die Leute, die aus'm KZ rauskamen, wurden verpflichtet, nichts zu sagen, sonst würden sie wieder hops genommen.

Verleger, 1903
Zwei Freunde, die verschwanden. Da wurden die Kleider zurückgeschickt, eines Tages.

Hotelier, 1905
Ein Karnevalist in Düsseldorf wurde damals verhaftet. Es hieß: »Der kommt ins KZ.«

Hausfrau, 1924
In einem Metzgerladen. Eine Frau sagte: »Ich bin wieder zurück aus dem Konzertlager, es war wunderschön!«
Da fragte ich meinen Vater: »Haben die da Musik gemacht?«
»Frag nicht so dumm ...«
Ich seh' mich noch im Metzgerladen stehen, als die das zu meinem Vater sagt, und dem war das furchtbar unangenehm. Diese Frau, das war so ein Mensch, von dem man sich distanzierte.

Hochbautechnikerin, 1921
Aus patriotischen Gründen hatte ich mir einen Hakenkreuzwimpel ans Rad gebunden. Ich fuhr öfter zu unserem Bauplatz in Rahlstedt »unten« (Eilbeker Weg) entlang. Gegenüber der Hefefabrik in Wandsbek wohnten Zigeuner, und fast jedesmal standen Leute vor der Tür und riefen mir etwas nach. Als sie mich mit Pappen und Steinen bewarfen, sagte ich es dann doch meinen Eltern, worauf mir der Eilbeker Weg verboten wurde, ich mußte »oben« (Wandsbeker Chaussee) bleiben. Nach einiger Zeit stach mich natürlich der Hafer, und als ich wieder »unten« fuhr, waren die Zigeunerwohnungen leer. Irgendwie fragten wir nach und erhielten folgende Antwort: »Die Zigeuner sind im KZ Neuengamme, endlich sollen die mal richtig arbeiten, außerdem sind das alles Kommunisten.«

Lehrer, 1906
Ich erinnere mich an Prof. E., der ist vor dem Krieg ausgewandert, und der wurde am Zoll von meinem Schwager abgefertigt. Sie haben sich noch miteinander unterhalten über alles mögliche, und der ist nicht eigentlich verbittert weggegangen. Da hatte man nicht den Eindruck, daß die schikaniert würden oder dergleichen (1935). Im Mai 1933 war er noch eingesetzt worden an die Stelle eines entlassenen SPD-Mannes und hat bis Oktober die Geschäftsleitung gehabt, das war immerhin bemerkenswert. Und wenn so Greuelgeschichten erzählt wurden, dann sagte man sich: Du weißt nun dies, ist es denn nun wirklich so schlimm? – Man konnte sich keine Vorstellung davon machen, weil man sich selbst doch überhaupt nicht so etwas zugemutet oder zugetraut hätte. Es lag so fern von jeder Erfahrung und so entfernt von der Menschlichkeit, daß man immer gedacht hat: Das sind alles böse Gerüchte.

Apotheker, 1922
Wir hatten einen strengen Lehrer, Jude, der war aktiver Weltkriegsoffizier gewesen, und der war als Altphilologe wegen seiner Strenge und Genauigkeit geachtet. Eines Tages war er von der Bildfläche verschwunden, das ist uns mächtig an die Nieren gegangen.

Kaufmännische Angestellte, 1914
Nein, ehrlich nicht. – Meine Freundin war bei einem jüdischen Anwalt, den kannte ich und den schätzte ich an und für sich sehr, großzügig war er und nett. Und daran kann ich mich noch erinnern, daß sie eines Tages ganz entsetzt zu mir kam und sagte: den Sowieso haben sie weggeholt! Da der nun an und für sich deutscher Offizier gewesen war und auch in Deutschland geboren war, haben sie den dann bald wieder freigelassen, hatten ihm aber die ganzen Haare abgeschnitten.

Daraufhin hat dieser Mann alles aufgelöst und hat sich über Nacht in die Schweiz abgesetzt.

Hotelier, 1904
Ich war im Hotelfach, da hatten wir 75 Prozent jüdische Gäste, und die haben uns oft ihr Leid geklagt. »Wir haben Auszeichnungen gehabt, und nun scheren sie uns die Haare.« Ein, zwei Tage später waren sie weg.

Karikaturist
Ich mußte meinem Onkel Englisch beibringen, als Junge, weil er als Jude auswandern wollte. Nach einem Jahr wollte er raus, aber da haben sie ihn am Bahnhof verhaftet. – Als er noch nicht weg war, bin ich da immer hingegangen und hab' auch das Essen gegessen, was die kriegten, Pferdefleisch. »Junge, geh da nicht hin!« sagten meine Eltern.
Später habe ich den dann noch gesehen mit der Schaufel.

Postbeamter, 1928
Meine Tante hatte einen jüdischen Mann, der war Professor und starb Gott sei Dank rechtzeitig. Meine Tante hat bis zum Kriegsende die Pension gekriegt. Hat herrlich und in Freuden gelebt, man hat ihr nicht nachgestellt.

Hausfrau, 1898
Natürlich! Meine Mutter ist eine reinrassige Jüdin; die wohnte bei mir im Hause, und ich hatte immer Angst, daß sie abgeholt werden könnte, ist aber nicht abgeholt worden, weil mein Vater ein bekannter Mann war. Aber ich habe fürchterliche Angst gehabt.

Pressezeichner, 1920
Nein. Aber vielleicht interessiert Sie dies: Eine jüdische Familie lebte in der Nachbarschaft. Der Mann war Kaufmann, der hatte eine sehr charmante Tochter, die ich von fern gern angeguckt habe, aber ohne Aussicht auf Erfolg, weil ich jünger war als sie. Die Frau machte einen Selbstmordversuch. Die Tochter klingelte bei uns, heulend, fassungslos, meine Mutter solle rüberkommen. Meine Mutter sagte zu mir: »Junge, du mußt zum Arzt laufen, die Frau Isaak hat Schlafmittel genommen.«
Gegenüber war ein Amtsarzt, ich bin im Laufschritt dahin gerast. »Da liegt eine Frau mit einer schweren Vergiftung!« Der Mann zog den Kittel aus und einen Mantel an und fragte: »Wo ist das? Wer ist das? – Ach, Isaak? Das sind ja Juden ...« und zieht seinen Kittel wieder an. Die konnte ruhig draufgehn.

Beruf unbekannt, 1925
Ja, vor dem Krieg, in den dreißiger Jahren. Mein Vater ist bis 1933 Abgeordneter gewesen, in Berlin. Und von daher hatte ich familiär eine Beziehung zu der Widerstandsproblematik. Außerdem war ich in der Lebensgemeinschaftsschule, wo wir sehr viele Juden hatten. Ich wußte von einer Reihe von Freunden meines Vaters, daß sie im KZ waren.

Gastwirt, 1924
Von Pastoren hieß es: Der hat was Unvorsichtiges auf der Kanzel gesagt, den haben sie abgeholt. Daß die Kirche mit den Nazis kontra stand. Aber es gab auch Pastoren mit Parteiabzeichen.

Buchhändlerin, 1920
Nicht gesehen, aber gehört. Ein Bekannter war homosexuell, das war schon 1936, da hab' ich gehört, daß er ins KZ kam.

Buchhändlerin
Ich hab' erstmals 1936 vom KZ gehört, nach den Olympischen Spielen. Bis dahin wußte ich, daß Leute verhaftet und dabehalten wurden. 1936 war ich Angestellte in einer Buchhandlung, da hatten wir einen Angestellten, der Homosexueller war, und den hatten sie sich geschnappt und nach Oranienburg gebracht. Da ist dann eine Bekannte von mir zur Gestapo gegangen und hat gesagt: »Wo ist der Sowieso? Ich will das wissen! (Hat da ein Faß aufgemacht.) Ich kann ohne den nicht leben, will den mal wieder in meinem Bett haben« usw.
Und da haben sie den entlassen. Zehn Tage später kam der also wieder, mit kahlgeschorenem Kopf.

Optiker, 1913
Jetzt kommt die Welle gegen die Homosexuellen, dachte man. Damals wurde ja noch ganz anders über Homosexuelle gedacht als heute. Diese Menschen verführten junge Menschen, und es sollte ja nun alles »sauber« sein.
Es ist nicht richtig, wenn man sagt: Man wußte nicht. Man wußte schon, aber nicht dieses Ausmaß. Man dachte, da kriegt mal einer Prügel oder wird schikaniert, aber doch nicht dies! Man sah das damals anders.
Zuerst hatte die SA die Bewachung, und die war nicht beliebt. Als die SS die Sache übernahm, war man froh: Das ist eine Elite, dachte man, die wird für Ordnung sorgen.
Hitler ist gar nicht so schlecht, wurde gesagt, der schafft Ordnung. Aber die kleinen Hitler, das sind gescheiterte Existenzen, das ist furchtbar.
Erst 1938 bei der Kristallnacht änderte sich das.

Postkartenvertreter, 1908
Nein, von KZs hab' ich nichts gesehn.
Bei Gesprächen in der Bahn hat man mal davon gehört, sonst

nichts. Auf der Büchner Strecke stieg mal ein ostpreußischer SS-Führer in mein Abteil zu, der sich dann behaglich und breit über seine Aufsehertätigkeit in einem KZ äußerte. Aber nicht unnett. Zum Beispiel, daß Häftlinge ihm nach ihrer Entlassung noch mal geschrieben hätten, wie nett das gewesen sei.
Da haben wir uns damals nichts dabei gedacht. KZs waren damals noch nicht das, was sie später waren.

Kaufmann
Nein. Das einzige, daß ich mal ein Buch gelesen hab', während der Nazizeit, eine Aufklärungsschrift über das KZ Oranienburg. Das war aber ein Buch, in dem die eigentlichen Schikanen nicht geschildert wurden. In dem KZ werde Reedukation betrieben, so dachte man, allerdings im Nazisinn. Das Buch war herausgegeben worden, weil im Volk gemunkelt worden war, daß es KZs gab. Um dem entgegenzuwirken. Jeder hielt den Mund, aus Angst.

Hausfrau, 1918
Wir heißen Hochbaum, und ein Arzt in Schwerin hieß Rosenbaum, und die waren Juden. Und als mein Bruder dann bei den Pimpfen war, da wurde plötzlich gesagt: »Du kannst abmarschieren, du bist wohl auch ein Jude.« Da hat er gesagt: »Bloß, weil ich Hochbaum heiße? Ich bin aber keiner. Das kann ich dir beweisen.«
Also, das sind auch schon so Sachen. Die haben wir dann 1934/35 schon erlebt; aber noch nicht so auf diese ganz harte Tour, das Schlimmste hat man eigentlich kaum gewußt.

Kaufmann
Der Scholl ist mir begegnet als HJ-Führer, noch vor 1938. Damals war es noch üblich, daß jeder sich das Fähnlein aussuchen konnte,

und Hans Scholl hatte ein Fähnlein, bei dessen Heimabenden er Stefan Zweig vorlas, »Sternstunden der Menschheit«, was also verboten war. – Ich sollte für dieses Fähnlein gekeilt werden, aber ich hatte Hemmungen, da wegzugehen, wo ich war. Mein Jungzugführer hat zu mir gesagt: Da gehst du nicht hin! – Er erwähnte dann, daß da welche drin seien, die im Gefängnis gewesen sind. (Essener Jugendprozeß.) Als Zehnjähriger wollte ich ihn nicht fragen, warum …

Angestellter, 1920
Den Namen Ossietzky hab' ich erst nach dem Krieg zum erstenmal gehört.

Internist, 1927
Ich spielte mit einem Jungen aus der Nachbarschaft, von dem Vater wußte man, daß der »saß«. Aber es wurde nicht darüber gesprochen. Man nahm das als gegeben hin.

Psychiater, 1921
Nein, nur als Schüler, und zwar von Buchenwald. Ich war Hermann-Lietz-Schüler in Ettersberg bei Weimar.
Wir liefen Ski und sahen die Bauarbeiten für die Zäune, und niemand wußte, was das werden sollte. Als Schüler haben wir die Wälder durchstreift und konnten plötzlich mehrere schöne Wege nicht mehr gehen, weil Maschendrahtzäune sie durchkreuzten, und es wurde gemunkelt, daß da ein Lager hinkäme.
Es ist uns dann auch streng verboten worden, da wieder hinzugehen.

Optiker, 1913
KZ? Nein. Ja. Also, ganz nein will ich nicht sagen. 36/38 hab' ich in Jena studiert. Damals wurde Buchenwald gebaut. Da gingen Gerüchte, aber das war auch alles. Weimar wurde ganz als NS-Stadt eingerichtet. Thüringens Metropole, so wurde einerseits gesagt, und dann richteten die da ein KZ ein.

Kleindarsteller, 1905
Daß es ein KZ gab, hab' ich mitgekriegt, weil ich bei Buchenwald wohnte; daß da Andersgläubige lebten, das wußte ich.
Man hörte, daß das eine Anstalt wär', in der Mißliebige, Andersdenkende eingesperrt seien.

Studienrat, 1926
Ich wußte, daß Buchenwald ein KZ war, ich wußte auch, daß unser Kreisleiter mal mit zu einer Delegation gehörte, die Buchenwald besichtigen durfte. Da war 'ne Musterabteilung, die extra hergerichtet wurde, alles gut. Der hat uns auch mal in einem Vortrag erzählt, wie gut es doch den Leuten geht, und die könnten arbeiten, und die wären in Schutzhaft, und die würden gut verpflegt und so weiter ...

Direktor einer Volkshochschule, 1925
Wir zogen öfter zum Ettersberg hoch, ich mit meinen Schulkameraden. Die Geschmacklosigkeit der Nazis war ja so weit gegangen, daß sie ihr KZ-Areal bis in den Park vom Ettersberg vortrieben, in dem Goethe früher die »Iphigenie« aufgeführt hat, mit der Dingsda als Iphigenie und dem ... als Orest.
Wenn man sich vor Augen hält, daß man in demselben Jahr verhältnismäßig sorglos aufgewachsen ist! Und mit Idealen! – Auf einmal sieht man das von Sorglosigkeit charakterisierte Leben mit ganz andern Augen an. Und was heute dort drüben geschieht,

läßt einen sehr nachdenklich werden. Der Russe hatte das Lager dann ja noch lange in Betrieb.

Germanist, 1923
Ich war in Erfurt. Und da machten wir eines Tages einen Schulausflug nach Weimar zum Goethehaus. Und bei der Gelegenheit sah ich einiges. Im Vorgebiet von Weimar war ein KZ, ich wußte damals nicht, daß das Buchenwald hieß. Ich sah gefangene Sträflinge in einem Steinbruch oder etwas Ähnlichem arbeiten. Ich wußte, daß das KZ-Häftlinge sind, hatte aber nicht gedacht, daß das etwas anderes wäre als in Schneidemühl die normalen Sträflinge. Das muß 1937/38 gewesen sein.

Ein Mann, 1923
Ich war nur einen Tag in Weimar, da hab' ich das KZ gesehen und auch Beobachtungen gemacht. Das war praktisch wie unsere militärische Ausbildung, so schien es mir damals: »Wir zählen – ab!« Nur wesentlich härter.

Hausfrau, 1924
Nur 1937, da war ich 13. Ich war in Oranienburg bei Berlin, da hat uns eine Studienratswitwe an einem großen Lager vorbeigeführt, und da sahen wir, wie glatzköpfige Männer in scheußlichen gestreiften Anzügen Gräben aushoben. Ich hab' es nicht begriffen, wie denen zumute war, hab' auch gedacht, sie hätten ganz furchtbare Verbrechen begangen.
Die Studienratswitwe war eine ganz große Nazidame. Die war vermutlich überzeugt davon, daß die das verdient hatten.

Hausfrau
Als ich dreizehn war, da besuchte ich mal meine Großeltern, die wohnten am Güterbahnhof. Von da aus konnte man gelegentlich Leute in gestreiften Anzügen arbeiten sehen. Da sagte mein Großvater: »Das sind Leute aus dem KZ.« Das violette Kennzeichen, das seien Schwule, sagte er, mit einem etwas mokanten Gesicht. – »Was ist das?« – »Männer, die nicht in die Gesellschaft passen.«

Studienrat, 1925
Was uns – also jetzt »uns« insgesamt –, uns Deutschen vorgeworfen wird, manchem mit Recht, aber vielen doch mit Unrecht: »Ihr hättet doch wissen müssen! – Ihr habt doch die Lager in unmittelbarer Nähe gehabt!«, das ist schwer zu beantworten. Ich wohnte in Arnstadt, 40 Kilometer von Weimar entfernt, aber ich habe nichts von Buchenwald gewußt. – Wir wußten, daß es ein Lager Buchenwald gab, aber was drin los war … das war tatsächlich so abgeschirmt von der Außenwelt, daß man nichts hörte. Die paar, die was wußten, die erzählten natürlich nichts davon, um nicht selbst in Gefahr zu kommen.

Finanzbeamter, 1911
Ich habe nie was gesehen. Aber man hörte von den Geisteskranken, die verschwanden, und daß die starben, ohne daß ein Grund vorlag. Da gab es einen Film von einer Todkranken mit Heidemarie Hatheyer (?), »Ich klage an«, die aus Barmherzigkeit getötet wurde. Dieser Film sollte die Tötung der Geisteskranken in der Bevölkerung wohl vorbereiten und populär machen. Die »Euthanasie« wurde von der Bevölkerung nicht mit den KZs in Verbindung gebracht.

Hausfrau
Ja, von Grafeneck, wo die Geisteskranken getötet wurden. Ein Bekannter wohnte dort. Ich kann heute noch nicht verstehen, daß man um die Tötung von Geisteskranken so ein Theater gemacht hat. Da gibt es doch welche drunter, die tatsächlich ihr Ende herbeisehnen oder für die das eine Erlösung ist. Wer mal so richtige Geisteskranke gesehen hat, der versteht das. Damit ist nicht gemeint, daß man gleich jeden Mongoloiden abmurksen soll.
Bei der Frage der Abtreibung ist man heute ja auch nicht grade zimperlich.

Rektor, 1905
Die Kristallnacht hab' ich noch in Erinnerung. Das war schrecklich. In einem zerstörten Laden hing eine Figur am Galgen. Ich war entsetzt.

Dozent, 1927
Die Kristallnacht war bei uns hoch akut! Im Radio kam die Nachricht, daß der Rath oder wie er hieß, den der Jude Grünspan angeschossen hatte, seinen Verletzungen erlegen sei. Da mußten wir von der Hitlerjugend aus abends antreten und durch die Stadt marschieren. Mein Vater sagte: »Unterwegs setzt du dich ab!« Und das hab' ich dann auch getan. Die jüdischen Kaufhäuser sind tüchtig geplündert worden. Am nächsten Morgen hatten meine Schulkameraden lauter kleine rote Portemonnaies mit Ringen drin. Sie kamen damit an und fingen damit an zu handeln, und zwar nahmen sie die Ringe heraus und versuchten sie extra an den Mann zu bringen. Ohne jedes böse Gefühl ging das. Da ist eben was freigegeben worden, so dachte man.

Jurist, 1928

Wenn einer sagt, er hat von der Kristallnacht nichts gewußt, dann lügt er. Das konnte jeder sehen, und das stand ja auch in der Zeitung. Meine Eltern waren damals sehr bedrückt. Mein Vater, mit 'ner goldenen Brille auf – in seiner Studierstube stand eine Büste von Homer –, also, zu dem paßte so was doch gar nicht. Der war solcher Brutalität gegenüber völlig machtlos. Daß der erschüttert war, das ist doch selbstverständlich.

Kaufmann

Man konnte sich das nicht vorstellen. Ich habe erzählt bekommen von der Kristallnacht, wie das da zugegangen ist. Hinter der ganzen Nazisache lag damals eine grausame, schattenhafte Ahnung. Bloß nicht daran rühren, dachte man. Das war wie Tod und Teufel, wie die schlimmsten Alpträume. Als ob man so einen Blick tut in die Abgründe des Unbewußten. – Davor klingelte das WHW-Werk mit bunten Figuren, und die Paraden prunkten, überhaupt, der Erfolg deckte alles Nachdenken zu.

Buchhändler, 1913

Ich hatte meine infanteristische 10-Wochen-Ausbildung im Herbst 1938 abzuleisten. Das Bataillon war in der Don-Pedro-Schule in Nymphenburg einquartiert. An jenem Septembermorgen, als Chamberlain nach dem Münchner Abkommen nach London zurückflog, sahen wir seine Maschine über dem Oberwiesenfeld aufsteigen.

Der 10. November war der Tag der Entlassung. Ein paar Gefreite und die beiden Unteroffiziere unserer Stube, die zu Hause schliefen, erzählten, als sie vor Dienstbeginn aus der Stadt kamen, aufgeregt und anschaulich, was sie von den Verwüstungen und den Bränden der beiden Synagogen wußten oder gehört hatten. Wir hatten keine Nachrichten gehört. Unter uns jungen Männern,

Arbeitern, Handwerkern, Angestellten, zwei Studenten, befanden sich nur zwei oder drei Nazis. Die hielten ihren Mund. Alle anderen machten ihrem Abscheu und ihrer Empörung Luft. Einige wollten es überhaupt nicht glauben.

Rentner

Ich wurde am 11. November 1938 (zwei Tage nach der Kristallnacht) zur Wehrmacht eingezogen. Auf meinem Weg durch die Stadt Lübeck zur Kaserne habe ich die zertrümmerten Geschäfte der Juden gesehen. Vor diesen Geschäften standen die SA-Leute und wollten das Volk »aufklären«.

Hausfrau

Die Kristallnacht war schrecklich. Wir sind nach Mannheim gelaufen und haben uns das angesehen. Die zerstörten Häuser, die eingeschlagenen Fenster. Gardinen hingen raus.
Die Jüdinnen hießen dann plötzlich Sarah, und dann kam der Stern. Wir durften nicht mehr neben denen sitzen in der Schule.

Angestellter, 1923

Es war ja nicht so wie heute, daß man sich informieren konnte, man war ja im engsten Kreise und immer sehr isoliert. Man konnte sich nicht informieren, das kann heute keiner mehr begreifen. Ich war Lehrling in einem Textilgeschäft, und am Tage nach der Kristallnacht kam mein Ausbilder erst um ½ 11 Uhr ins Geschäft, und der hat dann angegeben, was sie für Heldentaten vollbracht hätten, wie sie die Scheiben eingeschmissen hätten und die Krüppel nachts aus dem Bett geholt hätten. Das weiß ich noch. Und ich weiß auch noch, daß das in mir einen großen Abscheu erregt hat. Da bin ich abends durch die Stadt gegangen, Innenstadt, da waren einige Möbelgeschäfte und Uhrengeschäfte. Da bin ich zum erstenmal nachdenklich geworden. Das wurde aber durch Propaganda später sehr bald überspült, so daß man nicht sagen kann, daß das lange nachgewirkt hätte.

Lehrer, 1925
Ich kannte den Rabbiner, den hab' ich mal im Zugabteil gesehen, vor dem Krieg, ein alter bärtiger Herr. Als Junge wurde mir bekannt, daß sie ihm 1938 den Bart ausgerissen und mit dem Spaten auf den Kopf geschlagen haben.

Beamter, 1929
In der Kristallnacht hörte ich das Trappeln vieler Menschen auf der Straße und die Feuerwehr. Am nächsten Tag war meine Mutter bedrückt. Wir gingen in die Stadt und sahen überall die zerschlagenen Läden und Wohnungen. Was mir auffiel: Niemand räumte da auf, kein Mensch war zu sehen.
Verstanden hat man nichts.

Buchhändler, 1928
Nein, nie. Das einzige, daß hier im Möbelgeschäft die Scheiben eingeschlagen wurden, sonst nichts. Nichts gehört, nichts.

Hausfrau, 1927
Da weiß ich noch, wie sie das Haus demolierten und das Eingemachte aus dem Fenster schmissen. Er war Offizier gewesen, im Ersten Weltkrieg, Christ geworden und hatte 'ne arische Frau. Der Mann durfte dann im Krieg nicht in den Bunker. Nur die Frau mit dem Baby, weil die arisch war. Und der ist dann auch bei einem Angriff umgekommen.

Landwirt, 1913
Ich war damals zu Hause tätig als Landwirt und erfuhr, daß sie die Schaufenster eingeschlagen hatten von den betreffenden Geschäftsleuten. Ein Jude Frisch in Wismar hatte ein Schuhgeschäft, und das hat uns nicht gerade gefallen.

Hausfrau, 1923
Nach der Kristallnacht waren die Schaufensterscheiben der Geschäfte in der Breiten Straße »Globles«, »Hirschfeld«, »Etam« zerstört und die Auslagen herausgerissen. Wir fanden das furchtbar, haben uns aber weiter keine Gedanken darüber gemacht, weil wir noch zu jung waren. Wir hatten keinen großen Bekanntenkreis, daß man da mal was erfuhr.

Vermessungsingenieur, 1922
Nach der Kristallnacht wußten wir Schulkinder nicht, was passiert war. Mit dem Fahrrad auf dem Weg zur Theodor-Körner-Mittelschule sah ich die ersten zertrümmerten Geschäfte längs der Gräbschnerstraße. SA-Leute waren beim Plündern und auch andere. Die sollten bewachen und haben selber rausgeholt. Ein Geschäft lenkte besonders die Aufmerksamkeit auf mich. Es war ein Schuhgeschäft. Wir hatten auch dort früher Schuhe eingekauft. Zu meiner Verblüffung mußte ich feststellen, daß alle Auslagen aus dem Schaufenster schon entwendet waren, und in der Mitte stand als einziges ein Holzbein im Schaufenster, an welchem die Auszeichnungen EK I und andere angeheftet waren. Darunter stand ein Schild, worauf handschriftlich geschrieben stand: »Ist das der Dank des Vaterlandes?« Das blieb mir so in Erinnerung als Schulkind. Je mehr man in die Stadt reinkam, desto mehr war verwüstet. Die Schule fiel, glaube ich, aus.
Das sehe ich heute noch vor mir.

Zollbeamter, 1925
Der Rechtsanwalt J., den sollen sie im Nachthemd durch die Stadt gejagt haben. Am nächsten Tag kam sein kleiner Sohn von auswärts, der war auf Erholung gewesen oder so was, den haben Freunde am Bahnhof abgefangen und erst mal zu sich genommen, daß er keinen Schock kriegt.

Hausfrau, 1918
Wenn ich dazu noch was sagen soll, dann muß ich gleich dabei anfangen mit der Kristallnacht, da war bei uns in Schwerin auch sehr viel los. Da war die Synagoge zerstört, da war 'n Schuhgeschäft und 'n Uhrengeschäft, der Löwenthal in der Schmiedestraße, total kaputtgeschlagen, und sogar zum Karstadt-Konzern wollten sie rein und wollten alles kaputtmachen, und da ist aber wohl zur rechten Zeit noch jemand draufgekommen, daß der doch kein Jude ist. Und den Friedhof haben sie fürchterlich zugerichtet in Schwerin, da war ein Judenfriedhof. Und das kam uns damals auch erstmalig zu Bewußtsein, daß sie da also unbedingt etwas gegen die Juden unternehmen wollten und dies nun auf die ganz öffentliche, harte Tour taten.

Beleuchter, 1925
O ja! Natürlich! Mein Onkel war im KZ. Und der Vater meines Freundes, der war auch mal 'ne Zeitlang im KZ. Da wurde natürlich nicht darüber gesprochen.
Als Junge kann ich nicht sagen, daß ich die Bedeutung der KZs überhaupt erfaßt habe. Aber die Kristallnacht. Mein Vater war Bäcker, und wir hatten einen Lieferanten, der hieß Eichmann, der war Jude. Und einen Tag nach der Kristallnacht, da sagt mein Vater zu mir: »Du, Junge, du kannst eben mal gehen und die Rechnung bezahlen beim Herrn Eichmann!« Ich geh' hin und klingel' da, es mag 10 oder 11 Uhr gewesen sein, da haben die aufgemacht mit Angst im Gesicht, dachten, das war der SD oder was weiß

ich. Da ist mir das noch gar nicht so bewußt geworden, aber im nachhinein.

Eine Frau, 1931
Ich habe auf dem Lande gelebt, da war nichts. Erst 1939 hab' ich auf dem Schulweg die kaputte Synagoge gesehen, und da hab' ich gefragt: Was ist denn das?

Redakteur
Mein Vater regte sich über viele Dinge wie Kristallnacht usw. gewaltig auf. Aber als die großen Siege in Frankreich kamen, war er hingerissen. Da war das andere dann verdrängt.

Bibliothekarin, 1921
Nebenan von uns war ein Schirmgeschäft, die hießen Katz. Und wir hießen Kater und hatten unser Geschäft direkt daneben. Und als die zumachen mußten, hat die ganze Straße gesagt: Wie schade, das war doch immer so lustig.

*Regieassistent, 1933**
Niemals. Das einzige, an was ich mich noch erinnern kann, das war 1938, da war ich 5 Jahre alt. In der Nachbarstraße wohnte ein kleiner dicker Mann mit der typischen gebogenen Nase, und der stand 'n paarmal an der Haltestelle. Er trug einen Staubmantel mit einer Knopfleiste, und daran hatte er den gelben Stern. Ein paarmal hab' ich ihn da gesehen.

---

* Gedächtnisirrtum, wohl in Verbindung mit der Kristallnacht. Der »Judenstern« wurde den Juden in Deutschland und in den besetzten Gebieten 1940 aufgezwungen.

Sekretärin, 1925[*]

Ja, einen Eindruck hatte ich. In den großen Ferien war ich an der Ostsee gewesen, 13 Jahre war ich alt. Und auf der Rückreise kam ich mit dem Zug auf dem Stettiner Bahnhof an, und da stand der ganze Bahnsteig voll Menschen, die hatten alle gelbe Abzeichen auf der Kleidung, Sterne also. Da hab' ich mich gewundert: Was ist dies?

Das war 1938.

Kunstmaler, 1914

KZ. Ja, natürlich. 1938 wurde ein Freund von mir, ein Industrieller, Jude, nachts abgeholt. Nach 4 Wochen kam er wieder, und seine schönen englischen Anzüge waren durch eine Säure gezogen, die kriegte ich dann geschenkt.

Studienrat, 1925

Ein Onkel von mir war Rechtsanwalt und Notar, der hatte für inhaftierte Juden in Buchenwald Vermögensangelegenheiten zu regeln, Vollmachten zu geben, um Vermögen eventuell auf andere Personen zu überschreiben. Das hab' ich erst nach dem Krieg erfahren, ich wußte nur, daß er da irgendwelche Arbeiten zu erledigen hatte, er sprach nicht darüber. Wie ich mal in seinem Büro war, wie alt war ich da, dreizehn, vierzehn Jahre, neugierig, wie man ist, hab' mal so in seinen Akten rumgewühlt, da sah ich auch Akten mit Namen Veilchenfeld und Rosenbaum, also das war ja klar, und sah auch die Paßbilder: Zum großen Teil das, was man sich unter einem typischen Juden vorstellte. Kapiert habe ich damals kaum, las da was von Vermögen und Vollmachten. Er selbst sprach überhaupt nicht drüber. Was ich viel später erfuhr, nach 45 erst, er hat ca. zweitausend Juden zu Papieren usw. verholfen, mit Beziehungen, die er hatte, daß sie noch zur Auswanderung kamen.

Bauer, 1901
Jüdische Rechtsanwälte waren gut, in Prozessen, man braucht ja immer mal einen Rechtsanwalt, auch beim Landwirt kommt mal was vor, wenn es was zu regeln gibt. Klein hieß der eine, der war gut. Der war dann nachher auch nicht mehr da.

Hausfrau
Ich bin in der glücklichen Lage, nie damit konfrontiert worden zu sein.
Die einzige Jüdin in unserer Klasse, als die verschwand, da haben wir uns natürlich unsere Gedanken gemacht.

Sekretärin, 1925
Ich hatte eine Schulfreundin, die war Jüdin. Und eines Tages sagte sie: »Wir gehen nach Amerika.« Ich brachte sie zum Schultor, um von ihr Abschied zu nehmen, und als ich zurückkam in die Klasse, da haben sie mich verdroschen.
1938 war das, als die noch auswandern konnten.

Zollbeamter, 1929
Ja. Eine Schulkameradin verschwand. Ich hab' sie noch in der Stadtbahn gesehen und hab' noch versucht, sie zu erreichen, ging in das Mietshaus, und da hieß es, es gäbe sie nicht mehr. Die Leute in dem Mietshaus waren alle ganz still.

Schriftsteller
Unser Schulleiter starb, und wir Schüler wurden angehalten, die Ansprache des Pfarrers mitzustenographieren, für die Angehörigen. Und da kam dann der Eindruck auf, das wollte die Gestapo haben, und da fiel dann auch der Ausdruck »KZ«.

Hausfrau, 1901
Mein Mann war ganz wütend. Jedesmal, wenn er aus der Bank kam und nach Hause wollte, stand ein Jude auf der Straße und hat ihm aufgelauert. Die wollten alle was von ihm, und das konnte er ja nun gar nicht vertragen, daß die ihm so nachliefen. – Er hat sie manchmal zusammengeholt und hat sich über sie geärgert, weil selbst in dieser Situation noch jeder sein eigenes Süppchen kochen wollte, gegen die andern. Da hat er manches Mal gesagt: »Nun helft euch doch gegenseitig! Euer Geld geht ja doch verloren!«

Angestellter, 1925
Juden unerwünscht! hieß es. Man hatte so das Gefühl, daß die Juden abgeschoben werden, ins Ausland. Und, so wie ich meinen Vater kenne, wenn der das gewußt hätte, dann, nehme ich an, daß er da auch ganz klar und scharf sich gegen geäußert hätte.

Buchhändler, 1932
Ich kann mich an eine Sache erinnern. Ich stamme aus einer Bauernfamilie. Die Viehhändler waren durchweg Juden. Mein Onkel war Pferdehändler, und eines Tages ergab sich ein Gespräch im Pferdestall. Der Mann hieß Schloß, der war Jude, der sagte: »Ich muß hier raus, ich muß nach Hamburg.« – Mein Onkel hatte ein Auto, einer der wenigen damals, der ein Auto hatte, und der Jude fragte, ob der ihn fahren würde. 1939. Und bei Tisch kann ich mich erinnern, daß es eine kurze Diskussion gab, ob mein Onkel nach Hamburg fahren wird oder nicht. Und da hat der gesagt: »Ich bin dem verpflichtet, ich fahre.« Er wünschte keine Debatten. – Und die sind dann auch weggekommen.
Was mich geärgert hatte, der Sohn von dem hieß Nathan, und jeden Sonnabend wurde ich da rausgeschmissen. Wir haben uns darum geprügelt. Aber keine Debatte, daß der Jude war.

Nach dem Krieg ist der dann bei uns wiederaufgetaucht, der Nathan. Stand plötzlich vor der Tür und brachte uns Zigaretten und Schokolade. Das hat der uns nicht vergessen.

3

Bibliothekarin, 1923
Meine Mutter hat immer den Englandsender gehört, daher wußten wir 'ne ganze Menge. Aber gesehen haben wir nichts.

Masseuse, 1924
Meine Mutter hat gesagt: »Wenn wir die Verdunklung nicht runtermachen, kommen wir ins KZ.«
KZ, das war eben mehr als Zuchthaus, das wußte man.

Postbeamter, 1921
Eigentlich nicht. Als Landser hat man mal was gesehen. »Ist das eine Strafeinheit?« hat man gedacht.

Fuhrunternehmer, 1913
Und dann hab' ich Judenverfolgungen erlebt während des Polenfeldzugs, auf dem Vormarsch. Wir zogen als Artillerieeinheit durch ein Dorf und erlebten, wie eine SS-Einheit die Juden aus den Häusern trieb, und wenn die dann gerade so auf die Straße laufen wollten, wurde hinterhergeschossen. Und ich selber habe hier tote Juden liegen sehen und da tote Juden liegen sehen usw. Das hat uns kolossal erschüttert, und wir machten uns damals auch schon unsere Gedanken darüber, was daraufhin geschehen würde.

Lehrer, 1920

Es war im Polenfeldzug, und wir hatten mal ein paar Tage frei. Ich ging mit einem Kameraden einer Schießerei nach: Was ist denn los? Der Krieg ist hier doch schon zu Ende? – Und da kamen wir an einen Erdwall, den wir erklommen hatten, und da hab' ich gesehen, daß da ungeheuer viele Menschen standen, die da erschossen wurden, und da kam ein SS-Mann und jagte uns weg. – Die Leute gingen einen Hügel runter in das Tal hinein, wie ein Ameisenhaufen sah das aus, und unten wurden sie erschossen, immer: bruch! bruch! bruch! – »Warum macht man das denn?« – »Das sind Leute, die Sabotage gemacht haben.« Unten in der Grube lagen schon viele, die waren tot. Nicht nur Männer waren das.

Ingenieur, 1927

Ich wußte, daß es KZs gab. Aber Vergasung war unbekannt. Mein Bruder hat's meinem Vater erzählt, er war Standortkommandant in Polen und wußte von Massenerschießungen. Mein Vater hat's uns dann nach dem Krieg erzählt.

Buchhändlerin, 1928

Ein Bekannter von meinen Eltern, ein SS-Offizier, der wurde in ein Konzentrationslager versetzt, weil er schwer verwundet worden war, und der hat sich da das Leben genommen. Da sagte meine Mutter zu mir: »Überleg mal, Kind, was da wohl los ist, daß er sich das Leben genommen hat.«

Vertreter, 1924

Ich hab' 'n Bekannten, der ist da Aufseher gewesen, der streitet das natürlich ab. So schlimm sei es nicht gewesen, sagt er.

Schriftsteller, 1922
Nur im Arbeitsdienst hab' ich davon gehört, in Kudnow, da hatten sie 'n KZ, ein Schulkomplex war das, da gingen die Juden drin spazieren, in Zivil. Hin und zurück.
Wenn man zu nah ranging, dann sagten die SS-Posten: »Hör mal, Kamerad, geh mal auf die andere Seite.«

Buchhändler, 1906
Nein. Ich kam Ende Januar 1940 nach Polen, und da habe ich auf dem Bahnhof bei Krakau irgendwo gesehen, wie Polizisten, wir konnten es nicht genau erkennen, wie SS-Leute auf Leute losdroschen. Es war bitterkalt. Wollten diese Menschen irgend etwas holen, fragten wir uns, oder nur in einen wärmeren Raum? Und wie die da drauflosschlugen, da sagten wir: Um Gottes willen! Ist das womöglich unsere Aufgabe? Wird uns das mal bevorstehen, daß wir das auch machen müssen?

Arbeiter, 1924
Im Krieg, in Przemysl, da hab' ich was vom Ghetto gesehen, soweit ich das damals ... ein harmloses Durchgangsghetto, und viele Leute bemühten sich, die Juden gut zu behandeln, und offensichtlich waren sie nicht unter SS-Bewachung, sonst wär' das ja gar nicht möglich gewesen.

Hausfrau, 1928
O ja, da hab' ich 'ne ganze Menge davon gehört. Wir haben mit Juden im Haus zusammengelebt, und wir haben miterlebt, daß sie abgeholt wurden und in die Bundesstraße kamen und dann abtransportiert wurden nach Theresienstadt.
Daß die getötet wurden, hab' ich nicht gewußt. Aber daß sie nicht wiederkommen würden, das hat man geahnt.

Hausfrau
Eine befreundete jüdische Familie kam weg. Und da haben wir noch am Zug gestanden, und meine Mutter hat gesagt: »Die sehen wir nicht wieder.«
Das waren Personenwagen, und wir standen am Zaun. Das waren zwei alte Damen.

Kaufmann, 1931
Eine Ansammlung von Menschen, die waren furchterweckend angezogen. – Da hat mir meine Mutter gesagt, daß das Juden sind und daß die in ein Lager kommen. Und das hat sie in einem Ton gesagt, aus dem ich raushörte, daß da was Furchtbares geschieht.

Hausfrau, 1901
Ja, aber man hat's nicht geglaubt ... Bis ich eines Tages gesehen habe, die Jüdinnen in Berlin, wie die so vollgepackt waren mit Rucksäcken. Die mußten sich irgendwo melden.
Wir kamen grade vom Wintersport zurück, und es hat mich ziemlich erschüttert, wie ich die so sah.

Buchhändler, 1929
Ja. Wir hatten jüdische Freunde, und ich wußte, daß die nicht mehr ins Kino gehen durften und jeden Moment Gefahr liefen, abgeholt zu werden. Es war uns völlig klar, daß sie nie wiederkehren würden.
Das Wort »KZ« fiel natürlich. Die Art aber, wie sie umgebracht wurden, das hab' ich nicht gewußt. Gaskammern, das war nicht bekannt, aber daß sie nach Polen kamen, das wußte man. Bei uns im Haus wohnte eine Freundin meiner Mutter, die verbarg sich da. »Bitte, geh doch nicht ins Kino«, das höre ich noch meine Mutter sagen, und sie ist doch hingegangen: »Wir sehen und hören nichts, wir haben ja nichts mehr vom Leben«, sagte die. Und

sie ist nicht wiedergekommen. Die Angst, die wir um sie hatten, implizierte das Wissen. Das wußten wir schon als Zehnjährige: Ein Zurück gab es da nicht mehr.

Professor, 1927
Zwei Parzellen hinter uns hatten Juden ihr Haus. Die spielten da Tennis. Und eines Tages waren die weg. – Weiter nichts.

Hausfrau
In der Kleinstadt kannte man ja die jüdischen Mitbürger. Die meisten wanderten aus, aber etliche blieben auch da; eine Frau Berg z. B., die hab' ich als uralte Frau in Erinnerung, 80 war die. Einmal sah ich sie auf einer Bank sitzen, und da setzte ich mich zu ihr. Da sagte sie: »Du weißt doch, daß du dich nicht zu mir setzen darfst, das tu man lieber nicht.« Anfang 1940 hieß es: »Frau Berg wird verschickt.« Dem Nachbarn hat sie noch eine Karte geschickt, aus Theresienstadt. Dann hat man von ihr nichts mehr gehört.
Daß es KZs gab, hat man gewußt.

Ingenieur, 1921
Vor dem Ausbruch des Westfeldzuges lag ich an der holländischen Grenze bei einer Familie, die enge Beziehungen zum Kaplan der Orte Lobberich und Grefrath hatte. Insbesondere die Tante Unna erzählte uns viel von dem Bischof Graf von Galen der Diözese Münster, der in vielen Hirtenbriefen auf die Behandlung der Juden und auf die Übergriffe der NS-Machthaber hinwies.
Dort habe ich auch zum ersten Male den Ausdruck »KZ« gehört.

Pastor, 1899
Im August 1940 kamen Lastwagen mit Möbeln, Bildern, Teppichen und Radioapparaten aus Holland. Das wurde auf dem Marktplatz ausgestellt, die Bevölkerung sollte kaufen. Das waren gebrauchte Möbel.

Hausfrau, 1922
Ich weiß nur von den Lastkähnen, die auf dem Dortmund-Ems-Kanal fuhren, und daß die eine ganze Zeitlang Möbel und Klaviere transportierten, gebrauchte Sachen.
Wir kleinen Dötze standen auf der Brücke und sagten: »Da waren aber viele Klaviere drauf.« Und meine Mutter sagte ganz traurig: »Das hat man all den Menschen weggenommen.« Und meine Freude schlug dann um.

Angestellter
Ich kaufte mir ein Lexikon »Die Juden in der Musik«. Das zeigte ich meiner Mutter, und die hat das ohne Kommentar durchgesehen. Dann setzte sie sich ans Klavier und spielte was aus der »Csárdásfürstin« von Emmerich Kálmán und fragte mich, wie mir das gefiele. Kálmán wäre ein Jude, was ich dazu sagte. Da war ich doch sehr nachdenklich. Später hat sie Angst gekriegt und hat gesagt, den kenne sie von früher, und die Musik hätte an einem bestimmten Tag ihres Lebens eine Rolle gespielt – nur deshalb habe sie mir das gesagt. Sie dachte, ich würde das in der Schule erzählen.

Journalist, 1930
Eine erste Beobachtung hatte ich, die ist mir damals aber nicht bewußt geworden. Ich war Schüler des Jesuitengymnasiums. Als ein Lehrer verhaftet wurde, war zum erstenmal von »KZ« die Rede, erinnere ich mich. Er war weg, und es wurde darüber gesprochen.

Kaufmann, 1924
Wir wollten ein Gedicht lernen, und ich lernte den »Belsazar« von Heine, »Die Mitternacht zog näher schon ...« Ich sagte das Gedicht auf, und der Lehrer ließ mich auch, aber dann hat er gesagt: »Das ist sehr schön, das Gedicht, und du kannst zu Hause auch ruhig weiter Gedichte von Heine lesen, aber wenn du mal wieder was aufsagen sollst, dann würde ich doch ein anderes nehmen.«
Das war 1940, und das hat für niemand irgendwelche Folgen gehabt.

Schriftsteller, 1922
Ich hab' mal im Zug einer Frau den Platz angeboten, und da hat sie die Handtasche plötzlich vor den Stern gedrückt und mich so angeguckt. Sie wollte mir keine Schwierigkeiten machen.

Dozent, 1927
Die Sache mit dem Judenstern hab' ich noch in Erinnerung. Meine Eltern wurden immer wieder angesprochen, wir sollten doch mit solchen Leuten nicht reden.
Es wurde auch gesagt, die Halbjuden müßten auch irgendwie einen ganz kleinen Stern tragen, man wisse ja nie, mit wem man da spricht.

Landwirt, 1913
Also, wo ich erfahren habe, daß Juden negativ behandelt worden sind, das war, daß unser Hausarzt auf'm Lande ... Er war Jude, und seine Frau war Arierin, und der Sohn war somit Halbarier. Sie waren drei Jahre verlobt, die kriegten keine Heiratserlaubnis. Das war von Lilienthal der Sohn, das weiß ich noch, und da war nichts möglich.
Trotzdem mußte der zweite Sohn nachher noch Soldat spielen; dazu war er gut genug.

Kaufmann, 1931
Meine Tante war anti, und mein Vater war dafür. Und wenn sie kam, wurde die Wohnzimmertür zugemacht, und da haben sie sich gestritten.
»*An sich* gehörst du ins KZ«, sagte mein Vater zu ihr.

Oberstudiendirektor, 1910
Vor meinen Augen wurde mein Vater verhaftet. Er war in keiner Partei, aber er war ein utopischer Sozialist. 1940 wurde mein Vater von den Nazis verhaftet, und ich dann 1945 von den Russen. Als völlig gesunder Mensch ist er zunächst in eine Irrenanstalt gebracht worden. Mir wurde angedroht: »Wenn Sie sich noch mehr um Ihren Vater kümmern, dann gehen Sie auch ab. Ihr Vater ist ein Feind des Führers.«
Mein Vater ist dann nach einem Jahr entlassen worden.

Arzt, 1909
Als ich den Verstand kriegte, 1940 rum, da hab' ich meine Eltern gefragt: »Was ist ein Konzentrationslager?«
»Da ist man eingesperrt, wo es wenig zu essen gibt und wo man furchtbar arbeiten muß«, das war die Antwort.
Man sprach hinter vorgehaltener Hand darüber. Dachau, das war allgemein bekannt. Dachau, das war ein Synonym für »KZ«. Dachau war schon deshalb bekannt, weil da auch katholische Geistliche inhaftiert waren. Aber im Osten, Maidanek und so weiter, die waren einem nicht geläufig.

Archivar, 1920
Gehört immer, und zwar schon sehr bald eigentlich. Das Wort »Dachau« kam schon um 1940 vor. Wir hatten weitläufige Bekannte, die eingesperrt wurden oder in Schwierigkeiten gerieten.

Angestellter
Konzentrationslager, das waren »Aufbewahrungslager« für Leute, die eine Abneigung gegen den Hitlerstaat hatten, dachten wir damals. Zwar ungesetzlich, aber immerhin. Nicht Vernichtungslager. Von »Vernichtungslagern« haben wir nie etwas gehört.

Tischler
Gesehen hab' ich nix, nur 'ne Mauer. Es hieß, das sei ein Gefangenenlager. Nur die Mauer und einen Zaun konnte man sehen. Da kam auch oft ein widerlicher Geruch. Es hieß: Da wird desinfiziert.
Aus den umliegenden Dörfern arbeiteten dort Männer als Bewacher, die durften überhaupt nichts erzählen, die wurden mit dem Tode bedroht.
Es hieß: »Gefangenenlager« – daß es ein KZ war, erfuhren wir erst später. Da wurden dann alle Dörfer geräumt, und die KZler konnten da hausen, aus Sühne.

Behördenangestellte, 1921
Nee. Ich habe nie was davon gehört. Nie, nie, nie, nie. Ich war nach dem Krieg so überrascht!
Ich bin mal nach München gefahren, das war nachts, da sind wir umgeleitet worden, und ich hab' durch Fenster geillert, und da war was mit Scheinwerfern und Zäunen, lauter Baracken, hell angestrahlt. Und da hab' ich im Zug gefragt, aber die waren ganz komisch, haben nichts gesagt. Ich hab' dann auch meinen Mann gefragt: »Hast du denn nie davon gewußt?« – »Nö.«

Hausfrau, 1925
Ja. Arbeitslager, das wußte man. Es wurde erklärt, daß Menschen, die anders dachten oder arbeitsscheu waren, dahin gebracht würden, und mit der Erklärung hab' ich mich zufriedengegeben. Ich

hab' weder jemand vermißt, noch hab' ich erfahren, daß mal einer wiederkäme.
Mit unserer Jugendgruppe machten wir an manchen Feiertagen Ausflüge, und zwar nach Stuthof, wo ich nachher erfuhr, daß da ein KZ gewesen ist, und da stießen wir bei unsern Ausflügen an eingezäuntes, weites Land, wo keine Menschen zu sehen waren und auch keine Transporte oder Schornsteine noch sonst was.
Und dann hieß es eben: »Da ist dieses« – weit hinten – »dieses Lager, Arbeitslager« für Leute, die's nötig hätten.

Ein Mann, 1909
Daß es in den KZs so aussah, wie man es nach 45 erfuhr, das konnte man sich natürlich nicht annähernd vorstellen. Ich weiß nur, daß ein Bekannter zur Waffen-SS eingezogen wurde. Der hatte das richtige Gardemaß (das waren ja die zukünftigen Zuchtbullen der Nazis), und dann kam der Polenfeldzug, und da ist er abkommandiert worden, und der Junge, als er dann auf Urlaub kam, da war er völlig niedergeschlagen und durcheinander, daß man ihn zu solchem Posten abkommandiert hatte, irgendwo in Polen zu den Vernichtungslagern.
Was sich in Deutschland in den KZs abgespielt hat, das war ja wahrscheinlich noch human gegen diese Vernichtungslager.
Und der Junge, der hat sich dann geäußert, er wolle versetzt werden, das hielte er nicht durch. Und der hat sich selbst 'ne Kugel in'n Kopf geschossen, weil man ihm das verweigert hat. – Das war aber wohl ein Einzelfall. Ich erwähne das auch nur, um darzustellen, wie man als harmloser Volksgenosse etwas davon hörte, ohne daß man sich etwas Genaues darunter vorstellen konnte. Die Ausmaße.

4

Redakteur, 1927
Mein Gedächtnis ist sehr lückenhaft …
Es liegt ja irre lange zurück. Noch weit vor der Pubertät.
Es muß ein strenger Winter gewesen sein, vielleicht 1940 oder 1941, der Verkehr brach wegen des Vereisens und des Schnees zusammen. Da wurden die Hausgemeinschaften eingesetzt zum Freimachen der Straßen, und zusätzlich kamen Trupps von Leuten, die Häftlingskleidung trugen. Mit denen arbeiteten wir Hand in Hand. Dabei erfuhr ich, daß das Leute aus dem KZ sind, ohne damit allerdings eine nähere Vorstellung zu verbinden. Daß das Gefangene sind … Anstaltskleidung, so ähnlich wie Pyjamas, aber breiter gestreift.
Sie mögen kahlrasiert gewesen sein.

Krankenschwester, 1931
Und dann in dem einen schneereichen Winter, da schippten die Häftlinge die Straßen frei. Die waren hungrig.
Als Kind versteht man ja nichts von Grausamkeiten. Daß die nun Strafe verdient hätten. Es kam einem eher umgekehrt vor, die taten einem eher leid, wie sie da standen in ihren Holzpantinen und Schnee schippten.

Redakteurin, 1933
Obwohl ich erst acht Jahre alt war … Wir sind ausgebombt worden, und ganze Straßenzüge kamen in verschiedenen Luftschutzkellern zusammen, und da waren weibliche KZ-Häftlinge dabei, und die Erwachsenen sagten: »Die kommen aus dem ›Konzertlager‹.«

Die bekamen Sachen geschenkt, und wir wußten, was das bedeutet: KZ.

Kaufmann
Es klingelte, und da steht einer vor der Wohnungstür, in gestreifter Kleidung, und bat mich um was zu essen. Der Wachtmann stand unten und hatte ihn raufgelassen, hat das wohl geduldet. Der Häftling war SS-Mann gewesen, das sagte er mir, und das fand ich frappierend. Befehlsverweigerung oder Feigheit vielleicht. Dafür wurden die ja sofort bestraft.

Fahrer
Ein kleiner Wachtmann mit riesigem belgischem Beutegewehr. Ich ging mit der Mutter spazieren, da sah ich den, wie der da so Gestalten bewacht.
»Welches Datum?« fragte uns plötzlich einer.
Das sind ja Deutsche! dachte ich da.

Redakteur, 1917
Nein. Nie was zu Gesicht bekommen. Ich war seit 1937 bei der Marine.
Es ging das Gerücht um, daß das existiert, aber Genaueres wußte kein Mensch.

Kaufmann, 1920 (?)
Nein. Ich war bei der Marine, und zwar war ich Kommandant eines Minensuchers. Ich war ganz im Norden von Norwegen, wo Dietl war. Und von da oben haben wir immer die Urlauber mitgenommen, die Österreicher, und die fuhren immer sehr ungern mit dem Schiff, die hatten Angst vorm offnen Wasser. Unter den Österreichern waren welche, die in der Mannschaftsmesse beim

Trinken erzählt haben, daß sie mal gesehen hätten, daß im Osten Juden erschossen wurden.
Ich war so empört! Ich hätte schreien mögen vor Entrüstung. Kein Deutscher tut so was!
Daß es im KZ kein Honigschlecken war, das haben wir gewußt, aber daß da laufend umgelegt wurde, das nicht.

Kaufmann, 1918
Ich war bei der Marine und habe absolut nichts gewußt. Einmal kam ich auf Urlaub, nach Berlin, und geh' in meinem dunklen Mantel einen ehemaligen Lehrer in der Nachbarschaft besuchen. Ich klingel, und dann wird ganz schüchtern aufgemacht, und als er mich sieht, schlohweiß! Erstarrt! Was war? Er war Jude und dachte, ich kam von der Gestapo und wollte ihn holen. Ich hab' bei ihm gesessen, aber er konnte sich die ganze Zeit von dem Schreck nicht erholen.
Ich hab' mir das erst viel später erklären können.

Kaufmann, 1901
Das war doch 'ne schreckliche Zeit. Wenn es klingelte – man wußte ja nie, wer es war.

Vertreter
Als Jungs machten wir »Schellekes«, wie das hieß, wir schellten also an den Türen und paßten auf, was die Leute dann sagten, ob sie schimpften oder empört waren. Bei diesen »Schellekes« haben wir dann auch bei einer jüdischen Familie geschellt, und da ärgerten wir uns, daß die nicht reagierten. Später hörten wir dann, daß die zu Tode erschrocken waren. Meine Mutter hat mich verhauen.

Ein Mann, 1923

Als die KZs eingerichtet wurden, war ich ja noch ein junger Mensch, und wir lebten als junge Leute an sich mit Idealen. Gesagt hat man uns nichts.

Das erste Mal 1940/41, da war am Plöner See die Ausbildung der Marinekadetten, und da war mal 'ne Meuterei, und da hieß es: »Die hat man ins KZ gesteckt.«

Aber daß dies Folgen gehabt hätte, wie man's dann später erfahren hat, das ist nie bekannt gewesen. Das einzige war eben, wenn ich daran denke, daß mein Vater, der ein großer Nazigegner war, daß wir Angst hatten: »Den stecken sie mal ins KZ«, denn das Wort »KZ« war so weit geläufig, daß man dachte, daß die Leute da mit einer Gehirnwäsche versehen würden, um sie umzufunktionieren. Die wurden abgeholt, kamen in ein Lager, und nach einer gewissen Zeit konnte man davon ausgehen, daß es wieder okay war.

Arbeiter

Von meinem Vater hab' ich mal was gehört, 1941, daß man Leute in Hamburg auf dem Polizeipräsidium geschlagen hätte. Das wurde hinter der hohlen Hand mitgeteilt. Dem einen hatten sie ein Auge ausgeschlagen.

»Um Gottes willen, du darfst davon nichts erzählen!«

Der eine kam nie wieder.

Bauersfrau, 1912

Ein Pole, der war zwei Monate verschwunden, der war im KZ gelandet. Und da hat mein Vater eine Eingabe gemacht, daß er ihn für die Ernte braucht, und ist hingefahren und hat den Polen geholt. Das vergeß' ich nie, wie der da in der Ecke saß, das vergeß' ich nie. Haferflocken haben wir ihm gegeben, weil er nichts essen konnte. Er hat uns seinen Körper gezeigt, aber hat gesagt: »Chef, nichts sagen.«

Bauersfrau
Im Nachbardorf wurde ein Pole aufgehängt, weil er es mit einer Deutschen getrieben hatte. Rassenschande wurde das genannt. Der Baum steht noch da, den können Sie noch sehen. Wir mußten alle hin, und die Polen, die hier auf den Dörfern arbeiteten, mußten auch hin und sich das ansehen. Der Frau haben sie die Haare abgeschnitten, sonst ist ihr nichts passiert.
Sie hatten den Polen auf einen kleinen Tisch gestellt, und dann hat der Parteibonze da den Tisch umgestoßen. Und dann hat der noch dazu gelacht.

Angestellte
Beim Zahnarzt, ich hatte eine Zahnregulierung und hörte zu, was die Frauen sich im Wartezimmer erzählten. Einmal sagten sie, daß da ein Lastwagen durch Weimar gefahren wäre und daß die Klappe aufgegangen wäre und Leichen herausfielen. Da sagte die eine Frau: »Ja, das gibt es öfter.« Als sie merkten, daß ich zuhörte, waren sie still.

Arzt, 1922
1941 hab' ich zum erstenmal von der Vernichtung psychisch Kranker gehört, ein Arzt erzählte mir das.

Pensionär, 1911
Im Winter 1941 kam ich nach Berlin, nach Oranienburg, und da war ein KZ. Das sahen wir von außen, wir hörten nichts. Wir nahmen das hin. Hörten nichts, sahen nichts. Hörten keinen Lärm, keine Schüsse. Sahen auch nur eine hohe Drahtmauer. Und dann erinnere ich mich auch an einen Turm. Aber uns ist nie der Gedanke gekommen, daß dort fürchterliche Grausamkeiten vorkämen. Der Schock über diese Vorgänge kam erst nach dem Krieg.

Germanist, 1923
Ich meldete mich zur Waffen-SS, als Sechzehnjähriger. Ich dachte, ich geh' zu den Nachrichten, und da bin ich Spion.
Ich kam nach Oranienburg, da war eindeutig ein KZ. Da saß der Niemöller, das sagte uns der Unteroffizier.
Zum Fotografieren für unsere Paßbilder wurden wir durch die Mauer geführt. Da war ein Graben, in dem Tiere herumliefen.
Da war ein Blockhaus, das wie eine Villa aussah: »Da wohnt Niemöller.«
Ein Gefangener fotografierte uns. »Es ist verboten, Nahrungsmittel herumliegen zu lassen oder zu verschenken«, wurde uns gesagt. – Ich wußte nicht, was da drinnen passiert, aber ich hatte eine klare Vorstellung davon.
1941 muß das gewesen sein.

Journalist, 1924
Ich war in der Hitlerjugend, und im Wälzheimer Wald hatten wir irgendeine Fahrt, und dort war ein KZ, kein großes, und da hatte eine Fabrik ihre Arbeitssklaven gehabt. Wie's da zuging, das habe ich nicht gewußt. Es wurde uns gesagt: »Das sind Verbrecher und Homosexuelle«, das war 1941, aber direkt gesehen habe ich sie nicht.

Beleuchter
Es war bekannt, daß das KZ Dachau bestand. Das wußte sogar unser Lehrer: »Wenn Sie so weitermachen, werden Sie noch in Dachau landen. Vielleicht sollte man Sie auch als Demokrat über England abschmeißen.«

Germanist, 1928
Als Kinder, die Drohung, du darfst nichts sagen, sonst kommst du ins KZ. Wir hatten einen Hausmeister, der war mal im KZ ge-

wesen, den haben wir immer angeguckt, wir wußten nicht, wie wir zu dem stehen sollten.

Volkshochschuldirektor, 1925
Mein Lehrer hatte das goldene Parteiabzeichen, der sagte: »Ihr könnt ja nun dafür sorgen, daß ich ins KZ komme, nachdem ich dies und dies gesagt habe ...«
Das war damals was Besonderes, daß einer das aussprach, und das hat mir Eindruck gemacht. Das war ja kritisch gemeint.
Ein anderer, einfacher »Volksgenosse« hätte vermutlich das nicht sagen dürfen. Aber der mit dem goldenen Parteiabzeichen, der konnte sich das erlauben.

Cutterin
In der Straße, in der ich wohnte, hatte ich meine hundertprozentige Sexualaufklärung empfangen. Da sagte ein Mädchen, die war schon etwas älter, sie hätte in Buchenwald einen Erste-Hilfe-Kurs mitgemacht und dort an den Toten den Eintritt des Todes gelernt. Das sagte sie damals. Ich seh sie noch so zwischen den Pfosten stehen.

Biologe
Als Pennäler bin ich mal in eine KZ-Dependance hineingeraten. Bei einem Sommerausflug, 1941, fuhren wir aus der Stadt heraus und an einen See, beobachteten dort Haubentaucher und Pirole – ich bin nämlich schon als junger Mensch ein begeisterter Ornithologe gewesen –, ein wunderschöner, heißer Tag. Dann hatten wir Durst und sagten: »Los, wir trinken noch Wasser auf dem Bauernhof.« – Als wir auf den Hof fuhren, waren da Frauen in hängender, zerfetzter Kleidung, kahlgeschorene Frauen. Ich hab' zu den Jungens gesagt: »Trinkt schnell, dann fahren wir weiter.« Die Bewacher ließen uns auch ohne weiteres da trinken.

Kahlgeschorene Frauen: Irrsinnig ist das, wenn man das zum erstenmal sieht, ist das genauso ein Schock, wie wenn man zum erstenmal die Y-Behaarung einer Frau sieht. Zu Haus hab' ich nichts erzählt. Das war eine Realität, die nicht bekakelbar war.

Hotelier, 1904
Nö. Ich habe nur im Warthegau ein Judenlager gesehen. Das war abgegittert, und die armen Menschen flehten da und wollten was zu essen haben. Weiter habe ich nichts gesehen.
Und dann auf der Moorweide. Ich sag' zu meiner Frau: »Du, die ganzen Juden kommen weg.« Meine Frau sagt: »Das kann doch nicht sein?« – Die ganze Moorweide war voll, prima angezogen, Leute aus der Ehestraße, alle mit'm Judenstern, jeder mit einer Tasche. Die wurden dann abtransportiert.

Ein Mann, 1899
Ich war während des Krieges in Hamburg an der Marinefachschule. Und als ich eines Morgens die Alster entlang zum Dienst ging, da sah ich ein offenes Auto, in dem Juden saßen. Das hat mich tief erschüttert. Da war einer dabei, den erkannte ich, ein feiner Herr, der in der Bergstraße ein Geschäft hatte, ein vornehmer, gar nicht jüdisch aussehender Herr. – Es war ein richtiger Lastwagen, wie man Vieh verlädt, so waren da Männer und Frauen zusammengepfercht. Das Lastauto verschwand in Richtung Lombardsbrücke.

Hausfrau, 1927
Ich habe gesehen, wie eine alte Frau abgeholt wurde, eine alte jüdische Arztwitwe, das hab' ich irgendwie mitgekriegt. Mit einem Lastwagen. Die wohnte gegenüber. Ein Lastwagen fuhr vor, und sie wurde darauf gebracht, allerdings nicht unter Druck, aber hin-

terher ist darüber geredet worden, man stellte sich ein Gefängnis vor oder ein Lager. Jedenfalls nichts Schlimmes.

Redakteur, 1933
Unsere Reinemachefrau hat mal bitterlich geweint, weil ihre alte Herrschaft abgeholt wurde. Er war Kommerzienrat und Jude, und mit fünf Mark und einer Tasche voll Sachen mußten die sich melden.

Unternehmer, 1931
Ich erinnere mich noch, wie die Lemgoer Juden deportiert wurden, die zogen durch die Stadt, mit gelbem Stern. Da waren Nachbarjungen dabei. Mein Vater sagte: »Die müssen arbeiten.« Man dachte, die sind nicht *für* uns, die sollen also arbeiten.

Drogist
Von meinen Eltern hab' ich damals was gehört, die waren Hausmeister in einem jüdischen Altersheim. Da hab' ich einiges gehört, aber: »Ja, das stimmt, sie werden weggebracht. Sie kommen in die Ostgebiete in Ghettos, da ist das dann vorbei, daß sie Rechtsanwälte sind, sondern da müssen sie sich selbst verwalten und arbeiten.«
Ich hab' das nicht wahrhaben wollen.

Schriftsteller, 1922
Im Nachbarort wohnten zweihundert Juden, und die sind alle verschwunden. Mein Vater hat da Vieh gekauft. Man hat nie böse über diese Leute gesprochen. Ich bin als Kind mal mitgefahren, und da hab' ich 'ne Matze gekriegt.

Fabrikant
Vor dem Rußlandfeldzug, ich war auf einem Wehrmachtstransport in Richtung Osten. Einmal fuhr der Zug langsamer, und da waren Leute, die da arbeiteten. Ich dachte: Zuchthäusler. Erst später sind wir auf den Gedanken gekommen, daß das keine normalen Häftlinge sind. Die riefen uns nämlich zu: »Ihr werd' schon sehen, wohin ihr kommt!«
Neben den Häftlingen und dahinter, überall standen Bewacher, die sahen wie Soldaten aus.

Landwirt, 1913
Winter 1941 kam ein Unteroffizier aus der Nachbarbatterie, der war vom Urlaub zurückgekommen und konnte nicht zur Einheit kommen, nachts, weil die Entfernung so groß war. Und da haben sie noch Mädchen aufgesucht, und das ist denunziert worden. Weil er mit einem jüdischen Mädchen verkehrt hatte, wurde er zum Strafbataillon versetzt und kam später nach Küstrin in die Festungsanstalt und wurde degradiert.

Ein Mann
Nein. 1941 bin ich in Rußland verwundet worden, auf einem Lkw wurden wir zurückgebracht. Da sahen wir auf einmal, neben der Straße, so ausgeschwärmt, und da hörte ich so einen Singsang und sah in der Ferne einen schwarzen Haufen von Menschen, Militär drum herum, Feldjäger. Ein merkwürdiger Singsang, ein unartikuliertes Klagen. Mir wurde speiübel, als ich das sah, aber erst viel, viel später hab' ich realisiert, was da passierte. Die wurden da natürlich alle erschossen. – Die Feldjäger waren alle sehr nervös.

Bauer, 1910

Als wir den ersten Vormarsch gegen Kiew gemacht haben, da hab' ich was gesehen, Kinder auf einem Wagen. – Und dann haben sie sie erst durch das Wasser gejagt, und dann mußten sie noch was singen, und dann wurden sie erschossen.

Ein Junge weinte: »Ich bin erst sechzehn ...« Ein alter Mann mit langem Bart, der betete noch.

Die Norddeutschen und bis zum Rheinland runter, die haben sich nicht zu so was gemeldet, aber die Bayern waren wie wild dahinter her.

In Galizien, da waren Juden, die haben Holz getragen. Da hat ein Russe zu mir gesagt: »Paß auf, morgen werden die alle erschossen.« Aber die Russen waren ja genauso schlimm.

Lastfuhrunternehmer, 1922

Ein älterer Mitschüler, der »überjährig« war und schon 1940 zum Barras kam, der besuchte uns mal in der Klasse, wie das so war, und der Lehrer fragte: »Wie ist es da draußen?« Und da hat der ganz offen erzählt: »In Rußland werden Tausende erschossen.« Der Lehrer versuchte das dann irgendwie zu überspielen.

Chemiekaufmann, 1921

Erschießung von Juden in der Ukraine hab' ich gesehen. Das war 1941 in Alexandria, zwischen Human und Poltawa, man kann es auf der Karte finden. Wir hatten dort einen Feldflugplatz besetzt. Wir hatten sonntags Ausgang und sahen, wie die Juden aus ihren Häusern getrieben wurden, der Arbeitsdienst holte die aus den Häusern heraus, von den Ukrainern denunziert: »Da Jud'.« Wie sie gingen und standen, so holte man sie aus den Häusern heraus, manche sogar im Nachthemd, drei kranke bettlägerige Frauen. Eine hatte sogar einen Wertgegenstand mit bei sich, eine Tischlampe. – Wir haben uns daran nicht beteiligt.

Sie wurden in der Kommandantur zusammengetrieben, das war

ein großes Haus mit Toreinfahrt. An der Toreinfahrt stand der Arbeitsdienst Spalier, mit Knüppeln, und die schlugen auf die z. T. alten Leute ein. Auf dem Hof wurden sie zusammengetrieben und wurden auch geschlagen.

Hinter der Kommandantur war ein Massengrab, das mußten sie öffnen, das war von den Kommunisten wohl noch. Sie mußten die halbverwesten Leichen herausholen, ich sehe noch, wie sie die auf dem Buckel heraustrugen. Der Geruch war unbeschreiblich. Der Leichengeruch war noch abends in unsern Taschentüchern, das hab' ich festgestellt. – Die Leichen wurden in ein neues Massengrab geworfen. – Am nächsten Morgen hörten wir, noch vor unserm Wecken, so gegen fünf Uhr, daß auf unserm Schießstand geschossen wurde, und es wurde uns berichtet, daß dort Juden liquidiert würden. Der Staffelkapitän hat uns zusammengerufen und hat uns gebeten: »Wir halten uns sauber und halten uns da heraus. Damit haben wir nichts zu tun.«

Die übrigen Juden sind in den Keller der dortigen Post getrieben worden, so daß sie dort fast übereinanderlagen. Vorbeigehende Soldaten haben gesehen, daß sie nach Luft schnappten. Diese Juden wurden zwei Tage später in von ihnen selbst ausgehobenen Massengräbern erschossen. Es wehrte sich keiner. In Erinnerung ist mir noch ein kleiner Junge, der sich mehrmals losriß. Ein hocheleganter SS-Offizier beobachtete die Szene mit seiner Freundin. Er hatte einen Pelzkragen auf dem Uniformmantel. Fast möchte ich behaupten, er hatte auch einen Hund. – Obwohl es uns verboten war, dahin zu gehen, es zog uns magisch an. Ich war neunzehn. Das war wohl Sensationslust und daß man das nicht glauben konnte. Damals glaubte ich, es wäre gerecht, wenn wir den Krieg verlieren.

Hausfrau

Schon am Anfang des Rußlandfeldzuges. In Tilsit hatten wir eine Menge Soldaten, und im Quartier hatten wir einen Hauptmann, der stand schreckensbleich in der Tür, der erzählte uns, er sei an

einem Erschießungsplatz vorbeigekommen. Dort hatten sie eine Kuhle ausgehoben, und die Juden oder Polen fielen da rein. Er wollte das bei meinem Mann – der war Rechtsanwalt – zu Protokoll geben. Das hat er auch getan, aber man konnte ja nichts machen.
Wir hatten viele Juden in Tilsit, und es wurde gemunkelt, die würden in Lagern zusammengezogen.
Unterschwellig bekannt war es, das muß man sagen.

Ingenieur
1941 sagte ein Bahnbeamter zu mir: »Wir haben gestern Schießübung gehabt. Da liefen zwei Polen durch die Gegend, die haben wir gleich mit umgeschossen.«
Da sagte ich: »Hören Sie, dies ist nicht unsere Art, Krieg zu führen.«

Regisseur, 1923
Ja, gehört davon. Als Soldaten. Aber wir konnten das gar nicht glauben. Ein Soldat zum Beispiel, der durfte doch nicht angefaßt werden, so übertrieben war das doch: »Darf ich Sie anfassen?« Ganz humaner Staat. Und dann dies?

5

Antiquitätenhändler
Wenn ich heute so in meinem schönen Haus sitze, warm und mit all meinen Sammlungen, dann kann ich mir vorstellen, wie den Juden damals zumute gewesen sein muß, als an die Tür geklopft wurde, alles raus! Und sie sahen es dann nie wieder.

Schriftsteller, 1922
Als ich verwundet war, bin ich im Elsaß gewesen. Und wir, zehn, zwölf Offiziere, wir sind zum Essen in ein sehr schön eingerichtetes Privathaus gegangen. »Wem gehört denn dieses Haus?« hab' ich gefragt. »Dies ist ein jüdisches Haus.« Kostbares Geschirr, gute silberne Bestecke. Diese Beschämung: Man ist in ein Haus eingebrochen, das einem nicht gehört.

Kaufmann, 1916
In Kiew sind wir mit unsern Panzern an einem mit Draht abgesperrten Gelände vorbeigefahren. Da waren 'ne Menge Menschen drin, die hatten sich kleine Feuerchen am Erdboden angezündet, und die wärmten sich da. Wir waren der Meinung, es wären Gefangene, aber das waren Juden.
Die kämen nach Deutschland zum Arbeiten, hieß es.

Hausfrau
Ich hab' die Elendszüge russischer Kriegsgefangener gesehen, die auf Holzschuhen durch die Stadt lahmten, und hab' gesehen, wie die Wachtsoldaten denen in'n Arsch traten. Das war fürchterlich. Ich hab' gedacht: »Was gibt es bloß für Menschen.«

Ofensetzer, 1915
Dann kam die Kunde von Massenmorden. Ich hatte im Lazarett einen Freund getroffen, und der erzählte mir freudestrahlend, daß man überzählige Russen, die man nicht ernähren könne, weil man so viel gefangen hat, in ein Auto tut, mit Auspuff nach innen. Die führen dann eine Strecke weit, und dann wären die erledigt. Das war 1942. Da hat's mich gefroren.
Aber es hat immer noch eine Zeit gedauert, daß ich Antifaschist wurde. Ich hatte das Glück, daß ich Leuten begegnete, die mir sagten, daß es auch noch was anderes gibt als die Nazis.
Wie hat's geheißen? »Die Hitlerischen«, »Der ist bei den Hitlerischen«.

Hausfrau, 1923
Mein Bruder war im Rußlandfeldzug beim Flugzeug-Bodenpersonal, also zum Reparieren. Als er krank wurde – er bekam Gelbsucht –, wurde er nach Deutschland ausgeflogen, und da erzählte er uns, daß die Nazis die Juden vergasen würden. Wir wollten das aber nicht glauben, weil unser Bruder ein großer Nazigegner war und die Militärausbilder nicht mochte.

Beamter, 1920
Im Winter 1941/42 habe ich in Brest-Litowsk deutsche Jüdinnen gesehen, wie sie im Pelzmantel Eisenbahnarbeiten machten, am Gleise.

Ein Mann
In Saporoschje. Da standen sie mit Ferngläsern.
Ich fragte: »Was ist denn hier los?« Man hörte Schüsse. Und da wurde gesagt: »Da ist 'n Steinbruch, und da kriegen Leute 'n Genickschuß.«
Ich hab' auch durchgeguckt, aber nur so 'n paar Gestalten da gesehn.

Molkereimeister, 1923
Wir mußten Pferde bewegen in Rußland, und da bin ich mit unserm Leutnant querfeldein geritten, und da sahen wir mit'm mal hinter einem Hügel, daß da Leute umgebracht wurden, ziemlich weit entfernt. Also die Exekution.
Ich hab' das gar nicht kapiert so schnell, und dann hat der Leutnant sein Pferd rumgerissen und hat gesagt: »Bloß weg hier, sonst bringen sie uns auch um. Das hast du nicht gesehen.« – Und dann habe ich das später doch noch mal erzählt, und da hat mir das niemand geglaubt.

Kritiker, 1923
In der »Protzen«-Stellung war ich manchmal in einem Bunker, ein Holzding, acht Leute waren da drin. Da gab es einen – 1942 muß das gewesen sein –, der kam aus dem Baltikum. Dieser Mann erzählte, er hätte Sachen gesehen, die so entsetzlich seien ... Da hätten sie Leute in Gruben gestellt und erschossen. Das sei so entsetzlich gewesen ... Da weiß ich genau, daß wir dachten: Dieser Mann ist ein perverses Schwein, der ersinnt Geschichten, wobei ich allerdings ein ungutes Gefühl hatte. Aber die Verdrängungstendenz war so stark: Ich wollte damals nichts wissen.
Der Mann trug übrigens alle Zeichen der Verstörung, der wirkte psychopathisch. Das muß man dazusagen.

Ein Mann, 1922
Mit einem Truppentransport bin ich im Juni/Juli 42 in Warschau gewesen. Wir haben in einer Schule gelegen und konnten ins Ghetto gucken. Ein Viertel war gerade geräumt worden, und wir sahen, wie lettische SS-Männer die Häuser nach Leuten absuchten, die sich dort noch versteckt hielten. Und da sahen wir, wie einer ein altes Mütterchen aus einem Haus herausholte, auf die Straße, und der erschoß es vor unsern Augen! Beim ersten Schuß war sie noch nicht tot, und beim zweiten auch noch nicht,

und wir wurden rebellisch und haben gerufen: »Ihr Schweine, wenn ihr schon schießen wollt, dann geht an die Front!« – In null Komma nichts war Feldgendarmerie da und räumte das Stockwerk.

Ich weiß noch, das gab eine Riesenempörung unter den Landsern, daß die nach dem zweiten Schuß immer noch schrie. Aber wir haben uns damit getröstet, daß das ja Letten gewesen sind. Und an der Front verblaßte die Erinnerung daran allmählich.

Schriftsteller, 1910
Ich hab' es ganz genau gewußt. Ich war beim Zollgrenzschutz in Polen. August 1942 war das, und ich hatte in Zakopane die Lederkammer, da haben wir mit zwei hübschen Jüdinnen poussiert, das war harmlos. Von einem Schuster namens Blau ließ ich mir Schuhe machen, ein erstklassiger Mann. – Und dann ging das Erschießen los. Das durfte man nicht wissen. Und da kamen welche von der Streife zurück, die sagten: »Du, die haben welche erschossen. Die beiden hübschen Mädchen sind dabei.«

Ich sagte zu dem Blau: »Gehn Sie weg!« Er hätte über die Grenze in die Tschechoslowakei gekonnt.

»Nee, ich brauch' das nicht, die Gestapo läßt bei mir arbeiten. Ich bin hier ja unentbehrlich.«

Zwei Tage später war er weg und kam nie wieder.

In Krakau hab' ich dann die Züge gesehen, da wurde schon gemunkelt: Gasöfen. Ich sag: »Kinder ...«

Die schrien da in dem Zug nach Wasser. Und eine Frau, die neben mir stand, sagte: »Das haben sie verdient.« Die Tochter hatte gesagt: »Das ist ja furchtbar!« Und da sagte die Mutter: »Das haben sie verdient.«

Kurz darauf kam ich nach Berlin, und die haben mir das nicht geglaubt! »Hans, du fängst jetzt an zu spinnen!« Das waren alles Antifaschisten. Das mit den Gaskammern konnten sie nicht begreifen. Das hatte es noch nie gegeben. Deshalb glaubten sie das nicht. Man hatte immer im Rechtsstaat gelebt, und historisch

gab es keine Parallele. Ohne Urteil Leute zu erschießen ... Ich meine, auch bei Napoleon hat's das nicht gegeben und nicht bei Preußens. Gut, da kam's auch vor, daß Leute erschossen wurden, aber doch immer mit Urteil, und wenn es noch so fadenscheinig war. – Sie haben mir nicht geglaubt, obwohl sie Hitler haßten.
Ich weiß noch, wie das rauskam. Das war beim Mittagessen. Da hat einer was gesagt darüber, daß das 'ne Schweinerei ist. Und da hat der Zollrat gesagt: »Aber meine Herren, wir sind doch beim Essen!«
Es wär' nicht gegangen, daß er darauf eingegangen wär'. Es waren ein oder zwei Nazis unter uns.

Pensionswirtin, 1910
In Beuthen, ja natürlich. Die ganzen Juden aus dem Westen, aus Holland und so weiter hat man da gesammelt. In der Synagoge haben sie ihre ganzen Sachen abgeladen. Nach zwei Tagen wurden sie abgeholt, aber die Sachen blieben da. In Waggons wurden sie reingestoppt, mit so kleinen Fenstern. Und das war eine Hitze! »Wasser! Wasser!« riefen sie.
Das hat mir leid getan.
Ich hab' da ein Lokal gehabt.
Auch als sie gesammelt wurden, das hab' ich auch gesehen. Und sie mußten vor der Synagoge knien und zugucken, wie die gebrannt hat. Ich hab' gestaunt. Daß so was überhaupt geht!
Und vor dem Abtransport, hier die Männer, hier die Frauen, und die Kinder extra. Was meinen Sie, wie schrecklich das alles war!
Wenn ich das meiner Schwester erzählte, dann sagte die: »Das wissen wir gar nicht.«
Frauen, die in andern Umständen waren, die haben auf dem Platz entbunden. Wir haben von ferne geguckt, trauten uns da nicht ran. Das Schlimmste, fand ich, war, daß sie die Kinder von den Eltern weggerissen haben. Die haben geschrien!
Wenn ich Ihnen das alles erzählen wollte, ich könnte 'n ganzes Buch vollschreiben.

Da waren Baracken, und da haben sie gewohnt. Und unser Mädchen kam morgens und sagte: »Frau X! Jetzt haben sie wieder einen ganzen Karren voll Leichen auf den Judenfriedhof gefahren!« Oder: »Frau X! Heute hab' ich gesehen, wie sie einen in die Jauchegrube gestoßen haben und hinterher mit'm kalten Wasserstrahl abgespritzt.« Und was die Polen alles gemacht haben!

Hausfrau, 1923
Ja. In Langenberg in der Tschechei, da wurden Frauen durchgeführt, die umgebracht werden sollten. Die eine von ihnen, es waren Jüdinnen, die hatte einen Pelz an, die ging ganz forsch vorneweg, die andern waren müde, eine brabbelnde Gruppe war das, und um sie herum Kapos mit zwei Meter langen Stöcken. Und wenn sich eine bückte, kriegte sie welche über.
Im Winter bei Frost war das.

Hausfrau, 1926
Nie was gehört. Einmal im Vorbeifahren hab' ich was gesehen. Ich war mit der HJ in Polen, mit einer Musikgruppe, wir musizierten dort für die Neuangesiedelten. Und da sind wir an einer Gruppe von Menschen vorübergefahren, die merkwürdig aussahen. Eingefallene Gesichter, zerlumpte Kleider. Sie standen und warteten auf dem Bahnsteig. Da hatten wir ein Grauen, als wir die sahen. Das sind so Leute, dachten wir ... Es gab etwas ganz Schreckliches, das ahnte man.

Pianist, 1925
Konzentrationslager? Ich habe damals nur gehört von einem Schulkameraden, dessen Bruder Leutnant war. Dem wurde Dachau vorgeführt, wie ordentlich und korrekt das da zugeht. Daß die Häftlinge die Aufgabe hätten, alle möglichen Geräte auszuprobieren, das wurde denen auch gesagt, Marschstiefel usw. Da

entstand dann der Eindruck, daß es eine höchst angenehme Sache sei, so über den Krieg zu kommen.

Buchhändler, 1925
1942, als ich Rekrut war, hatte ich einen Kameraden aus Lietzmannstadt, jetzt Lodz, sein Vater war Ortsgruppenleiter, und der erzählte ganz lapidar, daß man im Lietzmannstadt-Ghetto aus Juden Seife machte.
Es ist heute unfaßbar, daß man das so einfach zur Kenntnis nahm.

Bibliothekarin
Wir haben in Lodz gewohnt, und meine Mutter ist jeden Tag mit der Straßenbahn an dem Ghetto vorbeigefahren. Die hat das überhaupt nicht realisiert.

Hausfrau
Im Zug hat einer zu mir gesagt: »Da liegt Weimar, dort werden die Juden vergast ...«

Germanist, 1913
Daß es eine Vergasung gibt, habe ich auf folgende Weise erfahren. Ich war befreundet mit einem Mädchen, die einen Bekannten hatte, der Arzt war. Der war bei der SS. Die Eitleren waren bei der SS, die andern bei der SA. Es war Krieg, und der Mann, von dem ich hier erzähle, bekommt eine Kommandierung nach Polen in ein Lazarett. So hatte es jedenfalls geheißen. Der fuhr dann mit einem Zug dahin, und plötzlich war die Eisenbahn zu Ende, und da stand eine Wellblechhütte, und da war eine Anlage, und man hat ihm erklärt, daß das eine Vergasungsanlage ist, und er sei als Arzt dafür zuständig. Er war entsetzt. »Wieso?« Da haben die andern von der SS gesagt: »Weltjudentum, das ist doch selbstverständ-

lich, daß das vergast wird.« Daraufhin hat der Mann auf der Hinterhand kehrtgemacht und ist nach Deutschland zurückgefahren. Ihm sei dann zu Hause nichts passiert, jedenfalls nichts, was das Mädchen gewußt hätte. Von dieser Geschichte abgesehen, die ich 42 erfuhr, habe ich während des Krieges dann nie wieder etwas Ähnliches erfahren.

Hausfrau, 1918

Mit meinem Mann, und zwar im Jahre 42, habe ich mal ein KZ-Lager gesehen, mein Mann machte mich dort darauf aufmerksam. Ich hab' wohl auch mal die Kolonnen gesehen. Und dann hat man sich natürlich immer mehr Gedanken darüber gemacht, wenn das nun schon vier bis fünf Jahre so war, daß das unter Umständen bösere Folgen und bösere Auswirkungen annehmen könnte. Im Laufe des Krieges wurde das ja so vertuscht, und man hatte mit sich selber zu tun, daß man überhaupt über die Runden kam, daß man sich kaum um so etwas positiv gekümmert hat.

Drogist, 1934

Als ich acht Jahre alt war – ich bin aus Dithmarschen –, kam ein Mann auf Urlaub, und er erzählte, das sei gar nicht so einfach, die Menschen zu sortieren, die Frauen links, die Männer rechts, und die Kinder da drüben hin. Und dann: »Ausziehen! – De Strümp herhen, de Büxen dorhen!« Das sei schwer für ihn, wenn die dann nackend an die Grube treten und bumm! Und wenn dann die Kinder kämen und sagten: »Onkel, laß mich doch leben …« Dieser Mann bedauerte sich selbst mehr als die Menschen, die er durch Genickschuß tötete.
Ich hab' das damals als Achtjähriger genau kapiert und jedes Wort behalten. Es war eine Mischung von Sensationsgier und Angst.

Hausfrau, 1926

Von einem Fechtmeister, der war beim SD, von dem wußten wir, daß er immer über die ostpreußische Grenze nach Litauen fuhr. Aber was er da gemacht hat, weiß ich nicht. Das hat er nicht erzählt.

Hausfrau, 1924

Ich hatte einen Vetter bei der SS, der hat sich geweigert, Juden zu erschießen. Das war in der Familie bekannt.

Geograph, 1928

Mein Vater war in der schwarzen SS, und 1942 war er mal sechs Wochen aushilfsweise Arzt in Sachsenhausen. Und als er da wiederkam, da war Feierabend. Das Hitlerbild hing zwar noch da, aber es wurde nicht mehr gesprochen über Nationalsozialismus. Da war er wohl kuriert. Da hat er wohl zuviel gesehn.

Ein Mann

In Feldafing hab' ich KZler gesehen, am Rande eines großen Parks, einer Wiese, tauchten eines Tages Lastwagen der Firma Hoch-Tief auf, Stacheldraht wurde gezogen und Baracken wurden aufgestellt. Wir dachten: Da kommen Franzosen rein, aber als das fertig war, kamen wieder diese Lastwagen, und die hatten Zuchthäusler an Bord, so wirkte das jedenfalls, sie hatten gestreifte Anzüge und Topfmützen. Sie sprangen runter vom Lastwagen und mußten antreten. »Rechtsum!« Na ja, dachte man, in den Zuchthäusern herrscht ein militärisches Regiment. Aber bald haben wir gemerkt, daß die Wachtmeister einen ganz unmenschlichen Ton am Leibe hatten. – Wir erfuhren dann: Das sind politische Häftlinge aus Dachau, was uns aber nicht irritierte. Der unterirdische Umgangston der Wachtmeister hat uns mehr irritiert als die Häftlinge, das mißfiel uns, das waren Proleten.

Bankbeamter, 1927
Sie werden lachen: Das erste Mal 1942. Mein Ortsgruppenleiter hat zu mir gesagt: »Und wenn du dich meinen Befehlen nicht unterwirfst, dann werde ich dafür sorgen, daß du im KZ die richtige Einstellung bekommst.« – Da hab' ich meinen Vater gefragt, der war biederer Handwerksmeister, und der hat gesagt: »KZ? Das werden diese Konzertlager sein.«

Ingenieur, 1931
Ich bin Österreicher. Ein alter Invalide, der in unserer Nähe wohnte, der hatte sich aus einer Fabrik, wo so alte Kleidung gesammelt war, fürs Winterhilfswerk was geholt. Gestohlen also. Und die Briefträgerin, die hat das erfahren und hat mit ihm geschimpft: »Wenn ich dich jetzt melde, kommst du ins KZ.«

Chemiker, 1925
Unser Pastor hat im Konfirmandenunterricht das Wort »KZ« erwähnt, und der ist nicht geholt worden. Das war 1942.

Beamter
Wir hatten einen Jugendkaplan, der ist verpfiffen worden von einem Klassenkameraden und ist ins KZ gekommen und dort gestorben. Der hatte eine Predigt gehalten und sehr deutlich und massiv zu verstehen gegeben, daß er diese einseitige Beziehung mißbilligt, und dann hatte er 'n bißchen vorausahnend ausgemalt, wie die Sache wohl weitergeht. Der ist in Dachau angeblich an einer Krankheit gestorben. Das ist nachlesbar. Hirschfelder hieß der Mann.

Hausfrau

In unserm Haus wohnte eine Familie Goldschmidt, im ersten Stock. Im zweiten wohnten Lewins und im dritten Lehmanns. Die waren durch ihren Namen im höchsten Maße verdächtig. Abgeholt wurde ein Fräulein Schmidt. Die war wirklich Jüdin. Es hieß: Die muß mal aufs Land. Die kam dann natürlich nie wieder.

Hausfrau, 1911

Ja. Man wußte, daß es KZs gab, man wußte auch, daß da Menschen isoliert würden, aber was nachher mit ihnen geschieht, das wußte man nicht. Wir hatten in unserer Gemeinde eine Jüdin, die bei uns zum Glauben gekommen war und die Gemeindemitglied war, genau wie alle andern, die dann geheiratet hat und zwei kleine Kinder hatte, und eines Tages wurde sie abgeholt, sie allein. Der Mann, schon ziemlich alt, blieb mit zwei kleinen Kindern zurück. Der hatte selbst erwachsene Söhne, die draußen an der Front waren, der ist hingegangen und hat das auch geltend gemacht und wollte seine Frau wiederhaben, aber es war alles zwecklos. Auch unsere Gemeinde hat sich eingesetzt. – Wir hörten dann, daß die Frau selbst gesagt hat: »Es ist zwecklos.« Wahrscheinlich war der Abtransport schon beschlossene Sache, und wir haben dann nie wieder was von ihr gehört. Sie war ihm intelligenzmäßig weit überlegen, er war ein einfacher Mann.
Ihr letztes Quartier war in Frankfurt, in der Hammelsgasse. Da war das Gefängnis, das hing mit dem Gericht zusammen.
Das ging alles so schnell, daß eine Intervention schon zeitlich überhaupt nicht mehr möglich gewesen wäre.

Hausfrau, 1914

Ich hab' einmal erlebt, sonntags mittags, kurz vor vier, in der Nähe vom Frankfurter Zoo und vom Ostbahnhof, da stand eine ganz große Menschengruppe mit so Bündelchen und Koffern und so, und man sah ja, daß es Juden waren, besonders, wenn sie

so massiert dastanden, und man fragte sich: »Was geschieht mit denen?« Man hörte: »Die kommen nach dem Osten.« Aber was das bedeutete, das war uns natürlich überhaupt nicht klar. Man wußte von den KZs eben nur, daß dort Kriminelle erfaßt waren, aber was mit ihnen geschah, das wußte man nicht.
Und die ganze Geheimhaltung – wir wissen ja heute ganz genau, daß man nicht die Möglichkeit hatte nachzuforschen: Was ist nun mit dem und dem Menschen? Man war ja so sehr mit seinem eigenen Überleben beschäftigt in den Bombennächten, daß man im Grunde genommen überhaupt keine Kräfte freisetzen konnte für andere Schicksale. Das hört sich brutal an, gell, aber man ist ja morgens aufgewacht und hat gedacht: »Gott sei Dank, du bist noch mal davongekommen«, und abends, je später es wurde, mit desto mehr Angst ist man ins Bett gegangen.

Landwirt, 1896
Daß es KZs gab, haben wir erfahren, als es mit den Russen losging, 1941, und da haben wir erfahren … da ging es los mit dem Judenstern, und da wußte ich Bescheid. Sie bekamen eine kleine Zeit, sie sollten ihre Grundstücke verschenken oder was, das Geld abliefern. Das waren so Verordnungen für die Juden. Die wurden, möchte ich sagen, so gut und gerne ein bißchen ausgeplündert. Wir haben uns aber nicht dafür interessiert, und mein Vater sagte, daß die machen, was sie wollen: »Steck deine Nase da nicht hinein, das hat keinen Wert, wir sind keine Politiker, wir machen unsere Pflicht, wir haben auch genug zu tun.« – »Hast auch vollkommen recht, ich denke nicht daran.«
Mein Vater, der hatte schon mehr gehört von den KZ-Lagern und was da passiert ist. Aber das sickerte so durch, stillschweigend. Dann bekamen wir davon auch allmählich Gehör, und da wurden die Bauern, die noch glaubten an Adolf, da wurden die hellhörig, und da schrien die: »Gebt uns bloß unsern Wilhelm wieder!«

Ein Mann, 1909
Bei den Kammerspielen in der Nähe, da war 'ne Schule, da wurden die Transporte zusammengestellt. Dort wurden auch die Judensterne verteilt.
Das waren die strenggläubigen Juden. Und die mußten sie sich selbst annähen.

Lehrer, 1928
Ich weiß, daß mir das sehr peinlich war, wenn da einer mit'm Judenstern ging. Man wollte nichts davon wissen und sehen. Ich fuhr da mit'm Fahrrad und sah da einen gehn. Man hatte keine feste Wertskala, wußte nicht, was man damit anfangen sollte. Ich wußte nichts Genaues. Juden, das ist nichts, die werden diffamiert. Aber von zu Hause wurde ich erzogen, daß man Menschen zu achten hat.
Ich wußte ja nicht, was der dadurch auszustehen hat, daß er so ausgezeichnet war. Kräftiger in die Pedale treten und weggucken. Ich hätte das damals nicht so formulieren können. Ein verschwommenes Menschheitsgefühl.

Praktischer Arzt, 1922
Ich meine, daß ich nichts davon gehört hätte.
Allerdings Juden in Berlin. Winter 1942, mit dem gelben Stern. Die waren in einem bestimmten Stadtteil mehr als in anderen Stadtteilen.
Das hat man gesehen, aber man hat es doch wohl nicht so gesehen.

Professor, 1936
Ich war sechs Jahre alt, 1942, da wurden meine Spielgefährten, das waren jüdische Kinder, eines Tages weggeholt, die ganze Familie, weinend mit sehr wenig Kleidungsstücken. Und wir fragten:

»Wo fahren die hin?« Und da sagten meine Eltern: »Die fahren in ihr gelobtes Land.« – »Warum weinen die denn?« – »Weil sie uns nie wiedersehen werden.« – »Warum nicht?« – »Die fahren sehr weit weg.«
Meine Eltern müssen es also gewußt haben, obwohl mein Vater ein alter Nazi war, sprach er das in dieser Weise aus. Etwas später wurde uns die Rille am Fahrtenmesser erklärt: Da soll das Judenblut runterlaufen. Nicht wahr? So war das.

Kaufmann, 1931
Natürlich, da hat man schon was mitgekriegt. Kindergespräch: Wir wußten, daß da Ansammlungen von Häftlingen waren und daß die Furchtbares durchmachen müssen. Und da haben wir uns gedacht, die müssen die neuen, harten Kommißstiefel einlaufen, damit die deutschen Soldaten schöne weiche Stiefel hätten. Das haben wir uns so ausgedacht.

Lehrer, 1921
Kann ich nicht sagen. Nichts. 1942 war ich am Funkmeßgerät bei der Flak. Da wurde gesagt, in Kiel-Hassee sei ein KZ. Aber ich habe es nie gesehen. Und das wurde auch nicht wertend gesagt, weder empört noch mitleidsvoll.
»Arbeitslager« wurde gesagt.

Regisseur, 1927
Ich wohnte in der Kaiser-Wilhelm-Straße, und in der Rosenstraße war das jüdische Gemeindehaus, und da wurden die Juden hinbestellt und abgefahren mit Lastwagen. »Die kommen in ein Arbeitslager«, hieß es.
Am Rosenthalerplatz war ein ehemaliges Kaufhaus, das war dann plötzlich voll jüdischer Möbel, die wurden für wenig Geld an Leute verkauft, die einen Bezugsschein hatten. Als Junge hab' ich

gedacht: Wieso? Wo kommen die Möbel her? Wo sind die Leute? Aber weiter hat man auch nicht über die Sache nachgedacht. Am Rosenthalerplatz war das.

Apotheker, 1929
Im Hafen lag ein Motorsegler mit gebrauchten Möbeln und, wenn ich mich nicht irre, auch mit Radios. Wir Jungen standen am Kai und sahen uns das an. Irgendwie war von Holland die Rede.
Später, als wir beim Russen unsere Radioapparate abgeben mußten, hab' ich dran denken müssen.

6

Hausfrau
Ich wußte es! Ich habe in Berlin studiert, und wenn man die Augen aufmachte, dann merkte man das. Ich hab' auch versucht, das den Leuten im Keller beizubringen, ohne daß sie was merkten.

Beamter
Richtig nicht. Aber ich erinnere mich an ein Gespräch, das ich als Kind mit angehört habe. Ein Gutsbesitzer hat Strafgefangene als Arbeiter gehabt, mit Glatze, daß er denen besseres Essen gegeben hat und daß dann die SS gekommen wär, und da habe er das nicht mehr gekonnt.

Angestellte
Ein Pfarrer, der merkwürdigerweise zur SS eingezogen worden war. Der hatte ein Auge verloren. Der deutete manchmal solche Sachen an.

Bankbeamter, 1920
Mein Großvater war konservativ, der sagte: »Nee, das geht zu weit.«

Studienrat, 1928
1943 gab es einen furchtbaren Familienkrach. Ich hatte einen Onkel, Jurist, aus altem Schrot und Korn, deutschnational bis in die Knochen, der uns gegenüber – ich war in Uniform – sagte, daß

Hitler ein Verbrecher sei. Mein Vater regte sich furchtbar auf, und es war kurz davor, daß ich zum Bannführer ging.

Druckereibesitzer, 1893
Wenn ich mich abends ins Bett gelegt habe, dann hab' ich manches Mal gesagt: »Menschenskind, jetzt hast du mit zehn bis zwölf Leuten ziemlich offen gesprochen ...« Aber unsere Leute haben doch ziemlich dichtgehalten.

Angestellter, 1928
Ich ging mit zwei Mitschülern über die Wallanlagen, und da sagt der eine zu dem andern: »Hitler, dieser Anstreicher!«
Da sagt der andere ganz ruhig: »Ich zeig' dich an.«
Das hat er aber nicht getan. Immerhin, einem war plötzlich ganz eisig.

Lehrer, 1925
Ich bin SS-Mann gewesen, und trotzdem hab' ich nie ein KZ gesehen.
Ich hatte einen Funktruppführer, der ist Totenkopf-Führer gewesen. Der muß was davon gewußt haben, aber selbst von dem hab' ich nichts gehört.
1943 muß das gewesen sein, da hatten wir eine Party, und da war eine Vierteljüdin. Der hab' ich wortreich erklärt, daß es zwar nicht schön sei, was sie mit den Juden machen, daß die unterdrückt werden usw., aber sie müsse doch einsehen, wenn ein ganzes Volk das tut oder das will, dann muß eben die betreffende Minderheit darunter leiden und das aushalten.
Man merkte gar nicht, wie unmenschlich man war.

Journalist
Ein Schulkamerad, der hieß Schiffner, der war beim Militär. Und eines Tages seh' ich ihn im Café sitzen, und zwar in Zivil. Ich sagte: »Na, auf Urlaub?«, und da wurde der ganz verlegen und hat das irgendwie ausgedrückt, daß er nicht mehr beim Militär ist, weil er Halbjude ist. Also »wehrunwürdig«, wie das ausgedrückt wurde. Man hat da nicht weiter nachgefragt, und er hat auch nichts weiter davon gesagt. Merkwürdig kam einem vor, daß er sehr blond war und absolut arisch aussah. Nur der Name ist ja wohl jüdisch. – Man hat nicht mehr davon gesprochen, aber man wußte, da ist was nicht in Ordnung.

Schuldirektor
Ich war Leutnant zur See. Unser Flottillenchef hat mal gesagt: »Die sperren all die Juden ein.«
Als ich auf Urlaub war, hat mich meine Mutter mal gebeten, ich sollte auf die Gestapo gehen und mich nach meinem Onkel erkundigen, wo der abgeblieben ist, der war Pole.
Die schmissen mich sofort raus. Keine Antwort, einfach: raus!

Angestellte
Mein Vater hatte mal Schwierigkeiten. Er war angezeigt worden. Vergehen gegen das »Heimtücke-Gesetz«. Wir gingen zu einem Anwalt, der uns empfohlen worden war, für politische Sachen, was ja gar nicht so einfach war. Man wußte ja nie: Auf welcher Seite steht der denn nun? Und der sagte zu meiner Mutter: »Wir müssen erreichen, daß Ihr Mann zu acht bis zehn Monaten Gefängnis verurteilt wird. Wenn er nämlich freigesprochen wird – die Gestapo ist an ihm interessiert –, dann kommt er ins KZ.«
»Das ist ja 'n schöner Anwalt«, sagte meine Mutter, »der bringt Vater ins Gefängnis ...« Aber gut war es, denn so saß er die Monate ab und konnte dann nach Hause gehen.

Lehrer
Ein Bekannter meines Vaters, ein Rechtsanwalt, der hat sich nur dadurch vor dem KZ retten können, daß er sich rasch freiwillig zum Militär gemeldet hat. Da unterstand er der Militärgerichtsbarkeit, da konnten die Nazis nicht an ihn ran.
Das ging um Sekunden.

Ein Mann, 1921
1943 ist mein Freund abgeholt worden von der Gestapo. Der hatte in der Fritsch-Affäre aussagen müssen. 1941 hatte er zu mir gesagt: »Hier bei den Soldaten finden sie mich nicht mehr.« Das war so ein halber Zuhälter. Als er mal was getrunken hatte, hat er mal was erzählt. Das war ein gekaufter Zeuge, und der wurde dann 1943 doch abgeholt, und der kam nicht wieder.

Ingenieur, 1920
Nach meiner zweiten Verwundung kam ich vierzehn Tage auf Genesungsurlaub. Gleich am ersten Abend hatte ich eine Auseinandersetzung mit dem hiesigen Ortsgruppenleiter der NSDAP. Er wollte, daß mein Vater in dieser Nacht zum Feuerwehreinsatz sollte, obgleich er schon drei Nächte hintereinander in Hamburg zum Löschen gewesen war. Ich sah das nicht ein, worauf er drohte, auch ein Feldwebel könnte ins KZ kommen, und er würde meiner Truppe Nachricht geben.
Daraufhin erklärte ich ihm: »Unsere Truppe hält sowieso nichts mehr vom Krieg.« Das war 1943. Als ich dann später wieder bei meiner Truppe eintraf, lag tatsächlich ein Bericht vor. Jedoch mein Kompanieführer hat ihn weggeschmissen.

Beamter, 1929
Man hat mal gesehen, als die Bombenangriffe waren, da hat man die gestreiften, kahlgeschorenen Gestalten mal gesehen.

Die wurden zum Bombenräumen eingesetzt. Hinter der Hand hieß es dann – wie bei unheilbaren Kranken –, der wird nie wieder was werden. Aber eine Vorstellung, was das bedeutete, hatte ich nicht.

Angestellte, 1921
Nach der Ausbombung wurde hie und da von »Dachau« gesprochen. Es sollte irgendwo bei München liegen. In diesem KZ würden alle BBC-Schwarzhörer gesammelt. Ich hatte damals als Hochbau-Technikerin so unglaublich viel mit dem Aufbau der teilzerstörten Reichsbahndirektion Hamburg zu tun, daß ich von anderen Dingen so gut wie nichts bemerkte.
Außerdem fehlte mir auch ein Radio. Wenn ich einen Apparat gehabt hätte, wer weiß …

Hausfrau
Nach einem Fliegerangriff soll der Kreisleiter gefangene Amerikaner in einen vollgelaufenen Bombentrichter geschubst haben. Das wurde erzählt, und man war empört darüber.
Später ist dieser Mann deswegen hingerichtet worden.

Studienrat, 1926
Ich war 1943 in Belsen als Soldat, und da war ja das KZ, und wir auf dem Truppenübungsplatz haben nichts davon gewußt.

Vertreter
Ja, gesehen in freier Luft, beim Arbeiten. In Weimar. »Das sind einerseits Kriminelle«, hat man gedacht, »oder andererseits sind's Kommunisten.«
Daß Juden abtransportiert wurden, das wußte man ja.
Die Russen später wollten uns gar nicht glauben, daß wir so ah-

nungslos sind. Die hielten uns für besonders durchtrieben. – Ich war sehr naiv. Ich würde heute noch alles glauben.

Eine Frau
Nein, ich habe nichts gemerkt.
Als Zwangsverpflichtete habe ich eine Küche geleitet, und da hatte ich Ostarbeiterinnen unter mir, und da hab' ich bei einem Trödler Sachen gekauft und ihnen gegeben. Diese Ostarbeiterinnen erzählten, sie seien auf der Straße aufgegriffen und nach Deutschland geschickt worden.
Am Freihafen war so ein Trödler. Bei dem lagen haufenweise Schuhe und Kleider.
Das fiel mir auf: »Wo kommt denn das her?« hab' ich gefragt, weil es doch sonst nichts gab. – »Das kommt aus Neuengamme.« Aber was das war und wie es da war, das hab' ich nicht gewußt.

Kfm. Angestellte, 1923
In Stettin hab' ich am Hafen Polizisten gesehen, die hatten da irgendwelche Leute. Und diese Leute hatten komischerweise alle Halstücher wie die englische Fahne um den Hals. Ich weiß auch nicht, was das sollte.

Hausfrau, 1923
Im Krieg, 1943, bei einem Besuch in München, da hab' ich einen Turnfreund gesehen, und der hat mir erzählt, daß er in Dachau als Aufsichtsperson ... Der war zur SS eingezogen worden, nicht freiwillig, das muß es damals auch gegeben haben. Ich habe nie einen Menschen gesehen, der sich so verändert hat. Das konntest du dem am Gesicht ansehen, was das war. Ich habe aber nicht gewußt, daß Dachau ein KZ war, ich dachte, das ist ein Lager für Verbrecher.
Er hat erzählt, daß es dort so grausam wär, wenn er mal Ausgang

hätte und aus dem Lager rauskäm, hätt' er das Gefühl, als lebte er gar nicht mehr. Die konnten sich das Leben draußen nicht mehr vorstellen. Die waren so fertig von dem, was sie da mit angesehen haben. Das war furchtbar.
Aber direkt erzählt hat er nichts.

Jurist, 1921
Ich hatte bei den Soldaten einen Kameraden, der stammte aus Weimar, der kam vom Urlaub zurück. Sein Bruder war Aufseher in Buchenwald. Das sei ein Konzentrationslager, sagte er, in das sie alle diejenigen steckten, die gegen unsern Staat seien. Die Häftlinge kämen mit Bahnwaggons an, und dann würden sie ins Lager getrieben, und zu beiden Seiten stünden SS-Männer und schlügen auf sie ein, damit sie schneller ins Lager liefen. Er hätte auch mit eingedroschen – sein Bruder hatte ihn wohl ins Lager mitgenommen –, denn die hätten das ja auch verdient.
Da haben alle Landser, die da anwesend waren bei dieser Unterhaltung, gesagt, er sei ein großer Schweinehund, ob er sich nicht schämt, auf wehrlose Menschen einzuschlagen.

Redakteur, 1923
Im Krieg wohnten wir in Heilbronn. Und oben, in der Mansarde, wohnte ein Ehepaar mit einem Sohn, und der Mann war Feldjäger, und der kam eines Tages auf Urlaub und schien meinem Vater erzählt zu haben, was da los war in der Ukraine und in Polen. Er tat so, als sei er mit den Nerven herunter.
Mein Vater hielt sich mit der Ansicht hoch, daß man hart sein müsse, durchhalten und so weiter. Und als der Feldjäger wieder nach Polen mußte, waren sie völlig besoffen, und mein Vater trommelte ihm im Takt auf die Schenkel und sang dazu irgendwelche Lieder.

Vertreter, 1920
Gesehen nicht, gehört habe ich einmal was. 1943 muß das gewesen sein, da hat in einem Urlauberzug einer erzählt, daß da in Rußland viele Juden umgebracht worden sind. Er habe das nicht selbst gesehen, nur gehört. Man hätte die zu Tausenden erschossen, und das wollte natürlich keiner glauben, und man hat ihm vorgeworfen: »Das hast du ja nicht selbst gesehn.«

Beamter, 1920
Im Osten hab' ich davon gehört. »Hast du das selbst gesehen?« hab' ich jedesmal gefragt. – »Nein.« – »Dann glaub' ich das nicht.«

Komparse
Ich kam öfter mal nach Paris, da sah ich Plakate an den Häuserwänden, auf denen stand, daß wegen der Ermordung deutscher Soldaten soundso viele Geiseln erschossen worden seien.
»Wo nehmen sie denn die her?« hab' ich gefragt.
Das waren Leute, die irgendwie aufgefallen waren und sowieso schon saßen, die haben sie dann erschossen.
Das war aber den Widerstandskämpfern bekannt, daß das passieren würde. Darum haben sie sich nicht gekümmert. Denen war der Tod unschuldiger Menschen an und für sich doch vollkommen egal.

Journalist, 1923
Man ahnte es. 1943 war ich in Wien, da gab es noch einige wenige Juden, die mußten vom Bürgersteig runter und einen Bückling machen vor uns, das Gesicht zur Erde gewandt.
Wir Landser sagten manchmal: »Ich reiß dir den Arsch auf bis zur *Vergasung.«* Kann sein, daß dieser Ausdruck aus dem Ersten Weltkrieg kam. Kann aber auch sein, daß das wegen der Judensache gesagt wurde.

Einmal war ein Gerücht: Die kommen nach Polen, da soll ein neuer Staat gegründet werden. Da vermischte sich wohl etwas mit der Zionistengeschichte. Das war einem gar nicht klar: So viele Juden, das ging ja gar nicht.

Lehrer, 1930
Meine Frau hat das so an einem Zipfel mitbekommen. Ihr Vater war in Prag bei der Reichsbahn, und die Transporte gingen über Prag, die Transporte mit den Juden. Und da hat sie mal einen Transport gesehen.

Hausfrau, 1925
Man hat manchmal auf den Bahnhöfen Züge gesehen, Waggons mit Schlitzen. Da konnte man Menschenköpfe sehen. Man hat's gesehen, es hat einen geschauert.

Polizist
Deportationszüge hab' ich wiederholt gesehen, die waren streng bewacht. »Da ist wieder so ein geheimnisvoller Zug«, dachte man, »wo mag der hingehen?«
Das waren Viehwagen. Juden aus Holland, 1943/44. Ich war bei der Eisenbahnflak, wir wurden überall angehängt, gegen die Flieger.

Tischler
Nein. Aber 1943 hab' ich einen Offizier gesprochen, der mit einem Polen gesprochen hat, der einen Judentransport begleitet hat, die mehr oder weniger im Schneesturm ausgeladen wurden, auf freiem Acker.

Bauer, 1923
Einen Gefangenentransport habe ich mal beobachtet, in Rußland, wo die Wache mit zwei Meter langen Knüppels zwischengehauen hat. Als Landser hab' ich das gesehen.
Aber was die Amerikaner heutzutage machen, ist ja weitaus schlimmer.

Buchhändler
Nein. Allerdings habe ich gesehen, wie russische Kriegsgefangene von ihren eigenen Leuten, von Kosaken, mit langen Nagaikas geschlagen wurden, und das geschah ja immerhin mit deutschem Einverständnis.
Man hat das kurz wahrgenommen und hat es gleich wieder vergessen. Nicht verdrängt, sondern vergessen, regelrecht. Man hatte ja andere Gegner damals, im Osten, schlecht zu essen und so weiter …

Ein Mann, 1921
Ich kam aus Rußland, und da lagen wir in Oranienburg, das war vielleicht eine Panne – da haben wir mal einen Zug gesehen. Aber genau gewußt, was da los war, haben wir nicht.

Prokurist, 1916
Nur eine Sache, ich hab' das aufgeschrieben. Als ich von Reval 1943 auf Urlaub fuhr, kam ich durch Riga, da hatte ich Aufenthalt, und ich dachte: Nutze die Zeit, und da ging ich zur Durchlausung, und da empfingen mich zwei hübsche Jüdinnen, die da die Entlausungen machten, und mit denen konnte ich mich unterhalten, weil ich ganz allein war, und da hab' ich alles gehört. Die haben mir alles erzählt, eine ganze Nacht.

Buchhändler, 1910
Nur nachher, zum Schluß, auf der Krim, da sickerte was durch, in Simforopol, als wir da in Quartier lagen: Da haben sie alle Juden, in einer Blitzaktion, nachts rausgeholt und in Panzergräben erschossen. Das sickerte so durch. Aber direkt gesehn, nie.

Lehrer, 1915
Nein. Nur während der Soldatenzeit in Polen. Da hab' ich was gesehen, was mir sehr gestunken hat. Da lagen in Radom tote Kinder in den Gärten herum, ich hab' sogar ein Gehirn da liegen gesehen.
Das war, wie die Ghettos ausgeräumt wurden. Ich glaube, das war 1943.

Bauer, 1913
Wie ich 1943 nach Hohensalza verlegt wurde mit der Einheit, ich war damals Batterieführer, und auf unserem Kasernenbereich war gleichzeitig das Lager der Heeresstandortverwaltung, mußten in diesem Lager KZler arbeiten. Und das KZ war unmittelbar in der Nähe der Kaserne, so daß man vom dritten Stock, also vom Boden, vom Lukenfenster aus, von oben reingucken konnte; wir haben es bloß einmal gemacht, weil wir so erschüttert waren, was da passierte. Es knallte, ab und zu hörte man Schüsse fallen, auch im Kasernenbereich. Dann hieß es, da haben sie wieder mal einen umgelegt.

Landwirt
Ich bin in der glücklichen Lage, nie was mit Hitler zu tun gehabt zu haben. Durch Erziehung und durch Umwelteinfluß bin ich vor diesem Irrweg bewahrt geblieben. Die Allgemeinheit hat natürlich gewußt, doch wollte man es nicht wissen.
Daß etwas existierte, wußte jeder.

Einen Fall habe ich selbst erlebt. Ich war in der Ortskommandantur und sprach mit dem Schreiber, und da kam eine kleine Frau rein, war ganz fröhlich, trippelte so von einem Fuß auf den andern, eine Polin war das, und als sie rausging, sagte der Schreiber zu mir: »Die weiß noch gar nicht, daß sie morgen erschossen wird.«
Das ist es, was mich ein ganzes Leben begleitet hat. Ich war dann im Krieg Kompanieführer. Meine Leute haben ganz genau gewußt, wie ich denke.

Eine Frau, 1918
Wir wohnten vier Jahre in Polen. Mein Mann hat in Auschwitz Juden inspizieren müssen, die zu vier Mann in einem Zimmer wohnten, vollkommen mit Läusen infiziert. Er sollte da nach Devisen suchen und Wertsachen. Er hat das sehr schwer ertragen. Er hat mir gesagt: »Wenn wir das überstehen, diesen Krieg, dann können wir froh sein, wenn wir mit dem nackten Leben davonkommen.«

Nachtportier
Natürlich Auschwitz. Ich bin drin gewesen, hab' alles gesehen. Die haben sie ja auf alle möglichen Arten totgemacht. In'n Keller gesteckt und den Keller voll Wasser laufen lassen. Zuerst bis hier, dann bis hier, und dann gurgelten sie, und weg waren sie. Das hätte Adolf nicht machen sollen. Ordentlich anpumpen die Juden, bis nichts mehr da ist, aber keinen einzigen »kaltmachen«. Als SS-Mann kam man ja notgedrungen mit so was in Berührung.

Dozent, 1925
Ja. Ende 43 bin ich mit einem Mann zusammengewesen, der Erschießungen mit angesehen hat und mir davon berichtete. Der Mann war Waffeningenieur. Er hatte in Krakau Kontakt gehabt

mit einem SS-Offizier und ist dort mal eingeladen gewesen zu einem Ball, wo überwiegend SS-Offiziere anwesend waren. Da wurde getanzt und gesoffen, und im Morgengrauen setzten sie sich alle in Autos und fuhren vor die Stadt. Alle, auch die Frauen im Ballkleid. Und da standen Juden und hatten Gruben ausgehoben und standen am Grubenrand und wurden erschossen, fielen hinein in die Grube, und dann die nächsten. Das wurde da also vorgeführt als Attraktion. Der Mann erzählte mir das damals zitternd und flüsternd, so als ob er selbst einen Mord begangen hätte.

Deutlich ist mir an der Schilderung noch in Erinnerung, daß dieses Mitansehen der Erschießungen wie eine letzte Steigerung des Festes wirken sollte. Dieser Kitzel.

Noch heute wundere ich mich, daß das nicht bekanntgeworden ist. Denn diese eine Sache hätte ja genügt. So was muß sich doch rumsprechen.

Spediteur

Von meinem Großvater hab' ich damals gehört, daß sie Leute mit Salz gefüttert haben. In KZs würden sie mit Salz gefüttert, hieß es, eßlöffelweise, sie müßten antreten, und dann bekäm' jeder einen Eßlöffel Salz.

Da ich bei der Kriegsmarine war und wir jeden Tag antreten mußten zum Lebertranempfang, da hab' ich immer gedacht, wie unerträglich muß das sein, Salz essen zu müssen ...

Angestellte

Ja. Peter Igelhoff, der war doch im KZ, und wir jungen Dinger hörten das damals und haben gesagt: »Oh, das muß ja fein sein im KZ, da sitzen all diese guten Leute ...« Wie wir jungen Dinger eben damals waren.

Lebensmittelhändler
Ich ging mit meinem Großvater an der ausgebrannten Synagoge vorbei, das muß 1943 gewesen sein, und ich war vierzehn Jahre alt. Da fragte mein Großvater: »Wo mögen bloß all die Juden sein?«
Da sagte ich: »Im Himmel, Großvater.«
Daß ich das gesagt habe, war mehr instinktiv, denn Genaueres wußte ich mit Bestimmtheit nicht.

Unternehmer, 1893
Den Begriff »KZ« kannte man damals nicht, man sprach vom »Lager«.
Nun war ja damals der Austausch von Gedanken so, daß ja doch bei jedem die Furcht dazwischenstand. Wenn man mit Menschen zusammenkam, die wußten nicht, wie man dachte.
Ich habe in unserer Firma viel mit ehemaligen SPDlern und Gewerkschaftlern zu tun gehabt, und da war eine Atmosphäre des Vertrauens, die hatten dann aber auch Gegner im Betrieb, Nazis, und dann wurde alles 'n bißchen schlechter im Austausch der Gedanken.
Daß Juden verschwanden, davon hatte man gehört, aber man wußte nicht, wohin.
Ein Mann, den wir übernommen hatten von einer andern Firma, der dort entlassen worden war, weil seine Frau Halbjüdin war, und der dann bei uns eingestellt wurde, der sagte mir, sein Schwiegervater sei nach Theresienstadt abgeschoben worden, der dann ja wohl ein Volljude gewesen sein muß. Über den weiteren Verbleib dieses Mannes kann ich auch nichts mehr sagen.
Man dachte immer noch, daß es vielleicht so etwas sei wie im Ersten Weltkrieg die Internierungslager. Welche teuflische Absicht dahintersteckte, konnte man nicht wissen. Von Theresienstadt hab' ich also gehört, das war frühestens 1943.
Von dem ganzen Umfang des Lagerunglücks und der Vernichtungsmaschinen hab' ich erst nach dem Kriege gehört. Da war

man dann geneigt, das für Erfindung zu halten. Obwohl man viel wußte von den Schandtaten des Dritten Reiches, war man denn doch überrascht, daß so etwas geschehen konnte.

7

Hausfrau
Ja. Als Einrichtung nicht, aber von den Insassen, die in Osnabrück Trümmer beseitigten. Da sah man die ausgemergelten, grauen Gestalten, bewacht von Leuten, die uns Schrecken und Furcht einjagten. Man wußte: Das sind schlecht behandelte Menschen. Daß die viel auszuhalten hatten. Es wurde die Devise verbreitet, daß das der Abschaum der Menschheit sei, von den maßgebenden Leuten.
Ich habe auch Leute beobachtet, die versuchten, diesen Menschen was zukommen zu lassen. Das konnte man sehen, Brot und Zigaretten.

Eine Frau, 1926
Ich arbeitete im Kriegshilfsdienst als Straßenbahnschaffnerin. Da mußten wir mal einen Waggon freihalten für Häftlinge, die Schnee schippen sollten. Die kamen kaum die Treppe rauf, so schwach waren sie. Und das stank! Den Gestank kriegte man überhaupt nicht mehr raus. Nach Pissoir stank das.

Eine Frau
Ich habe eine Erinnerung, aber auch wirklich nur die eine. Ich bin in Danzig gewesen, in einem Konstruktionsbüro, 1944, im Sommer. Da hab' ich, wenn ich morgens durch das Tor der Fabrik kam, gesehen, daß zur gleichen Zeit die Frauen von Stuthof oder Struthof zur Arbeit getrieben wurden, im wahrsten Sinne des Wortes. (Das war 'ne Werft oder so was.) Die gingen in Dreierreihen, vielleicht hundert oder hundertfünfzig, begleitet

von SS-Frauen in schwarzem Kostüm, mit 'ner Peitsche in der Hand, Stiefel an. Und die trieben diese armseligen Frauen an. Jeden Morgen. Das waren polnische Jüdinnen. Diese verhärmten, elenden Frauen. Die Peitsche haben sie nicht benutzt. Die Frauen waren so stumpfsinnig, die brauchten sie nicht zu benutzen. Man hat gedacht: Das ist das Überbleibsel aus den besetzten Gebieten. Und *wir* mußten ja *auch* arbeiten. Mehr als Mitleid empfinden war nicht drin.
Ich war damals 23 Jahre alt.

Beamter, 1920
Uns geht's schlecht, hieß es, und die sind schuld daran.

Studienrat
Im Hydrierwerk Stettin hab' ich welche gesehen, etwa tausend waren das, die gingen grade zur Arbeit. Wenn das Werk kaputt war, wurden die eingesetzt. Das war immer ein Wechsel zwischen Kaputtgehen und Heilmachen. Produziert wurde kaum was. Die räumten da auf.

Kameramann
In Polen haben wir mal eine Fabrik besichtigt, Drohobitsch, westlich von Lemberg, 1944. Vorzeigehäftlinge waren das, gut genährt. – Das waren Juden.

Kaufmann
In Neubrandenburg war eine Firma, die Bombenabwurfgeräte herstellte, und in dieser Firma arbeiteten KZler, das waren KZ-Frauen, Polinnen, gutaussehende Leute, Damen. Das SS-Aufsichtspersonal waren Weiber, widerwärtig. Ich bin in vollster Empörung da rausgegangen.

Kunsterzieher, 1925

Zuerst hab' ich davon gehört von Klassenkameraden, die bei der SS waren und auf Urlaub kamen und Andeutungen machten. Wenn man ein bißchen Phantasie hatte, konnte man sich einen Reim darauf machen. »Wenn der Krieg zu Ende ist, wird es keinen Juden mehr geben. Die werden alle umgebracht.«

In Wien war ich auf der Luftwaffenschule. Ich arbeitete 'ne Zeitlang auf einem Flugplatz, da sollte eine neue Startbahn gebaut werden für Düsenjäger, und da sah ich eines Morgens einen riesigen Güterzug, und da guckten furchtbar viele Leute raus. Und da fuhr ein Lastwagen vorbei, und da wurde immer was rausgeschmissen aus den Waggons, das waren Leichen.

Im November 1944 muß das gewesen sein.

Es waren Juden, die sie gerade in Ungarn zusammengetrieben hatten, die sollten den Flugplatz ausbauen.

Später haben sie dann in Baracken gewohnt und zogen jeden Morgen zum Flugplatz. Man war entsetzt und erschüttert. An sich hatte man ja nichts damit zu tun, aber man war entsetzt. Diese lange Reihe von Elendsgestalten, der Rabbi vorneweg, mit langen Locken, der opferte sich anscheinend auf.

Als wir das sahen, glaubten wir nicht mehr an den Endsieg. Wenn wir vorher bereit gewesen waren, für Führer und Vaterland zu sterben, dann haben wir uns jetzt ganz bewußt gedrückt.

Ich hatte einmal Wache, da zog wieder so eine Kolonne vorbei. Da kam ein Mädchen, das wollte denen Brot hingeben. Aber ein Wachtposten, so ein alter Volkssturmmann, der mußte das Mädchen daran hindern, und das Mädchen fing an zu schimpfen, fürchterlich. Ich hätte da eigentlich einschreiten müssen.

Die Welt, in der man gelebt hatte, war gestört. Alles, was man uns gesagt hatte, stimmte nicht mehr. – Meine Kameraden sahen das nicht so. Später, wenn ich sie traf, dann sagten sie: »Ja, da war ja was, aber richtig aufgenommen haben wir das nicht.«

Ich war damals neunzehn. Ein völlig unreifer Junge. Die heile Welt, in der wir gelebt hatten, war kaputt.

Pastor, 1928
In Osterode bin ich mit einem Klassenkameraden in einem Gebiet gewesen, was eigentlich gesperrt war. Das war ein Steinbruch, und er war der Sohn des Besitzers. Die Häftlinge sollten ein unterirdisches Hydrierwerk anlegen. Und ich habe gesehen, wie die Kapos mit Knüppeln dazwischenschlugen.

Graphikerin, 1936
Als ich acht, neun Jahre alt war, bin ich nach Auschwitz gekommen, weil mein Vater dort dienstverpflichtet war. Wir haben in dem Ort gewohnt. Hab' aber keinen Kontakt gehabt mit den Häftlingen, das wurde von mir abgehalten.
Aber einmal: Die Häftlinge wurden morgens in kleinen Trupps zum Werk geführt, von SS, und da hab' ich einmal beobachtet, wie Kapos auf Häftlinge eingeschlagen haben, weil sie einen Essenkübel fallen ließen.
Sonst hab' ich davon nichts gewußt, weil meine Eltern mich davon ferngehalten haben.

Kraftfahrzeugtechniker
An unserer Kaserne wankte eine Kolonne von Häftlingen vorbei, von vielen Posten bewacht, mit Schäferhunden. Tausend Leute waren das, vom Bahnhof zu den Horchwerken wurden sie gebracht. Wir dachten, das wären Zuchthäusler.

Bauer, 1913
Wir haben Arbeitskolonnen gesehen, die zu irgendwelchen Arbeiten da bei uns vorbeizogen, in einem ganz jämmerlichen Zustand, abgemagert und in schlechten Klamotten, Judenstern usw. Da hab' ich das erste Mal erfahren, daß es KZs gab. Weiter könnte ich mich eigentlich nicht erinnern, also von Vergasung usw. hat man nie gehört.

Ingenieur, 1916
Ich habe gegen Ende des Krieges KZ-Häftlinge beim Einsatz in einem Industriebetrieb gesehen. Das war das einzige Mal. Man wußte kaum etwas.
Das waren Juden, vorwiegend, die waren mehr oder weniger unterernährt. Es war verboten, denen etwas zu essen zu geben. Ich weiß aber, daß die, wenn möglich, etwas zugesteckt bekamen. Das war außerordentlich schwierig, man riskierte, daß man von der Bildfläche verschwand.
Man hatte das Empfinden, da geschieht etwas, was nicht ganz in Ordnung ist, aber dann ging der Vorhang zu.

Chemievertreter, 1921
Ja, habe ich, in Rechlin. Das waren Frauen, die wurden unter Bewachung an unserer Einheit vorbeigeführt, jüngere Frauen, ich hab's noch vor Augen, die Aufseherinnen mit Pistole am Koppel. Die riefen zu den Soldaten Scherzworte hinüber, Verabredungen: »Ich muß erst die Schmuckstücke wegbringen!« Wobei die gefangenen Mädchen natürlich nicht ansprechbar waren. Die durften nicht aufschauen. Dies ist allgemein sehr deprimiert aufgenommen worden, bis auf die derben Naturen. Ich glaube nicht, daß es zu Verabredungen gekommen ist. – Die Aufseherinnen: Koppel, Pistole, korpulent, kurzröckig, dickbeinig.

Redakteur, 1928
Als Luftwaffenhelfer haben wir beobachtet, wie KZler und Russen zerbombte Straßen ausbesserten. Die sahen sehr ausgemergelt und zerlumpt aus. Wir hatten ja selbst nicht so sehr viel, und wenn wir uns Kartoffeln besorgten, dann haben wir versucht, denen was hinzuschaufeln. Das war uns strengstens untersagt, und die Wachleute waren sicher gehalten dazwischenzuschlagen, wenn sie bemerkt hätten, daß sich da ein Häftling an die Kartoffeln ranmacht. Die hätten's vielleicht nicht aus eignem Antrieb

getan, dazwischenzuschlagen, aber wegen der Vorschriften. Und wenn die sich womöglich weiter entfernt hätten, dann hätten sie sogar die Schußwaffen in Anschlag gebracht.

Fernsehregisseur, 1927
Ich war in Peenemünde als Luftwaffenhelfer, 1944, und da waren KZ-Häftlinge, die da gearbeitet haben und uns um Brot anbettelten. Wir wußten nicht, was das für Leute waren. Wir bedauerten sie zwar, aber konnten sie nicht richtig einordnen.

Buchhändler, 1927
Nein, ich habe absolut nichts davon gewußt. Gar nichts. 1944 kam ich nach Magdeburg, da war Fliegeralarm gewesen, wir mußten vom Hauptbahnhof zur Seeckt-Kaserne marschieren, und da hab' ich gesehen, daß eine Brücke von KZ-Häftlingen repariert wurde, ausgemergelte Gestalten in gestreiften Uniformen. Wir konnten uns nicht mehr waschen, weil die Wasserversorgung unterbrochen war. Und wir mußten dann, wie das so war, zum gemeinsamen Waschen in der Elbe antreten.

Volkswirt, 1928
Ja. Das ist Ende 1944 gewesen, in Magdeburg, und diese Leute haben Bomben entschärft, in der Nähe unserer Flakstellung. Die Bewachung war lässig. Das waren allerdings Kriminelle, die Sicherungsverwahrung hatten und die auf Rabatt arbeiteten. Für jede entschärfte Bombe sollte ihnen was abgezogen werden. Die waren sehr gut ernährt, weil's 'n Himmelfahrtskommando war.

Drucker, 1893
Nach der Zerbombung hatten wir unser Geschäft mit einem Fotografen und Retuscheur zusammen, und die kamen eines Tages

und sagten: »Wollt ihr mal 'n Bild sehen?« Zeigten uns ein Foto aus dem Baltikum, von einem Soldaten mitgebracht: einen großen Kreis von Menschen, Soldaten, Zivilisten, und drinnen eine Anzahl Personen, wahrscheinlich waren es Männer und Frauen, welche noch in furchtbar abwehrender Haltung ... 'ne ganze Menge, am Boden liegend, Blutlachen. Und da wütete ein Soldat wie ein Berserker mit einem Ding wie'n Brecheisen, der denen allen den Schädel einschlägt. – Und dann wurde auch 'ne Erklärung gegeben, die Juden seien schuld daran, daß eine Familie umgebracht worden sei. Weiteres, Näheres haben wir nicht erfahren. Wir kriegten das Bild auch nur gezeigt ... es durfte ja keiner wissen, daß der, der diese Aufnahmen macht, so was kolportiert. Und der sie macht, der hätte, wenn er erwischt worden wäre, ja auch sein Leben riskiert.

Schriftsteller, 1922
Einmal sind wir mit unserer Heeresgruppe in Warschau ausgeladen worden, und dann marschierten wir vor, durch die zerstörten Städte. Und da hat irgendwo eine Frau mein Hemd gewaschen. Und die hat gesagt: »Hier sind keine Männer mehr, merken Sie das nicht?« Dieser Satz ist mir haftengeblieben. Das war eine Jüdin.

Kameramann, 1920
Die Österreicher, damals »Ostmärker« genannt, hatten für ihr Tabak-, Schnaps- und Salzmonopol spezielle Fabriken im Generalgouvernement, und die sollten wir filmen, das war 1944. Den Aufbau dieser Fabriken und wie Schnaps gemacht wird, wie Tabak angebaut wird, bei Lemberg da in der Gegend. Das haben wir gefilmt.
Ich bin auch nach Warschau gekommen, und zwar gerade als sie das Ghetto angezündet haben, draußen stand die SS und hat jeden abgeknallt, der da rausgelaufen ist. Das hab' ich selbst gesehen.

In der Straßenbahn hat mich dann noch einer von der Wehrmacht verhaftet, der meinte, ich wär' ein Spion, Hände hoch und so weiter. Ich sag': »Sie werden Ärger kriegen, ich bin beim Propagandaministerium angestellt als Kameramann«, das nützte nichts, der hat mich mit erhobenen Händen durch die Straßen geführt.
Ich war deshalb kein Soldat, weil ich einmal Tbc hatte.

Großhändler
Persönlich?
Wie ich mal auf Urlaub fuhr, da hab' ich den Brand des Ghettos von Warschau gesehen. Wir fuhren in weitem Bogen um Warschau herum, so ungefähr, wie man jetzt um Berlin herumgeleitet wird, und über der Stadt – es war Nacht – war ein heller, roter Feuerschein. In meinem Abteil saß ein SS-Mann mittlerer Charge, und ich fragte ihn, was das da für ein Feuer ist, und da hat er zynisch gesagt: »Die werden jetzt ausgeräuchert.« Ich hab' dann einige Bedenken geäußert, ob das wohl gutgehe. – Da hat er gesagt (zynisch): Wenn es schiefginge, *er* habe eine Kapsel dabei.

Ingenieur
1944 in Warschau: Die ganze Stadt brannte, der Aufstand war gerade vorüber, und russische Kosaken, die auf kleinen Panjepferdchen ritten, wo die Beine auf dem Boden schleiften, schleppten Tote heran, am Bein angefaßt und hinterhergeschleift, auch solche, die noch nicht mal tot waren, und stapelten die wie Feuerscheite, und wenn die Stapel umzukippen drohten, kamen Soldaten mit Flammenwerfern und zündeten das an.
Diese Kosaken – ganz egal, was die zu packen kriegten, Arm, Bein, Kind oder Frau, alles wurde herangeschleift, ganz gerade und ausgerichtet, nicht kreuz und quer, wie das heute manchmal dargestellt wird.

Hier wurde mir klar, daß das andere, was man schon gehört hatte, auch alles stimmen mußte.
Mir wurde speiübel!

Archivleiter, 1928
Ich bin Marinehelfer gewesen, ab 1944. Eigentlich war ich ursprünglich gar nicht gegen die Hitlerjugend gewesen. Wir waren Jungen und hatten Freude an den Geländespielen. Das war denn ja aus, man trug dann ja richtige Soldatenuniform. Aber richtig abgebracht von der HJ hat mich dann, daß wir zu der Marine kamen und die Hitlerjugendführer zu Hause blieben. Unabkömmlich. Das hat uns nachdenklich gemacht. Und ein Erlebnis zu Hause. Ein Bekannter von uns, der war Hauptsturmführer der Waffen-SS und war in Warschau dabeigewesen und hat in brutaler Weise erzählt, wie man die Juden da zusammengeschlagen hat. Er hat das lässig und normal erzählt, und das hat mich geworfen. Wie er da auf dem Sofa saß und das erzählte, als ob das ein ganz normaler Vorgang wäre.

Hausfrau, 1928
Wir wohnten in Thorn, da wurde ganz offen von den KZs gesprochen. Da wurde nicht viel Federlesens gemacht. In kleinen Hütten wohnten die und in Zelten, zusammengepfercht. Eine Straße wurde gebaut, und aus Warschau wurden welche geholt. KZ – das war bekannt. Wenn wir mal nicht zum BDM gingen, dann hieß es: »Du kommst ins KZ.«
In der Nähe von Thorn, 1944.
In elenden Hütten wohnten die, nur ein dünner Drahtzaun war da drum. Ein Bäuerlein kriegte eine Knarre umgehängt und mußte die bewachen. Warum gehen die denn da nicht raus? haben wir uns gefragt, als Kinder. Die Polen waren so antisemitisch, daß die Leute gar keine Unterkunft bekommen hätten, wenn die geflohen wären.

Lektor, 1914
Das war in Horodenka, auf dem Rückzug, da waren wir betrunken, ich war meistens betrunken damals, da habe ich an einem Tisch gesessen mit einem Obergefreiten, und der hat mir erzählt: In Horodenka auf dem Marktplatz sind dreitausend Juden mit Maschinengewehren zusammengeschossen worden. Meine Reaktion war folgende: (Ich hoffe, daß mich meine Erinnerung nicht täuscht! Koscher kam mir das Hinterland nicht vor, das ist sicher.) Ich hab' gesagt: Erstens, das werden wir teuer bezahlen müssen, und zweitens, es gibt keinen Hubschrauber, der uns aus der Weltgeschichte entfernt.
Ich war Major, der war Obergefreiter.

Buchhändler, 1925
Gesehen hab' ich ein KZ von ferne, 1944, Ende 1944. Ich wurde von Neisse verlegt nach Bielitz, Schlesien, und da fuhren wir an Auschwitz vorbei und sahen von fern die Wachttürme und Leute in Sträflingskleidung und SS-Posten. Massen von SS.
Wenn ich mich recht erinnere, hab' ich überhaupt nicht viel dabei gedacht, so trostlos das auch klingt. Ich war neunzehn, man machte sich nicht viel Gedanken. Was wird aus dir, dachte man und hatte kein Organ für andere.
Hinter vorgehaltener Hand hörte man von der Bevölkerung, daß die Juden da vergast würden.

Professor, 1908
1944, als ich von Karlsruhe nach Wien versetzt wurde, da wurde unser Zug umgeleitet, und da sind wir an Mauthausen vorbeigefahren, bei Nacht, riesig ausgeleuchtet, und dann diese hastenden Gestalten – das war schon furchtbar.

Hausfrau, 1917
Erst als ich Krankenschwester war, in einem Soldatenheim, ist mir klargeworden, daß es schreckliche Dinge gab. Da waren Frauen von SS-Führern, die viel erlebt hatten. Eine hatte vier Söhne verloren, die war wie versteinert. »Ja, es ist furchtbar«, sagte sie, »aber Gott sei Dank gibt es KZs. Die Juden müssen für all dies bestraft werden.«
»Das hat doch mit Ihren Söhnen nichts zu tun«, sagte ich.
»Doch, da werden meine Söhne täglich gerächt.«

Arzt, 1931
Nach dem 20. Juli wurden in unserer Stadt einige angesehene Männer verhaftet und in Marschkolonne durch die Stadt geführt. Die kannte man. Das waren ehemalige SPDler und sogenannte »Reaktionäre«. Ein Lebensmittelhändler war auch dabei.
Im Sommer war das, es war warm, die hielten sich sehr würdig und aufrecht, auf dem Schulhof lagerten sie, und wir Schüler gingen da vorbei.

Lehrer
Als das Attentat vom 20. Juli bekanntwurde, hat eine Nachbarin spontan »schade« gesagt, daß das mißglückt ist. Die wurde sofort abgeholt und ist nie wieder erschienen.

Lehrer, 1928
Wir hatten einen Lehrer, der hieß Weiß, der war Vierteljude. Das war ein Neutrum von Lehrer, ein Lehrer, sonst nichts. Auf Umwegen erfuhren wir, daß er im Ersten Weltkrieg das EK I erworben hatte, und einmal erschien er staubbedeckt. Was war geschehen? Er war in seinem Haus verschüttet gewesen, man hatte ihn mit Schweißbrennern herausholen müssen. Und am selben Tag geht der Idiot doch noch zur Schule!

Nach dem 20. Juli wurde alles, was so herumlief, eingesperrt. Und auch Dr. Weiß, in einem offenen Lastwagen fuhr er aus der Stadt. Möller, ein Klassenkamerad, sagte: »Das ist richtig.« Das hat uns geärgert. Wir fanden das nicht richtig. Einfach, weil wir ihn ganz gern mochten.
Dr. Weiß kam in ein Arbeitslager, Hochofen oder was weiß ich. Wir haben überlegt, da müßte man doch eigentlich hin und dem was zu essen bringen. Allein schon, um den Möller zu ärgern. Aber aus einer gewissen Trägheit ist das nichts geworden. Eine der vielen verpaßten Gelegenheiten. Er hätte sich bestimmt gefreut.
Wir waren alle nicht einverstanden mit dem Möller und haben ihm das auch deutlich zu verstehen gegeben.
Man hatte zuwenig Informationen. Fernsehen, Zeitungen und verschiedene Radiostationen, das gab's ja alles nicht.

Beleuchter, 1927
1944, in Berlin, heute Ostbahnhof, da kam ich vorbei, und da war eine große Anzahl von Polizeiwagen aufgefahren, und da hatten sich zwei Ketten von Polizisten gebildet, grün, mit Tschako auf, vom Eingang bis zum Wagen, und dann kamen sie heraus aus dem Bahnhof, rechts und links je ein Polizist und dazwischen ein Zivilist an der Knebelkette. Ich konnte mir das gar nicht richtig erklären. Wir wußten überhaupt nicht, was da passierte. Etwas Politisches mußte es sein, aber was es war, wußten wir nicht.

Beamter, 1929
Nach dem 20. Juli erzählte meine Mutter plötzlich beim Mittagessen, daß die Gestapo die Attentäter und Widerstandskämpfer vom 20. Juli an Fleischerhaken aufgehängt hätte. Und zwar meinte sie, die Gestapo hätte den Leuten die Haken von unten durch die Unterkiefer gestochen.
Einerseits war es erstaunlich, daß sie das so offen aussprach, an-

dererseits war die Phantasie mit ihr durchgegangen, denn so sind die Männer damals ja nicht aufgehängt worden. Sie sagte auch noch, Hitler habe das filmen lassen.

Angestellte, 1922
Im Arbeitsdienst hatte ich eine Freundin, die im Studentenuntergrund war, die hat mir das erste Mal davon erzählt. Gesehen hat sie es selber nicht, aber gehört. – Das war ein unglaublich mutiger Mensch. Sie saß oben auf der Pritsche und las. – »Was liest du da?« wurde sie gefragt. – »Ich lese den größten Schelmen- und Lügenroman dieses Jahrhunderts.« Das war: *Mein Kampf.*

Hausfrau, 1909
Es hieß immer Theresienstadt – da können Sie ja noch froh sein, da kommen alle Juden hin, die arisch versippt sind. Eine Nachbarin, von der keiner wußte, daß sie Jüdin war, getauft, mit'm Christen verheiratet und zwei Söhne, die kam 44 nach Theresienstadt. »Da können Sie ja noch froh sein!« hieß es. Und die kam später auch wieder. Aber die Angst, die die ausgestanden haben mag, das kann man sich ja überhaupt nicht vorstellen.
Von der kam auch Nachricht, daß sie angekommen sei, so 'n bißchen verschlüsselt, daß sie da Medikamente brauchte und so was.

Agronom, 1924
1944, auf'm Kartoffelacker hat mir ein Freund die »Zehn kleinen Meckerlein« aufgesagt: »Man bracht' ihn nach Oranienburg, da waren's wieder zehn!« Also ...

Chemiker
Als ich mal mit meiner Freundin zum Baden ging und da durch die Stadt latschte, erzählte sie mir, daß da Juden durch die Stadt

geschleust worden seien, in Waggons, die nach Polen kämen und dort umgebracht würden.
Das war bei mir der platzende Knoten.

Unternehmer
Mehrfach habe ich von KZs gehört, und ich wußte auch, was da geschieht. Ich kann es einem Mann wie Speer nicht abnehmen ... Ich bin Infanterist gewesen, Obergefreiter, und bin mehrfach mit SS-Chargen zusammengekommen. Und diese Kerle, die heute von nichts gewußt haben wollen, die haben damals viel erzählt, und von den grauslichsten Dingen.

Kleindarsteller
Die ganze Toskana war verseucht von Partisanen, und wen sie erwischten, der wurde sofort aufgehängt.
In Monte Catini, da hab' ich zwei hängen sehen, auf dem Marktplatz, 1944.

Studiendirektor
Ich wußte nicht, was das für Leute waren: Bei uns in der Kaserne liefen welche herum, mit Abzeichen: blau, rot. Denen ging's herrlich. Die arbeiteten in der Küche, waren dick und vollgefressen. Wogegen wir SS-Männer Wurst bekamen, die war so dünn geschnitten, daß man die Sonne da durchsehen konnte. Wir haben geschwitzt, und die kriegten da zu essen. Von wegen, daß die jemand da angeschnauzt hätte! Das hab' ich nie gesehen.

Vertreter
Wir hatten als junge Leutnants Gelegenheit, ein KZ zu besichtigen. Das war im Januar 1945. Aber – wenn man in die Küche eines KZ geführt wird, dann kann man nicht beurteilen, ob die

Häftlinge satt werden. Da liegen zentnerweise das Fleisch und die Butter rum ...
Wir durften sogar die Apotheke sehen und die pathologische Abteilung, alles einwandfrei, friedensmäßig. In der Pathologie waren Leute mit weißen Kitteln damit beschäftigt, eine Leiche anzugucken. Alles, wie es sein muß. Als wir schon weggingen, höre ich, wie der Arzt da seinen Befund diktiert: »Alter 53 Jahre, Todesursache Altersschwäche.« Da hab' ich plötzlich gewußt: Mensch, das ist ja alles Fassade!

Schauspielerin
Ich bin mit einem Leutnant befreundet gewesen, 1944, dessen Vater war Generalapotheker, und der hat erzählt, die Juden seien in Pölitz und würden da furchtbar gequält. Die müßten in glühender Hitze Sand umschaufeln, von rechts nach links und wieder zurück. Und daß da viele Menschen totgeschlagen würden, und die Leichen würden in die Oder geworfen und die schwämmen dann durch das Haff in die Ostsee. – Ich hab' das nicht geglaubt.

Eisenbahner
Teils nein. Wie der Krieg zu Ende ging, da sind wir mal vorbeigefahren an einem Lager in Polen. Da standen sie am Zaun und schrien: »Brot! Brot! – Hunger! Hunger!« – Ich fuhr einen Lazarettzug.
Sonst hab' ich nie etwas gesehen und nie geglaubt, daß wir den Krieg verlieren. Was da an Munition und Nachschub rollte, das war doch ungeheuer.

Ein Mann, 1932
Winter 44/45. Ich ging zur Schule, und mein Schulweg führte an der Bahnstrecke Berlin–München vorbei. Einen riesengroßen Güterzug sah ich da, Viehwagen ohne Dach und lauter Köpfe:

O Gott, was ist denn das!? Hab' aber nicht den Mut gehabt, meine Mutter danach zu fragen. Oben kein Dach, Kopf an Kopf.

Angestellte
1944 hab' ich Radio Moskau gehört. Daß man bei der Befreiung des KZ Lublin einen Haufen Kinderschuhe gefunden hat, daß also alles dafür spräche, daß da Frauen und Kinder in Gaskammern vernichtet worden sind. Und obwohl ich kontra eingestellt war und das Kriegsende herbeisehnte, habe ich gesagt: Das ist gelogen, so was gibt es nicht.

Verkäuferin, 1913
1944, da gab's schon gar kein Radio mehr, Bekannte hatten einen Apparat mit Anode oder wie sich das nannte, und *da* haben wir zum erstenmal gehört, daß es Konzentrationslager gäbe. Diesen Sender durfte man eigentlich gar nicht anstellen.
Als wir das hörten, haben wir noch gesagt, das kann ja gar nicht angehn.

Techniker
Im Zuchthaus Bützow hatte man dänische Freiheitskämpfer untergebracht, das war 1944. Ich hatte einen Bekannten, der sagte zu mir: »Ich hab' gehört, daß Sie öfter im Zuchthaus Bützow zu tun haben, da ist ein Neffe von mir, ein Däne. Können Sie nicht mal 'n Brief mit reinnehmen?«
Als ich dann wieder mal in Bützow zu tun hatte, hab' ich mich erkundigt, und da sagte ein Wachmann: »Da hinten steht er.«
Da hab' ich diesem armen Kerl, der nur noch Haut und Knochen war, einen Brief gegeben, und er hat auf meinem Rücken schnell 'n paar Zeilen geschrieben, hinterm Lastwagen.
Der hatte Züge entgleisen lassen.
Als wir dann 1945 flohen, sahen wir auf der Straße einen Bus

stehen, der war von englischen Fliegern in Brand geschossen, und die Leute da drin, die lamentierten, konnten nicht raus. Das waren KZler, und da soll dieser junge Mann auch dabeigewesen sein.

Eine Frau
Ich bin unwahrscheinlich steril erzogen, hab' auf'm Dorf gelebt. Für mich war das Wort »Konzentrationslager« unbekannt, damit hatte ich nichts zu tun. Aber kurz vordem die Russen kamen, hatten wir Bahnhofsdienst. Da kam ein Transport aus dem Osten, und wir vom Bahnhofsdienst wurden zurückgepfiffen. »Warum?« fragten wir, denn wir waren ja jung, wir wollten helfen. – »Die haben ansteckende Krankheiten, da dürft ihr nicht hin.« – Das waren Häftlinge aus dem Osten, und wir waren sehr bedrückt.

8

Bauer, 1923
Ende des Krieges wurde gemunkelt, daß sie in Sandbostel jeden Tag »fünfzig« eingekuhlt haben. Aber das hat man ja nicht geglaubt.

Kleindarsteller, 1915
Nach der Eroberung von Wien, im März 1945, da sah ich in Ebensee die Kamine so komisch rauchen, das war eine Zweigstelle von Mauthausen. Wir fragten die Bevölkerung, und die deuteten das an.

Hausfrau, 1912
Den KZ-Insassen hab' ich Brot gebracht, kurz vorm Zusammenbruch auf'n Acker. Die mußten sich immer das Trinkwasser aus dem Herrenteich holen.
Die abgerichteten Hunde.

Studienrat, 1928
Wir sollten den Friesenwall bauen, Ende des Krieges, im Westen, als Hitlerjungen, einen Verteidigungswall, und da haben wir mal gehört, daß es KZs gäbe. Daß die nicht über den Hof *gehen* dürften, sondern immer laufen müßten, das wurde erzählt. Und dann wurde ferner erzählt, daß im Emsland, da sind ja Erdölbohrungen, daß dort KZ-Leute angestellt würden für dreckige Arbeiten. Die mußten die Rohre, wenn die aus der Erde kamen, mit den bloßen Händen abstreifen, daß sie sauber sind.

Buchhändler, 1930
Ich habe nur ein furchtbares Erlebnis gehabt, das geht mir heut' noch nach, und das hab' ich noch niemandem erzählt. 1945 war das, auf dem Land, in Niederbayern. Da haben sie in einer Scheune mindestens fünfhundert Russen gehabt, und die Russen haben nur kalte Kartoffeln gekriegt, abgebrüht, die kriegten sie reingeschüttet, und haben sich geprügelt da drum. Und irgendwie haben sie's fertiggekriegt, Ringe zu machen, aus Metall, die waren Mode bei uns, jeder wollte so einen haben. Und da hat man irgendwo einen Ritz gesehen in der Scheunenwand und dann einen Finger mit dem Ring. »Drei Eier und vier Kartoffeln!« hat man gehört, so heiser, und 'n Gesicht gesehen, so fahl und eingefallen. Und dann hat mir einer von meinen Freunden vorgemacht, wie man das macht, daß man einen Ring kriegt, ohne zu bezahlen. Das geht mir heut' noch nach. Das hab' ich gemacht, den Ring hab' ich genommen und bin weggegangen.
Und da ist einer ausgerückt, den haben sie gekriegt, fünf Kilometer weit ist er gekommen. Und die Mütter und Frauen haben gesagt: »Bring ihn net um!« Aber der Posten ließ sich nicht erweichen: »Dem werden wir's zeigen!« Gewehrkolben in die Rippen. Mehr hab' ich nicht gesehen. Komisches Gefühl: Der wird nun umgebracht.
Ringe und geschnitzte Vögel. Wunderbare Vögel, mit Federn, buntbemalt, schön.

Regierungsdirektor
Wir bauten in Hamburg-Finkenwerder eine U-Boot-Schule auf für Zwei-Mann-U-Boote. Ich kam mit'm Wagen über Veddel rein, und da hab' ich gesehen, daß man dort KZ-Häftlinge verwendete.
Wer ist denn im KZ? Das waren Homos, Juden und ausgesprochen Asoziale, das wußte man.

Kaufmann
Auch unter Kameraden haben wir nie darüber gesprochen. Einmal kam ein Reichsredner, war's der Löbsack? Wir nannten ihn Blödsack.
Wir saßen abends noch in der Messe zusammen – wir fühlten uns als Elite und nahmen ihn nicht für voll – sehr schnell wurde ziemlich hart gezecht, und da sagte er plötzlich, im Dunas: »Im übrigen ... mit dem jüdischen Volk ... Im *Osten* gibt es keinen einzigen Juden mehr ...« Das erinnere ich noch durch den Nebel hindurch. Das ging uns eiskalt den Rücken herunter.
Den haben wir dann furchtbar fertiggemacht, er hing dann in einer Ecke, und wir haben ihn mit Bier übergossen: Du altes Schwein, du Nazisau!
Nachher gingen wir ja wieder an die Front.

Autoschlosser
Nein. – Ich war Frontsoldat.
Das heißt doch! Ja! Moment mal! Im Danziger Kessel, da haben wir KZler gesehen. Denen haben wir zu essen gegeben. Die wollten auch raus aus dem Kessel. Die wollten nicht zum Russen.

Kaufmann, 1922
Ich bin noch bis ganz zuletzt in Berlin gewesen, bin erst ganz spät rausgekommen. Dann mußten wir nach Rechlin, und da sind wir auf dem Rückmarsch an KZ-Lagern vorbeigekommen.

Architekt
Ich war Funker, und wir wurden 1945 aus dem Kessel Danzig verlegt, wir sollten nach Prag kommen, und irgendwie landeten wir in Oranienbaum. Und dort hab' ich bei der Massenräumung des Konzentrationslagers zugesehen, wie die SS da das KZ geräumt hat. Wer stehenblieb, wurde erschossen.
Die Leichen lagen dann da.

Chirurg
Kurz vor Ende des Krieges tauchten die ersten gestreiften Häftlinge bei uns auf, im Erzgebirge, da wurden die durchgetrieben. Mein Vater nahm oft 'ne Aktentasche voll Brot mit in die Fabrik, Russen und Polen arbeiteten da, obwohl er in der Partei war, gab er ihnen das. – Nach dem Krieg haben wir dann Pakete von denen gekriegt, ich erinnere mich noch sehr deutlich an den schwarzen belgischen Tabak.

Biologe, 1928
Ich war Marinehelfer in Kiel. Nach einem Alarm im Frühjahr 1945 standen wir vor einem Bunker, und da wurde ein Trupp von Häftlingen vorgeführt, fünfzig bis achtzig Menschen. Die machten einen sehr entkräfteten und zerlumpten Eindruck. Grau. Die stützten sich gegenseitig. Einige SS-Leute trieben die da längs, und die SS-Leute hatten Zigaretten im Mund und das Gewehr wie die Jäger mit der Mündung nach unten.
Einige Frauen weinten und sagten: »So wird's uns bald auch ergehen.«

Jurist, 1921
Ich habe ein Frauen-KZ im Vorbeifahren gesehen, Ravensbrück, auf dem Rückzug von der Oder. Schrecklich! Das Lager wurde aufgelöst, und die Häftlingsfrauen zogen in Gruppen dahin, unter Aufsicht von SS-Frauen in Schaftstiefeln mit Schäferhunden. Wir zogen mit denen gemeinsam von Osten nach Westen, acht Tage vor Schluß.
Sie waren unterernährt. Der Kontrast zu den uniformierten Bewacherinnen war doch sehr stark. Die taten denen übrigens nichts.
Sie zogen wie ein ausgestoßenes Volk dahin, gebückt, mit stumpfem Blick.

Hausfrau, 1930
Im März 1945 wurde ein Zug von Häftlingen durch die Stadt geführt, durch Ohrdruf. Sie wurden zum Bahnhof geführt, graue, fahle Menschen. Was mir noch besonders in Erinnerung ist, das Gefälle in der Stimmung zwischen der Bevölkerung und diesen Menschen. Es war ein Stimmungsgefälle zwischen denen, die da zuguckten, und denen, die da gingen. Die wichen direkt zurück.

Eine Frau
Ich hab' auf der Flucht von Schlesien in Richtung Weimar Buchenwald gesehen und auch Häftlinge, die da die Straßen entlanggetrieben wurden, Politische und Kriminelle.
Das Wort »KZ« ist immer gefallen, aber als Jugendlicher habe ich das immer in Verbindung gebracht mit Kriminellen.

Chemievertreter, 1921
In Parchim, da hab' ich am Wegrand erschossene Häftlinge gesehen, »KZler«, wie sie genannt wurden, die lagen da, zwei, drei, vier oder fünf. Ich nehme an, daß das Fußkranke waren, die liquidiert wurden. Ich fuhr einen Lkw und hatte Flüchtlinge geladen. Ich hatte nicht viel Zeit zum Nachdenken, weil ich mit einem Offizier in Streit geraten war, der mir entgegenkam und dem ich nicht schnell genug ausgewichen war.

Ein Mann, 1927
Beim Rückzug in Thüringen haben wir Häftlingsgruppen gesehen, die zu Fuß an den Straßenrändern entlangschlichen, unter Bewachung.
Das seien Zuchthäusler, die in Sicherheit gebracht würden, wurde uns gesagt.
Sträflingskleidung.

Arzt
Ich mußte nach Winsen, in den letzten Kriegstagen. Bevor wir übersetzten, mußten wir auf die Fähre warten, und da war alles vollgestopft mit KZ-Häftlingen, die lagen da im Gras und konnten nicht mehr weiter. – In Winsen sprach ich mit einer Krankenschwester, der erzählte ich das: »Haben Sie gesehen, was da los war?« – »Ja, ja, ich habe einen Bekannten, der ist SS-Offizier, der hat gesagt: ›Die lassen wir alle über die Klinge springen.‹«
Das waren Dänen, und mir war peinlich, daß ich da mein Weißbrot aß.

Bauingenieur, 1921
In den letzten Monaten des Krieges sollte ich mit einem Führernachwuchsbataillon nach Friesland verlegt werden. Wir wurden vor Bremen ausgeladen und sollten im Fußmarsch den Raum Aurich erreichen. Dazu mußten wir bei Vegesack über die Weser setzen. Ich führte das Vorauskommando, um Treibstoff für die Fähre zu bringen. Bei Ankunft an der Fähre erklärte der Kommandant, Major einer Landesschützeneinheit, daß ich dafür zu sorgen hätte, daß die Truppe vor Vegesack abseits der Straße sich aufzuhalten hätte. Es käme gleich ein KZ-Lager, die in Richtung Lüneburger Heide gebracht werden sollten. Mir gestattete er jedoch, dort zu bleiben, um dieses Elend zu sehen. Bei Landung des ersten Transportes fuhren SS-Leute auf Beiwagenkrädern und riefen den Bewohnern zu: »Fenster zu, zurücktreten, und laßt euch nicht sehen!« Und sie schossen in die Häuser. Als die erste Fähre aneinandergeketteter Menschen das Ufer erreicht hatte, betraten die Menschen das Land. Ich war so erschüttert über die Unmenschlichkeit, die man diesen angetan hatte! Die Menschen konnten nur schleppend gehen, sie wurden links und rechts flankiert von knüppelschwingenden SS-Leuten, die immer wieder auf sie einschlugen, um sie anzutreiben. Am Schluß des Zuges waren Fahrzeuge, auf denen die Zusammengebrochenen gestapelt wurden. Das Übersetzen der KZler dauerte die ganze Nacht. Als ich

am nächsten Abend das Bataillon über die Weser setzen ließ, erzählte mir der Fährkommandant bereits, daß die SS auf dieser Seite der Weser das gesamte Lager den Landesschützen übergeben hätte und sie sich selbst in Sicherheit gebracht hätten: Die Alliierten standen zu der Zeit bereits am Mittellandkanal. Wir haben dann über dieses Gesehene mit zuverlässigen Kameraden viel diskutiert. Einige von uns wollten daraufhin die Truppe verlassen.

Bäuerin, 1920
In den letzten Kriegstagen wurden hier KZ-Häftlinge durchgetrieben, die kamen wohl von Bergen-Belsen und sollten nach Schleswig-Holstein. Wir haben alle geweint, als wir das sahen. Welche zogen auch Wagen, auf denen welche von der SS saßen. Das waren Frauen.

Hausfrau, 1917
1945 in München, zwischen München und Starnberg, da sah ich einen ganzen Zug von blaugestreiften Menschen, die kamen da ganz schwer gegangen, wie Masken, von SS mit irrsinnigen Bluthunden bewacht, nicht diese Neufundländer, sondern viel fürchterlichere Tiere.
Ich merkte dieses Gefühl, wenn sich einem jedes Haar am Körper sträubt. Ich bin da durchgerast, durch diesen Wald!
Da lagen welche am Weg, die konnten nicht mehr. Die krümmten sich.

Eine Frau
Im April 1945 habe ich zum erstenmal durch einen Freund meines Mannes, der nach Auschwitz versetzt worden war, von den Untaten der Nazis gehört … der hat uns das alles erzählt. Und da hab' ich gesagt: »Meine Güte, wenn uns *die* Rechnung aufgemacht wird, dann gute Nacht!«

Drogist
Nein. Anfang Mai 45 habe ich das erste bemerkt. Ich bin Jahrgang 26. Wir strömten in Richtung Westen, von Berlin aus. Auf der Bundesstraße 5 trafen wir auf einen Zug Sträflinge. Ich sagte: »Was wollen die denn alle hier?« Ich ging in ein Haus rein und fragte: »Haben Sie was zu trinken?« Und da saßen auch solche Leute herum, und da sagt die Frau: »Das sind keine Sträflinge, das sind KZler.« Die sahen schlimm aus. Die waren stumm und schlaff. Die hatten sie auf Pferdekarren gesetzt. Die waren freigelassen worden.

Jurist
In meinem Tagebuch – »Gelobt sei, was hart macht«, so in diesem Stil – habe ich meine erste Begegnung mit KZ-Sachen niedergeschrieben. Ich war auf dem Rückmarsch von Küstrin aus. Abends hielten wir im Mecklenburgischen. Plötzlich kamen lauter Leute auf uns zugeströmt: Ob wir Brot hätten. Es war nach dem 20. April, aber noch im Krieg. Das waren lauter Ravensbrücker Frauen.
»Was ist denn das?« haben wir gefragt. »Ravensbrück?«
»Das kennen Sie nicht?« schrie mich da die eine an. »Dann werden Sie das noch kennenlernen!«
Was? dachte ich. Wie sprechen die denn mit mir? Wir haben doch den Krieg noch nicht verloren?
Daß es sie gab, wußte ich wohl, aber von Ravensbrück hatte ich noch nichts gehört.

Lehrerin, 1930
Furchtbar.
Wir sind aus dem Kreis Braunsberg, und dann haben wir auf der Flucht …
Auf einem kleinen mecklenburgischen Dorf hab' ich die KZ-Juden pflegen müssen. Beim Russeneinmarsch saßen wir drei Tage

im Keller, bis der erste Ansturm vorüber war. Dann kam eine russische Schwester und nahm mich mit. Da war ein Zelt, und in dem Zelt waren lauter kaputte Menschen! Furchtbar! Die Kleider ganz voll Läuse, und die sollte ich baden. Erst mal ausziehen diese Leute, und dann hab' ich sie nackend gesehen, und so hab' ich mich geekelt! Die Kleider waren weiß von Nissen. »Können Sie sich nicht selber ausziehen?« hab' ich gefragt, weil mir das ganz furchtbar war. Ich war ja erst fünfzehn Jahre damals.

Dann hab' ich sie gewaschen, und dann mußten alle Körperhaare entfernt werden! Mit so einer Rasierklinge ... Ich sagte: »Nein! Das kann ich nicht!«

Ich kriegte noch ein junges Mädchen zu Hilfe, und die war ganz wunderbar.

Das haben wir dann bis Mitternacht gemacht. Und als wir fertig waren, führte uns die Schwester in ein anderes Zelt, da saßen lauter Männer! Und ein Gestank! Die waren so schwach, daß sie alles unter sich ließen.

Ich sag': »Nein! Das mach' ich nicht!« Wir haben sie dann ins Bad gehoben, die waren ja leicht. Die Füße abgefroren, und die Mädchen keine Brüste.

Die russischen Ärzte waren toll! Die Schwester mit roten Fingernägeln. Das hielt ich damals für unmoralisch.

Ich hab' drei oder vier Tage da ausgehalten.

Die kriegten so weiße Leinenanzüge an, ganz sauber, und die mußten wir dann verladen, auf Lastwagen. Es war eine wunderbare sternklare Nacht. Ich hab' an Eichendorff gedacht, um mich abzulenken.

Sie kamen in ein Haus, da waren Pritschen. Immer zwei auf eine Pritsche. Einer rief: »Schwester! Schwester! Hier ist ja Frauenstation!« Na, das konnte man doch gar nicht sehen, die sahen alle gleich aus, mit den geschorenen Köpfen.

Sie kriegten dann erstklassig zu essen. Einer hieß Hirsch und einer Wolf. Kartoffelmus mit Butter drin. Sie waren von Stuthof gekommen, im Schneetreiben.

Das einzige Kind hieß Bella. Eine kleine Schwarze, eine Inkar-

nation der Rasse, mit so langen Locken. Ein nettes, süßes Mädchen. Die Mutter war auch gerettet, und die beiden Brüder auch. Die hatten keine Rachegefühle gegen uns.
Die haben uns sogar noch geschützt vor Vergewaltigungen.
Aus Egoismus hab' ich mich dann in die Küche gemeldet, damit ich keinen Typhus kriege. Hab' ihn aber trotzdem bekommen.

9

Pastor

Ich kam 1943 in amerikanische Gefangenschaft. Alles prima! Nach dem Krieg änderte sich das Essen schlagartig. Wir bekamen sehr magere Kost und sahen Buchenwaldfilme. Das war das erste Mal, daß ich von KZs gehört habe.

Lehrer, 1928

Ich hab' das in der Gefangenschaft zum erstenmal gehört: Millionen Juden? – Und da hab' ich meine Kameraden gefragt: »Hast du einen in deiner Verwandtschaft, der das tun würde?« – »Nee.« – »Hast du?« – »Nee.« – Und von daher hab' ich gesagt: Also unmöglich. Dazu kam noch, daß ich den Soldatensender Calais gehört habe, und da hatten sie mal gelogen, daß die Deutschen Hunde und Katzen essen. Und deshalb haben wir die andern Sachen auch nicht geglaubt.

Versicherungskaufmann, 1923

Am 9. April 1945 kam ich in Hannover in Gefangenschaft. Wir wurden auf einen Hof getrieben, da saßen KZler. Die kamen aus einem Nebenlager von Bergen-Belsen. Die Amerikaner gaben denen zu essen, die waren nur noch Haut und Knochen.

Studienrat, 1929

Ich habe in Faßberg gewohnt. Belsen war ganz in der Nähe, aber ich habe erst nach dem Krieg zum erstenmal den Namen Belsen gehört, obwohl es höchstens 25 Kilometer entfernt ist.
Die Geheimhaltung ging sehr weit.

Hausfrau
Ich hatte eine Kusine, die saß im KZ.
Die tauchte eines Tages ganz vergnügt wieder auf.
Sie war Bibelforscherin. Sieben Jahre hat sie gesessen, in Buchwald oder Buchenwald, wie's heißt.
Die lebt jetzt in der Ostzone.

Hausfrau, 1905
Ich hatte eine Kusine im KZ. Die hatte sich über Juden geäußert, und der Pensionsinhaber hat sie angezeigt. Ein Jahr war sie da, 1944 bis 1945.
In ihrem schönen KZ-Mantel mit der Nummer drauf ist sie nach Hause gekommen. Und als sie ankam, da waren ihre ganzen Verwandten tot. Da hatten die Russen eine Alkoholorgie gefeiert. Alle waren tot.
Jetzt ist sie Professor in Frankfurt am Main.

Kaufmann, 1928
Zwei jüdische Arbeiterinnen hatten wir in der Fabrik.
Kurz vor Kriegsschluß, im März 1945, wurden sie, wegen der herannahenden Front, angeblich in die Tschechoslowakei, nach Theresienstadt, geschickt. Sind abgefahren in Richtung Theresienstadt, angeblich, um vor den Bombenangriffen in Sicherheit zu sein.
Ende Mai 1945 kamen sie munter wieder und fragten, ob sie Arbeit kriegen könnten. Erzählten, daß sie es da gut gehabt hätten, gute Verpflegung und so weiter.

Hausfrau
Ich hab' in München zwei Jahre eine Jüdin verborgen, alles redlich geteilt.
Schwierig war es mit dem Luftschutzkeller, sie sah so furchtbar jüdisch aus.

Als der Krieg vorbei war, in den ersten Tagen, kam sie mir auf der Straße, Hand in Hand mit einer ganzen Reihe von KZ-Häftlingen, entgegen. Sie gingen mitten auf der Straße und standen unter Alkohol.
Ich ging spontan auf sie los, aber sie sah durch mich hindurch. Das hat mich sehr getroffen, und ich hatte sie doch zwei Jahre verborgen gehalten und alles redlich geteilt. Schwierig war das gewesen. Und mein Mann ist beim 20. Juli umgekommen.
Der Vater dieser Jüdin, ein sehr gebildeter alter Herr, der nicht abgeholt worden war, war noch bis weit nach dem Krieg ein Anhänger Hitlers. Der sagte: »Wir Juden müssen immer wieder daran erinnert werden, daß wir Juden sind.«

Hausfrau, 1915

Gleich nach dem Krieg, als sie dann plötzlich auf der Straße herumliefen, mit dem Zeug noch an. Zum Teil trugen sie das sicher absichtlich. Es war ja auch Sommer, da ging das ja. Von den Amerikanern hätten, sie doch sicher irgendwo Zeug gekriegt, nicht? Um aufzufallen, taten sie das. Aber auch nicht alle.
Ich arbeitete damals auf einer amerikanischen Dienststelle. Und da kamen sie an, mit gräßlichen Fotos, sie selbst da drauf. Die Amerikaner schickten sie weg. Die konnten ihnen nicht helfen, das waren die falschen Stellen.
»Es ist besser für Sie, wenn Sie das vergessen«, sagten die Beamten.

Hausfrau, 1918

Genau am Ende des Krieges, Mai und Juni 1945, da erlebten wir dann, daß ganz viele Trupps noch durchzogen durch Mecklenburg. Die trugen noch KZ-Uniformen mit KZ-Nummern dran. Sie sahen furchtbar elend aus, hatten es aber eben nun überlebt, waren vielleicht ja auch keine Juden, sondern Kriminelle, unter Umständen sogar Politische. Politische und Kriminelle, die Adolf ja alle zusammen in KZs steckte, die nun überlebt hatten, die auch anfingen zu erzählen. Da ist dann ja schon viel mehr bekanntgeworden. Bloß die ganze Zeit, wo Adolf eben das Regiment hatte, da wurde das ja so unterdrückt, daß eben kaum etwas durchsickerte über die gräßlichsten Grausamkeiten.

Hoteliersfrau, 1909

In der Nachbarschaft, da wohnte eine Familie, das war der allerletzte Dreck. Da sagt die Frau eines Tages: »Mein Mann ist im KZ in Hamburg.« Ich sag': »In Hamburg gibt es kein KZ.« »Doch«, sagt sie, »in Neuengamme.« Ich hab' mich dann erkundigt, und es wurde gesagt, er habe sich in einer Möbelfabrik was abgestaubt und mit nach Hause genommen.

Als dann die Amis in unser Dorf kamen, gingen wir hin zu dem Major und sagten: »Der Mann von Frau Sowieso ist im KZ. Holen Sie den doch raus da.« – Er hat sich alles aufgeschrieben, und nach einigen Tagen hat er gesagt: »Dieser Mann ist nicht wegen Möbelgeschichten eingesperrt worden, sondern wegen Kindergeschichten. Diese Leute kommen bei uns auch ins KZ. Da rühren wir keinen Finger.«

Und der Mann ist auch nicht wiedergekommen.

Biologe, 1928

Gehört schon. »Konzertlager« wurde das genannt vom Volksmund. »Da kommen so Leute rein, die arbeitsscheu sind oder Kommunisten«, so hieß es. Von Juden wurde nicht gesprochen, weil es in unserer Gegend keine Juden gab.

Das war alles.

Und dabei, ob Sie's glauben oder nicht, war fünfzehn Kilometer von unserm Dorf entfernt ein kleines KZ, und das haben wir nicht gewußt. Es hieß, da wird ein Barackenlager gebaut für englische Offiziere, und als es fertig war, hat man sich keine Gedanken gemacht, wer da nun wirklich drinsitzt. Die Amerikaner haben die dann da rausgeholt. Und der erste Amerikaner, mit dem ich zu diskutieren versuchte, daß man das doch differenziert sehen müßte, nicht alle Deutschen könne man über einen Kamm scheren usw., der sagte ganz einfach: »I've seen enough.« Der war dabeigewesen.

Großhändler, 1922
Wir haben mit KZ-Häftlingen zusammen gearbeitet, in einem Flugzeugwerk. In Oranienburg wurde die ganze Produktion von KZ-Häftlingen gemacht. Die hatten ja verschiedene Dreiecke, schwarz, rot, gelb. Es war zu erkennen, was das für Leute waren. Für uns waren das Feinde des Staates, Verbrecher, da gab es überhaupt keinen Zweifel.
Die hatten Selbstverwaltung, z. B. bei den Lebensmitteln. Und da hat einer von denen 'n paar Zentner Fleisch verschoben. Da ist er bei erwischt worden und hat sich im Lokus aufgehängt.
Als wir entlassen wurden aus der Kriegsgefangenschaft, da haben uns die KZ-Häftlinge mit Peitschen auf dem Bahnhof empfangen, und da dachte ich an den, der sich da aufgehängt hatte. Den haben sie doch sicher zu den Toten dazugezählt, nicht wahr? Zu den sechs Millionen oder wieviel es nun waren? Den haben doch sicher die SS-Leute auch auf'm Gewissen, was?

Lehrer, 1927
KZ abreißen, das war als Demütigung gedacht, aber die Leute durften alles mit nach Hause nehmen.
»Klaus, geh noch mal eben 'n bißchen KZ-Holz holen.«

Hausfrau
Ich finde es richtig, daß wir an die Juden so viel Geld gezahlt haben, und das sollten wir auch weiterhin tun.
Was ich nicht richtig finde, das ist, daß sie uns das nun immer

noch unter die Nase reiben. Da ist man dann bald so weit, daß man sagt: Was? Na, denn seht zu, wie ihr fertig werdet.

Fabrikant
Bei mir sind vor einiger Zeit zwei Herren im Büro gewesen. Sie kämen aus Israel, und sie hätten im KZ gesessen, und ob ich nicht eine Spende, eine *größere* Spende geben will.
Ich habe gesagt: »Nein!« Und zwar, weil die beiden so furchtbar aufdringlich waren, wie so früher die Juden dargestellt wurden.
Ich sagte: »Nein!«
Und da war aber was los! Da haben sie mich beschimpft, ich wär' ein Nazi, und ich müßte an die Wand gestellt werden.

Landwirt
KZler? Da gab's – wie überall – so 'ne und so 'ne. Manche kamen still wieder und ordneten sich ein. Schön, eine Rente werden sie gekriegt haben, aber, die waren eben froh, daß sie das hinter sich hatten.
Andere rissen die Fresse auf, wo sie nur konnten, dicke, vollgefressene Kerle. Die hat der Russe gleich eingesetzt als Bürgermeister und Chefs. Aber die haben sich nicht lange gehalten, die stolperten dann irgendwie.
Durch dies unbescheidene Auftreten haben sich viele KZler alles verdorben. Die hielten sich für was Besseres.

Studienrat
Ich hab' im Herbst 45 jemand getroffen auf'm Bahnhof, der löffelte wie ich die Wassersuppe, und am Handgelenk hatte er ein Armband, da stand »Mauthausen« drauf. Ich hab' ihn gefragt: »Was war das für 'ne Einheit?« – Der hätt' mir bald 'n paar gescheuert.

Hausfrau
Man behauptet immer, *sämtliche* Juden sind umgebracht worden. Das stimmt gar nicht. 1947 kam ich nach Belsen, da lebten immer noch jüdische Familien in den Baracken. Die Leute haben mir ihre Bildchen gezeigt, von ihren Angehörigen, die alle tot waren. Es war erschütternd, und ich war echt traurig. Aber diese Juden da sahen ganz gut aus. Das war ja aber auch nach dem Krieg.

Hausfrau, 1909
Wir hatten in der Klasse sechs Jüdinnen, Zahnarzt war der eine Vater, so was, begüterte Leute waren das. Von der einen weiß ich noch, daß sie heute in Amerika lebt und eine andere in Australien. Auf dem Klassentreffen hab' ich das gehört. Aber die anderen, nee.

Angestellter
Mein Vater war Nationalsozialist, deshalb haben wir nichts gehört. Mein Vater hätt's nicht geglaubt – also von daher. Eben nach dem Krieg, da wurden dann die Schulkameraden abgeholt, und das war dann ja auch KZ.

Beamter
Man muß ja denken, daß es in Deutschland ein Übermaß an Sadisten gibt, wenn man hört, was alles passiert ist.

Eine Frau
Mein Sohn war jetzt als Austauschschüler ein Jahr in Amerika. Das ist mir sehr schwer geworden. Ich habe manchmal dran denken müssen, im Krieg, wie den Eltern wohl zumute gewesen ist, wenn ihre Jungen an die Front fuhren.

Oder im KZ, wenn einem das Kind weggenommen wird, und man sieht es nie wieder.

Taxifahrer
Wenn heute noch Leute sitzen, die sich an den Juden vergangen haben, dann halte ich das für verfehlt. Dreißig Jahre danach noch Leute sitzen zu lassen … Ich weiß ja nicht.

Hausfrau, 1925
Daß ich nie die Möglichkeit gesucht habe nachzufragen und mich zu erkundigen … das hab' ich nach 1945 als persönliche Schuld empfunden.

Schülerin, 1955
Bei uns in der Geschichtsstunde hat der Lehrer mal geheult. Er hat vorgelesen, wie die Juden in die Gaskammern kamen, da vergast wurden und noch nach dem Tode alle aufrecht standen, so nackend, ineinander verkrampft. Und als er das vorgelesen hat, da hat er geweint, konnte nicht weiterlesen. Da hab' ich mir das Buch genommen und weitergelesen und habe auch geheult.
Und die andern saßen völlig starr da.

Händler
Ich denke manchmal, es hätte eine feurige Faust aus dem Himmel fahren müssen, auf uns Deutsche, und uns zermalmen müssen. Das hätte mich nicht gewundert.

Nachwort

Die »Deutschen Antworten«, die Walter Kempowski auf seine Frage »Haben Sie davon gewußt?« erhalten und aufgezeichnet hat, sind so etwas wie ein Archiv – man kann darin nachschlagen, nachlesen, sich dabei an die Rolle erinnern, die wir, mit Wirkung bis heute, in den nationalsozialistischen Zeitgeschichtsjahren auf uns genommen, uns haben zumuten, haben auferlegen lassen. Leider gehört das Schlußkapitel dazu: »Die hielten sich für was Besseres.« Es ist nicht der wesentliche Teil, er deutet jedoch den Grund an, dessentwegen die Aussagen veröffentlicht werden: Diese Vergangenheit ist noch immer nicht verarbeitet. In zweifacher Weise macht sie uns nach wie vor zu schaffen. Versucht man, sich ins klare über sie zu kommen, unsere Beteiligung, unser Mittun, unsere Hinnahme verständlich zu machen, zu erklären, allenfalls zu rechtfertigen, so tritt, um das Szenario von damals nicht so finster erscheinen zu lassen, wie es noch an seinen angestrahltesten Stellen tatsächlich war, die hilflose – oder verstockte – Meinung zutage, die grausige Unmenschlichkeit des Nationalsozialismus sei nicht sein wirklicher, sein wahrer Kern gewesen. Zumindest, und das ist die zweite »Entschuldigung«, hätten mit seiner »Entartung« wir selbst nichts oder nicht eigentlich zu tun.

Wenn ich »wir« sage und von »uns« spreche, so sind natürlich nur die dazuzuzählen, die vor der Mitte der zwanziger Jahre geboren sind, die heute mehr als Fünfzigjährigen. Das ist weniger als die Hälfte der Bevölkerung der Bundesrepublik. Jedes Jahr werden es weniger. Die anderen waren zu der Zeit, als der Weimarer parlamentarisch-demokratische Rechtsstaat seinen Feinden erlag, und nachher noch Kinder, oder sie waren überhaupt noch nicht auf der Welt. Für sie wäre das Unheil, das sich 1933 zwischen »Maas und Memel, Etsch und Belt« mit imperialistischer Expansionstendenz etablierte und sodann in kürzester Frist mit Folgen in allen Erdteilen Europa überzog, nichts als ein nationalistisches Lehrstück. Aussagen wie die hier vorliegenden haben darin ihren politisch-psychologischen Wert, man kann daraus lernen. Der theoretische Geschichtsunterricht genügt jedoch nicht. Mit der Frage, warum und wie die Eltern und Älteren in den Nationalsozialismus verstrickt waren, sich selbst in ihn verstrickt haben mögen, müssen die Nachfahren, die nicht selbst »mit dabeigewesen« sein konnten, gründlicher sich befassen: denn rings um Deutschland und darüber hinaus leben Millionen von Angehörigen derer, die der nationalsozialistische Terror unterdrückt, ausgebeutet, verjagt, verschleppt und getötet hat, Millionen, die ihrerseits, auch wenn sie versöhnungsbereit sind, nicht einfach vergessen können, was war. Ängstlich oder mißtrauisch, jedenfalls aufmerksam beobachten sie, welche Übereinstimmungen und welche Unterschiede zwischen den Deutschen von damals und den jüngeren, den jungen Deutschen von heute bestehen. Die Erklärungsgründe, die die einen für die anderen vorbringen, müssen verstehbar sein.

Die Kenntnis, die »das Archiv« vermittelt, hat somit Verständnis- und Verständigungswert.

Mehr als drei Jahrzehnte nach dem Ende des NS-Regimes sollte im übrigen, inmitten der neuen Weltverhältnisse, die für die Deutschen in der Bundesrepublik wahrlich nicht belastend sind, die Distanz zu ihm groß genug sein, allen den Mut zu ermöglichen, das, was war, wie es war, kritisch zur Kenntnis zu nehmen, damit es sich niemals so oder ähnlich wiederholen kann.

Die gesammelten Aussagen sind in einem Punkt allesamt gleich aufschlußreich: daß es außerordentlich schwierig, ja in der Regel unmöglich ist, in modernen Diktaturen, wenn man ihnen nicht rechtzeitig und von Anfang an kollektiv und individuell widersteht, sich der Mitverantwortung zu entziehen. Art und Grad der Mitschuld sind verschieden, häufig genug besteht sie aus – begründbaren – Unterlassungen dessen, was erforderlich wäre; sie ist bei den Nichtaktivisten der Unrechtsregime nur selten nicht eingebettet in zumindest versuchte »Ausgleichstaten« und in ein mehr oder minder schlechtes Gewissen.

Viele von denen, die sich in den »Deutschen Antworten« äußern, sind indes offensichtlich naiv geblieben – außerstande anscheinend, selbst jetzt die richtigen Konsequenzen zu ziehen. Manchmal kennzeichnen saloppe Obenhin-Redensarten, einige erschreckend, die bestehengebliebene Unaufgeklärtheit. Alle Kapitel des Buches zusammen müßten da zur Abhilfe beitragen können.

Fest steht unbezweifelbar: Es hat von 1933 bis 1945 trotz der Geheimhaltungs-, der Lügen-, Propaganda- und Unterdrückungspolitik der Nationalsozialisten so gut wie niemanden, nahezu niemanden welcher Gesellschaftsschicht immer, im Deutschen Reich gegeben, der nicht in irgendeinem Punkt vom Unrechts- und Willkürcharakter des NS-Regimes, ja von seiner Unmenschlichkeit gewußt oder erfahren hätte: von den Gewalttaten der SA, der Herrschaft der SS und der Geheimen Staatspolizei, vom Spitzel- und Denunziationssystem, von der gesetzwidrigen Verhaftung vermeintlicher und tatsächlicher politischer Gegner, von ihrer Einlieferung in Konzentrationslager, von den Zuständen dort, von den Erschießungen am 30. Juni 1934, von den erzwungenen Gleichschaltungen, von der um sich greifenden Korruption der NSDAP-Funktionäre, von der Rassengesetzgebung, der »Kristallnacht«, den »Arisierungen«, der Isolierung, der diffamierenden Kennzeichnung, der Deportation und schließlich der »Liquidierung« der Juden – der Männer, der Frauen, der Kinder –, von der Expansions- und Kriegspolitik, der Behandlung der Fremdarbeiter aus dem Osten und der sowjetischen Kriegsgefangenen gegen alles Völkerrecht, von der Tötung der Geisteskranken, von der Schreckensherrschaft in den besetzten Gebieten ... Dies und jenes erlebte man selbst, anderes hörte man von Bekannten oder Soldaten oder auch durch ausländische Sender, vieles war die im Dritten Reich offiziell vertretene Politik.

Die Wahrheit zu verdrängen, hatte man ungezählte Entschuldigungen – zugunsten des Regimes und für sich selbst. Den Versailler Vertrag, die Weltwirtschaftskrise, die Arbeitsbeschaffung, die Notwendigkeit von »Gesetz und Ordnung«; daß es sich bei den offenkundigen Untaten nur um »revolutionäre Auswüchse« und »vorübergehende Entgleisungen« handle; die moralische Rechtfertigung, ja Legalisierung durch den Reichspräsidenten von Hindenburg; daß nicht wahr sein könne, was »die Gegner behaupteten«, denn »Deutsche tun so etwas nicht«, in den »Konzertlagern« erfolge lediglich die Umerziehung von Kriminellen und Arbeitsscheuen, allenfalls von Kommunisten; Mißstände und Verfehlungen seien außerdem »dem Führer nicht bekannt«, wüßte er davon, so würden sie sofort abgestellt; selbst müsse man in jedem Fall »seine Pflicht tun«; im Krieg dürfe man nicht gegen das eigene Vaterland sein; die Juden würden ja nur »in den Osten ausgesiedelt«; was könne man schon als »kleines Rad am Wagen« ausrichten; es sei besser, nicht alles und jedes zu bemerken; schließlich habe man das Recht, auch auf die eigene Karriere zu achten; die Familie dürfe man nicht wegen geschehenden Unrechts, das einen nicht direkt angehe, gefährden; Politik und Geschichte seien »nun einmal so« …

Es gibt vielerlei Erklärungen für das Verhalten der meisten Deutschen unter der nationalsozialistischen Herrschaft, und ganz und gar nicht alle Motive waren unehrenhaft. Verglichen mit anderen Völkern aus anderen Bereichen der Geschichte und der Zivilisationen sind wir auch nicht die einzige Ausnahme. Viele kleine und große, heroische Beispiele des Widerstands sind im übrigen bekannt.

Was aus den Erfahrungen, auf die die Aussagen hier sich beziehen, abgeleitet werden kann, ist die Erkenntnis der Möglichkeit für jetzt und immer, sich unter allen Umständen, sofern man die Wahrheit, die sich uns auf mannigfache Weise bemerkbar macht, nicht verdrängt, nicht abweist, sich ihr nicht entzieht, die Gesinnung der Freiheit und der Würde des Menschen zu bewahren. Aus ihr erwächst gegen anhaltend schweres Unrecht der Widerstand im Maße des jeweils Möglichen – am besten bereits vorausschauend in den Anfängen, also schon innerhalb der Rechtsstaatlichkeit, deren Mißachtung oder Verletzung, um ihr entgegentreten zu können, zur Kenntnis gebracht und zur Kenntnis genommen werden muß, damit nicht wieder eines Tages die Antwort zu erfolgen braucht: »Davon haben wir nichts gewußt!« Aus der erlebten Unmenschlichkeit erhebt sich die Menschlichkeit als das universal gültige Regierungsprinzip.

Eugen Kogon